中國歷代思想家【八】

主編者：中華文化復興運動總會
王壽南

王通・玄奘・慧能・法藏
韓愈・羅隱・杜光庭

臺灣商務印書館 發行

王通

沈秋雄 著

目次

王通

一、敘言

隋、唐之際，我國有一部很特別的儒學著作，引起後世學者廣大的注意和爭論，那便是《中說》，一稱《文中子》。學者對於此書的評價極為懸殊，譽之者說：「其間極有格言，荀、揚道不到處。」（宋程頤《程子全書》）又說：「孟子而下知尊孔子者曰荀、揚，揚本黃、老，荀雜申、商，唯通為近正。」（明宋濂《諸子辨》）把此書的地位擡高到《荀子》和《法言》以上；毀之者說：「其書中以佛為聖人，以無至無跡為道，以五典溍、五禮錯為至治。」（清姚際恆《古今偽書考》）因而認為此書「舛錯悖戾」，最好是把它燒掉，免得貽禍人間。這兩家的見解，南轅北轍，相去不啻千里。由今看來，恐怕都有些失之過激，不是平情之論。

考《中說》一書，分〈王道〉、〈天地〉、〈事君〉、〈周公〉、〈問易〉、〈禮樂〉、〈述史〉、〈魏相〉、〈立命〉、〈關朗〉等十篇，以一篇為一卷，共十卷。每篇之內，多記文中子和他的門人問答的話語，體例完全模仿《論語》。甚至每篇節取首章的兩個字為篇名，也沿襲《論語》的舊例。而書中文中子講話的口氣，也肖似《論語》裏孔子的口氣，可以很清楚地看出故意模仿的痕跡。至於全書的思想，大抵以儒家爲宗，其中如言道則神往周、孔，論政則心馳堯、舜，談到個人的倫理實踐及出處進退，則主張執守中道，居仁由義，並據以爲評騭人物的標準；談到文學，則主張須能「上明三綱、下達五常」（〈天地〉）特別強調文學在倫理教化上的功用。凡此皆與儒家思想相合。且據書中所言，文中子又有《玄經》、《續書》、《續詩》之作，那簡直更是自擬於孔子。其事雖近於僭妄，但是文中子衷心嚮往儒道，平生以仲尼的志業自任，這卻是十分明顯的。如眾所周知，儒家的學說自孟、荀而後，在漢朝曾一度受到朝野的尊重，降至魏、晉之際，戰禍相尋，人心厭亂，於是玄學大興；其後釋迦出世之教漸盛，上自帝王將相，下至在野勝流，皆以講論佛法相尚。我們可以說：終魏、晉、六朝至於唐初，思想界的主流是道家和佛學，人人盡騖於虛玄滅寂，求取精神上的慰藉，以期逃避現實的污濁混亂，而儒家的思想乃不絕如縷。在這樣一個險惡的時代，《中說》的作者毅然樹起儒學的大旗，標榜王道，倡行仁義和禮樂，使儒學稍稍得以復興，也可以算是豪傑之士了。只是其書一味模仿《論語》，流於泥古不化，東施效顰之譏，恐不能辭，仲尼大聖，匹夫而爲百世師，是儒道的最高標準。《論語》裏的話頭，或從原則上提示，或作隨機之指點，從這裏，我們體認了一個圓滿的偉大人格。我們生於後世，如深契其說，認爲確當不可移易，可以結合現實社會的許多新的問題，把孔子的思想作進一步的闡發，使儒家的學說恆具新義。若泥執其迹，一定要模仿《論語》或其他經傳，也來寫成一部體例相同的著作，那已經是落於下乘了。即使口氣模仿得十分逼肖，也徒然惹人生厭而已。程頤把文中子與荀子、揚雄作比較，以爲《中說》中有些話語是荀、揚所不能道，這未免把《中說》看得太高了。

至於姚際恆因爲《中說》把佛看作聖人，把無至無迹當作大道，因而批評此書「舛錯悖戾」，那是站在狹隘的儒家立場說話，基本上是一種門戶的偏見，更無足取。平心而言，《中說》產生於釋、道兩家思想盛行之時，不免有些觀念受到當世顯學的影響，這是很可以理解的。而釋、道二教，從正面去瞭解，也自有其價值，承認其價值，甚至進而汲收其精華以爲我用，正足以顯示儒家廣大的包涵精神，不足爲病。

《中說》一書，《舊唐書．經籍志》及《新唐書．藝文志》都題作王通所撰，根據阮逸的序，則爲王通門人薛收、姚義所纂集。後人以其書中所記的事情，頗有和史實不合的，因而紛紛致疑，認爲其書係出諸僞託。今考杜淹所著《文中子世家》，列敘王通所著諸書，其中並無《中說》；而《文苑英華》卷七三六載王通之孫王勃所寫的〈續書序〉，文中說：「經始漢、魏，迄于有晉，擇其典物宜於教者，續書爲百二十篇，而廣大悉備，當時門人千百數，董、薛之徒，並受其義。遭代喪亂，未行於時，歷年永久，稍見殘缺。家君欽若丕烈，圖終休緒，迺例六經，次禮樂，敘中說，明易讚，永惟保守前訓，大克敷教後人。」據此，則《中說》一書乃是王通之子王福時（即王勃之父）所綴集。《新唐書》、《舊唐書》以爲王通所撰，固然有問題，而阮逸以爲是薛收、姚義所編纂，恐怕也是錯的。至於書中所載史事之乖舛，如李德林與王通年代不相及。而《中說》書中有「子在長安，楊素、蘇夔、李德林請見」（〈王道〉）等語，這些記載確實有問題。所以如此，也許是王福時爲了表彰先人的德業，誇張地記了許多不實的話語，竟至與史事相刺謬而不及檢點，《邵氏聞見後錄》載司馬光評《中說》之語說：

「予觀其書，竊疑唐室既興，凝（案：王通弟）與福時輩並依時事從而附益之也。」言之頗爲合情入理，故余嘉錫《四庫提要辨證》以其說爲定論。不過，儘管《中說》一書可能出於王通後人之手，而且其中還可能有不少夸飾的話，但書中也一定保留了許多王通論道講學的緒論，朱子說：「《中說》一書，如子弟記他言行，也煞有好處。雖云其書是後人假託，不會假得許多，須真有個人坯模如此，方裝點得成假。」（《朱子語類》）這該是很通達的見解。本文介紹王通和他的學術，雖明知《中說》非王通自著，仍以《中說》爲主要依據，即基於是項理由。這是作者首先要聲明的第一點。

王通其人，於《隋書》、《新唐書》、《舊唐書》皆無傳，附見在新舊《唐書》的〈王績傳〉、〈王勃傳〉和〈王質傳〉中，但敘述都很簡略，根據這些資料，我們只知道他是隋末大儒，曾經聚徒講學，並有續經之作，死後，門人私謚曰文中子，其餘的都不很清楚。本文敘述他的世系及生平，主要是依據王通的門人杜淹所撰的《文中子世家》，並旁參薛收的〈文中子碑銘〉、皮日休的〈文中子碑〉、司空圖的〈文中子碑〉和司馬光的〈文中子補傳〉。這是作者首先要聲明的第二點。

二、王通之世系及生平

王通，字仲淹，先世居於祁（山西省祁縣東南），後來遷至絳州龍門（山西省河津縣），下距王通誕生，已經在龍門住了四代。

王通的先世，可以上溯到漢朝的王霸，霸字孺仲，遭逢王莽篡漢，隱居不仕；十八代祖是王殷，在東漢當過雲中太守，曾以《春秋》及《周易》兩部經教授於鄉里；十四代祖是王述，曾著成《春秋義統》書；九代祖是王寓，遭逢晉室愍、懷之難，移家江左；八代祖是王罕，在慕容氏底下當過上谷太守；七代祖是王秀，以文學有名；六代祖是王玄則，曾經在南朝的宋當過太僕及國子博士，究心道德，博考經籍，江左稱爲「王先生」，著有《時變論》六篇，闡論風俗推移的道理；五代祖是王煥，著有《五經決錄》五篇，推明聖賢著述的用意；高祖是王虯，曾在北魏當過并州刺史，著《政大論》八篇，敘述帝王之道；曾祖是王彥，曾當過同州刺史，著《政小論》八篇，敘述王霸之業；祖父是王傑，曾當過濟州刺史，著《皇極讜論》九篇，發揮三才去就的道理；父親是王隆，傳先世之業，居家教授，門人有千餘人之多，在隋文帝開皇初一度爲國子博士，著有《興衰要論》七篇，指陳六代的得失。

王通有兄弟四人，通於排行居第二，長兄爲芮城府君，曾任芮城令；三弟名凝，字叔恬，仕唐至監察御史；四弟名績，字無功，新舊《唐書》都有他的傳。王績好酒，著有〈醉鄉記〉，以寄託他的理想世界，作意和陶淵明的〈桃花源記〉相似，他心中所嚮往的人物是嵇康、阮籍、劉伶和陶淵明，對於孔孟之道並不很景仰，甚至常加譏諷，這一點和他的哥哥似乎站在敵對的立場，這是很可注意的怪現象。王績在初唐是位相當有個性的詩人，當時的詩風不脫齊、梁的餘習，充滿了脂粉氣味，王績獨能擺脫宮體詩的窠臼，十足地表現了他自己獨特的生活和情感，彌足珍貴。他的詩文大部分收在《東皐子集》裏。幼弟名靜，由王通的弟子薛收取字叫保名，見《中說．禮樂》。

王通有二子，長子叫福郊，次子叫福畤。福畤有五子，第三子是王勃，詩文俱佳，是初唐四傑之一。

王通生於隋文帝開皇四年（西元五八四年），自幼才智過人，當他初生時，他的父親特地爲他算卦，結果得了「坤之師」，他的祖父認爲這是「素王之卦」，「必能通天下之志」，就替他取名爲通。王通幼時無常師，曾經受《書》於東海李育，學《詩》於會稽夏琠，問《禮》於河東關子明（此據杜淹《文中子世家》。但據後人所考，關子明與王通年代不相及，此條當是杜淹誤記），正《樂》於北平霍汲，考《易》於族父仲華。冥心孤往，轉益多師，於六藝無所不通。到了仁壽三年，王通二十歲，慨然有濟助蒼生之志，於是西遊長安，見隋文帝，進奏〈太平十二策〉，把古今的事相互參證，推明進王致霸的方略，極得文帝的賞識，可惜爲當朝公卿所泥阻，不獲採行。王通於是作〈東征之歌〉，返歸故鄉，其後朝廷屢次徵召，王通都辭不應命，在家從事「修《詩》《書》」、「正《禮》《樂》」、「修《元經》」、「讚《易》道」的工作，九年而大功告成。此時遠來受教的人絡繹不絕於途，人數多至千餘，其中較著名的有河南董常、太山姚義、京兆杜淹、趙郡李靖、南陽程元、扶風竇威、河東薛收、中山賈瓊、清河房玄齡、鉅鹿魏徵、太原溫大雅、潁川陳叔達等（此據〈文中子世家〉。後人頗以新舊《唐書》李靖、房玄齡、魏徵諸人的傳無一語及王通，又王績〈遊北山賦〉自注列載王通門人姓名，亦無李靖、房玄齡、魏徵、陳叔達等人，因此認爲此數人不在弟子之列，待考），其中不少人在貞觀之際是有名將相。由於王通之聚徒講學，河汾之間，民風因而歸於醇厚。大業十三年（六一七年），王通寢疾，七日而卒，享壽三十四歲，門人以《易經．坤卦象傳》有「黃裳元吉，文在中也」之言，私諡曰「文中子」。所著書有《禮論》二十五篇、《樂論》二十篇、《續書》一百五十篇、《續詩》三百六十篇、《元經》五十篇、《贊易》七十篇，今皆不傳。（今傳《元經》，題爲隋王通撰、薛收傳、阮逸注，晁公武《郡齋讀書記》及陳振孫《直齋書錄解題》以《崇文總目》及《舊唐書．經籍志》、《新唐書．藝文志》皆不載，認爲其書係由後人僞託，非王通原書，其說頗合理，今從之。）

三、學術思想簡介

王通處在亂亡相繼的時候，對於當代成爲顯學的佛、道思想，雖然頗能容忍，曾經以老莊、釋迦與仲尼對舉（《中說·周公》），甚至禮佛爲聖人（同上），而他的論政，崇尚無爲而治，尤其可以看出受道家的影響相當深，但是基本上王通是一個儒家的擁護者和發揚者，這點由他的修《元經》、《續書》、《續詩》、《贊易》暨正《禮》《樂》，欲以繼承仲尼的志業可以覘知。除此而外，在《中說》一書中，也可以看出他對周、孔之道的推崇和嚮往，他曾說：「卓哉周、孔之道，其神之所爲乎！順之則吉，逆之則凶。」（〈王道〉）又說：「千載而下，有申周公之事者，吾不得而見；千載而下，有紹宣尼之業者，吾不得讓也。」（〈天地〉）類似的話語，在書中隨處可見，皆足以顯示王通基本上是一個儒家，至於他對道、佛的容忍及某部分思想的有限度採納，除了說明時代思潮的大力以外，同時可以看出王通思想的廣度。以下即分爲政治觀、倫理觀、文學觀等三個小節，分別敘述王通的學術思想。

1 政治觀

中國學術思想史上的三個主要潮流，是儒、釋、道三教，其中道家講求個人之逍遙，佛教嚮往寂滅之樂土。二者於個人心性之修養，或有不同的看法，但是對於現實社會的漠視則初無二致，至少我們可以說：道、釋二教皆不以安頓眼前的現實社會爲第一義。至於儒家，則「極高明而道中庸」，凡所稱論，都以生民爲依歸，建立教化，敷設制度，要把現實社會安排整頓得更合理，更適於人民生活，不於眼下世界之外，別求虛無飄渺之境界。所以儒家肯定倫理關係，肯定現實政治，這是它的平實之處。王通在政治思想方面，可以歸納爲三點，即尊王賤霸、修德治民和民貴君輕，這些都是儒家在政治方面的重要主張。當年孔子修《春秋》，嚴於名分，往往以一字爲褒貶，主要用意在於明夷夏之辨，而崇王道或務霸力，即諸夏及夷狄之所由判。王通仿《春秋》而作《元經》，基本上也還是存著這樣的用心，所以他說：「《春秋》、《元經》於王道，是輕重之權衡，曲直之繩墨也。」（〈事君〉）另有一回，李密與王通討論用兵之道，王通說：「禮信仁義，則吾論之；孤虛詐力，吾不與也。」（〈天地〉）又有一回，楚公問用師之道，王通回答他說：「行之以仁義。」（〈問易〉）行王道，則標榜禮信仁義；行霸道，則不免於推重孤虛詐力；由通此言，也足以看出他尊王賤霸的主張。

同時，在南北朝那個紛亂擾攘的時代，王通對於北魏太和的政治極爲贊美，他曾說：

「魏孝文可與興化。」（〈天地〉）又説：「中國之道不墜，孝文之力也。」（〈周公〉）又説：「太和之主近雅矣。」（〈問易〉）可謂於魏孝文帝推許極高。這是因爲南北對峙之際，江南風氣浮靡敗壞，釋、道避世之説，瀰漫朝野；而北方的魏孝文帝雖是異族，獨能尊崇儒術，他改姓氏，正衣冠，置官制，修刑法，定語言，立氏族，行均田，凡所作爲，悉以中國文化爲依歸，可以説他雖是個「夷狄之君」，卻能用「諸夏之道」，王通特別稱美他，也還是本著《春秋》「夷夏之辨」的微意，因爲《春秋》的所謂夷與夏，原是一種文化水平的判定，而不是狹隘的種族主義的表現。

王通心目中的理想政治在於達成一個無爲而自然的社會，他説：「古者聖王在上，田里相距，雞犬相聞，人至老死不相往來，蓋自足也。是以至治之世，五典潛，五禮措，五服不彰，人知飲食，不知蓋藏，人知羣居，不知愛敬，上如標枝，下如野鹿，何哉？蓋上無爲、下自足也。」（〈立命〉）從這段文字看來，王通所嚮往的，是一個返璞歸真、無爭無爲的類似初民生活的形態，與老子《道德經》所揭櫫的初無二致，我們固然可以説這是王通受到老、莊思想影響的地方，但是王通認爲要達到這樣的一個理想社會，必須以仁義禮樂爲徑塗，因此特別強調仁義禮樂的重要，這一點卻是本乎儒家，而和老、莊大異其趣。本來「以德治民」是儒家的重要主張，王通對於「以德治民」尤其再三致意，他説：「仁義，其教之本乎！先王以是繼道德而興禮樂也。」（〈禮樂〉）古人對於政治與教化的分別不嚴，王通説仁義是教化的根本，也就無異説仁義是政治的根本。又有一回，溫大雅問爲政之道，王通回答説：「仁以行之，寬以居之，深識禮樂之情。」（〈述史〉）由通此言，尤其足以看出他的

「以德治民」的主張。至於以仁義與禮樂對舉，那是因爲仁義是禮樂的內在依據，而禮樂則是仁義的外在節文，徒然標榜仁義而無具體的禮樂制度將之客觀化，則仁義將成空泛而浮蕩的話頭；有禮樂制度而不以仁義爲內在依據，此禮樂制度只是虛僞而僭竊的存在。所以王通又說：「五行不相沴，則王者可以制禮矣；四靈爲畜，則王者可以作樂矣。」（〈王道〉）如此看來，儘管王通提出了一個無爲而治的理想社會，但那只是一個「烏托邦」，事實上是可望而不可即的，現實的政治將永遠只是在朝此「烏托邦」邁進的過程中，走著永遠走不完的道路，而在此過程中所須秉持的治理原則卻是仁義禮樂。因此，王通雖然似乎是以仁義禮樂爲手段，卻無異於以仁義禮樂爲終極目標。這是他調和儒家和道家的地方，而究其實際，仍然是以儒家爲主體，這是很明顯的。

王通對於「民貴君輕」古義尤其反覆申說。他很贊成霍光的「廢帝舉帝」，認爲大臣爲了「康天下」，可以「廢昏舉明」（〈事君〉），這種民本思想，和孟子的「聞誅一夫紂」的思想，可以說一脈相承。王通的政治哲學既視百姓爲主體，視國君爲客體，站在這個立場，他不惜承認異族的政權。在他的《元經》裏，尊異族的元魏爲帝，他爲此解釋說：「亂離斯瘼，吾誰與歸，天地有奉，生民有庇，即吾君也。」（〈述史〉）隋朝承南北兵爭之餘，文帝不及生聚，煬帝則只知遊樂，生民困苦，不啻倒懸。王通說這話，內心該是很沉痛的。

由於王通主張「民貴君輕」，所以他特別強調國君當廣諮民意，他說：「議其盡天下之心乎？其黃帝有合宮之聽，堯有衢室之問，舜有總章之訪，皆議之謂也。大哉乎！并天下之謀，兼天下之智而理得矣。」（〈問易〉）政治上所有措施，取決於眾議，那麼國君之在上，何異虛設，我們若舉此作爲王通反對專制之證，也未嘗不可。

2 倫理觀

西方人以倫理學指有關道德的科學，有關道德的科學中國也有，僅表現的形態略有不同，大致言之，我國重實踐，西方重思辨，這是彼此的分野。但這並不意謂著中國缺乏思辨的倫理學，以道德行爲的發生言之，中國先秦儒家即有兩種不同的看法，一派認爲人性本善，人之有道德行爲，只是本性的自然流露而已，這等於爲道德行爲找出先天的根據，使道德行爲不僅成爲可能，而且在正常的情況下，必然呈現，這是孟子一派的看法；另一派人則認爲人性本惡，道德行爲的成爲可能，純是由於後天教育的功能，這是荀子一派的看法。這兩派學者的意見儘管不同，但就他們所處理的問題而論，應屬於思辨的倫理學無疑。王通在這個問題上的看法，是繼承孟子性善之說，他曾說：「我未見欲仁好義而不得者也。如不得，斯無性者也。」（〈魏相〉）既然以仁義爲必然可以踐行，認爲「欲仁好義而不得，斯無性者也」，可見他這個「性」是具備仁義之德的善性。又有一回，他的學生董常讚嘆顏回的「三月不違仁」，王通說：「仁亦不遠，姑慮而行之，爾無苟羨焉。」（〈立命〉）仁義本具於我之自身，「我欲仁，斯仁至矣」，所以說：「仁亦不遠」。然則對於人性的見解，王通和孟子爲同調，那是很顯明的。

王通所認爲的理想人格是「聖人」，「聖人」與天地合德，於人無所不和，於事無所不通，王通說：「天生之，地長之，聖人成之，故天地立，而易行乎其中矣。」（〈魏相〉）這也就是說聖人能助成天地化育的大功。像這種理想人格的極致，歷史上大約只有周公和孔子可以當之。有一回，王通遊孔子之廟，出而歌曰：「大哉乎！君君臣臣，父父子子，兄兄弟弟，夫夫婦婦，夫子之力也。其與太極合德，神道並行乎！」（〈王道〉）他處又說：「周公之道，曲而當，私而恕，其窮理盡性以至命乎！」（〈周公〉）對於周公和孔子的贊美無以復加，可以視作理想人格的極致無疑，當即王通所謂「聖人」。

從理論上說，理想人格的極致，人人可以企及，所以人人可以為聖人。然而事實上，要達到聖人境界卻也不是易事，以仲尼天縱之資質，尚且要到七十歲才能從心所欲而不逾矩，足以說明成聖過程是何等的艱難。以一般人而言，求為聖人而不可得，能作一個君子，也就不錯了，如何才能算是一個君子，王通以為要成為一個君子，最起碼的要求是能行「恕道」，那就是「為人子者，以其父之心為心；為人弟者，以其兄之心為心；推而達於天下。」（〈天地〉）此外，作為一個君子，還要能「過而不文，犯而不校，有功而不伐」（〈天地〉）、「固窮」（〈事君〉）、「捨利取義」（〈周公〉）、「切而不指，勤而不怨，曲而不諂，直而有禮」（〈問易〉）、「知命而畏之」（同上）、「知微知章，知柔知剛」（〈禮樂〉）、「知時」（〈魏相〉）、「無諾責，無財怨，無專利，無苟說，無伐善，無棄人，無畜憾」（同上）、「有慈，有儉，不為天下先」（同上）、「先擇而後交」（同上）、「不責人所不及，不強人所不能，不苦人所不好」（同上）、「見利爭讓，聞義爭為，有不善爭改」（同上）、「服人之心，不服人之言；服人之言，不服人之身」（〈立命〉）。據此看來，我們修養自己的人品，即使達不到聖人的境界，能成爲一個君子，也算是有道德的人了。這是人人可以做到的，所以王通於此再三致意。

在社會倫常方面，王通也頗能把握儒學的要點，認爲當循修身、齊家、治國、平天下的程序，而維繫三綱五常於不墜。所以他的弟弟王績好飲酒，一飲五斗，作〈五斗先生傳〉以見志，王通就很不以爲然，責備他「縱心敗矩」（〈事君〉），壞亂人倫。又如漢朝的京房習災變之事，往往用占卦決斷日用行事，流於異端；晉朝的郭璞也喜歡陰陽算術，舉措乖異，不合人情；凡此皆對於人倫之道有妨害，故王通指責他們是「古之亂常人」（〈禮樂〉）。王通平常講學，也以人倫之教爲首要，他的高弟董常說：「夫子自奉歸晉宅，居汾陽，然後三才五常各得其所。」（〈王道〉）由此可以覘知王通教化的一斑。所謂三才，指的是天道、地道和人道；所謂五常，指的是仁、義、禮、智、信，這是儒家經常講的，其中尤以仁爲最重要，王通稱爲「五常之始」（〈述史〉），所以王通不輕易以仁許人。這裏另一方面的理由是：仁之一字，當它與義、禮、智、信四德並舉，作爲五常之一時，它是諸德的一端；但當仁單獨被稱引時，往往視之爲眾德之全，這種用法自《論語》時已如此，王通說到仁字，也常常有這種用法。至於王通閒居時，舉手投足，舒緩自然；事奉長輩，態度恭敬；接引晚輩，容貌溫和；自奉極爲儉樸，卻樂於助人；不相形，不禱疾；不卜非義，行動有常；懷抱治理天下的長才及大志，卻能如此平易近人，因此能成化於鄉里。《禮記．大學》說：「君子不出家而成教於國。」在王通的身上，我們又看到了一個顯著的例證。而中國人講倫理學，不只空談理論，尤其著重實踐，王通也是一個很好的例子。

3 文學觀

如眾所周知，我國文學在六朝時代是唯美文學特別風行的時期。本來，我國詩文發展到了曹氏父子，已經漸漸從本色美進而講求藝術美，文辭自此漸以艷麗爲尚；到了晉朝的張協、潘岳和陸機等作家，詩文日益求工，更加刻意地講究聲律和色澤。這種風氣愈演愈盛，形成不可遏止的潮流。尤其南朝國家偏安江左，朝野人士，耽於逸樂，往往以文詞相誇；再加上江南物質豐厚，風景秀媚，感動於內心而表現於文辭，也帶著華靡的風格；這些都助長了唯美文學的發展。於是「文尚駢麗，詩尚排偶」，整個六朝的文壇都呈現了華麗輕艷的特色，成爲唯美文學的鼎盛時期，不僅作家在創作的時候，朝著這個方向走；文選家選文及文評家評論詩文，也都或多或少地受了這種潮流的影響。

在這種風氣下創造出來的作品，普遍的缺點是輕質而重文，過分地追求形式的完美，而沒有足夠分量的思想情感來配合，於是風格流於靡弱。尤其演變到了後來，成了徒有美麗的軀殼而缺乏真實的生命。這種現象引起了有識之士的憂慮，隋初的學者李諤在〈上文帝論文體輕薄書〉裏，就曾經攻擊六朝文的「遺理存異，尋虛逐微」。

到了王通，由於他是載道文學的支持者，所以由攻擊六朝文更進而批評六朝的文人，他說：「文士之行可見：謝靈運小人哉，其文傲，君子則謹；沈休文小人哉，其文冶，君子則典；鮑照、江淹，古之狷者也，其文急以怨；吳筠、孔珪，古之狂者也，其文怪以怒；謝莊、王融，古之纖人也，其文碎；徐陵、庾信，古之夸人也，其文誕。」（〈事君〉）此外，王通又批評劉孝綽兄弟是「鄙人」，說他們的文章失之於「淫」；批評湘東王兄弟是「貪人」，說他們的文章失之於「繁」；批評謝朓是「淺人」，說他的文章失之於「捷」；批評江揔是「詭人」，說他的文章失之於「虛」；以上諸人儘管各有所蔽，缺點不一，而在王通看來，都是小則喪身、大則亂國的「不利人」。不良的文學藝術，直接可以敗壞社會風氣，間接可以動搖國本，王通對六朝文人這樣無情的鞭撻，大約是看到這一點吧！

在六朝文人之中，獨有顏延之、王儉、任昉受到王通的尊敬，王通認爲他們三人「有君子之心，其文約以則。」（〈事君〉）王通又說：「君子哉陳思王也，其文深以典。」（同上）據此看來，王通對於六朝文人所不能滿意的，是他們的傲、冶、碎、誕、淫、繁、捷、虛，以及急而怨、怪而怒。如能做到「約以則」或「深以典」，還是爲王通所稱贊的。〈事君〉又載房玄齡問文，王通答以「古之文也約以達，今之文也繁以塞。」也表示了同樣的意見。可見王通認爲詩文必須精鍊、暢達、典重、含蓄而有法度，這是他對於文學形式的意見。

至於文學內容方面，王通說：「學者博誦云乎哉，必也貫乎道；文者苟作云乎哉，必也濟乎義。」（〈天地〉）又說：「言文而不及理，是天下無文也。」（〈王道〉）又說：「古之史也辯道，今之史也耀文。」（〈事君〉）文史可以相通，由此可知王通認爲文學內容必須「貫道」、「辯道」或「說理」，同時必須有正面的教化作用。這種見解，是本於傳統儒家的，如《詩經》本是古代詩歌的總集，爲純文學的作品，孔子把它採作教本，用以教學生，已經賦予倫理教化的作用，所以孔子說：「《詩》，可以興，可以觀，可以羣，可以怨，邇之事父，遠之事君，多識於鳥獸草木之名。」（《論語．陽貨》）到了後來的《毛傳》解釋《詩經》，更是純粹從政治及教化的觀點出發。王通有《續詩》之作，考其用心，也是站在輔助教化的立場，他屢次勸他的門人讀《續詩》，他說《續詩》「可以諷，可以達，可以蕩，可以獨處。出則悌，入則孝，多見治亂之情。」（〈天地〉）這話多麼逼肖孔子的口吻；他回答門人之問，又說《續詩》有四名五志，「何謂四名，一曰化，天子所以風天下也；二曰政，蕃臣所以移其俗也；三曰頌，以成功告於神明也；四曰嘆，以陳誨立誡于家也；凡此四者，或美焉，或勉焉，或傷焉，或惡焉，或誡焉，是謂五志。」（〈事君〉）這話又與〈詩大序〉意思大同；王通於他處又說：「詩以正性。」（〈魏相〉）從這些話看來，他同傳統儒家一樣，特別強調文學的教化功能，因此主張文學內容必須雅正，那是很可以理解的。此外，有一回，李伯藥跑來跟王通討論詩，李伯藥從應璩、劉楨說到沈約、謝靈運，從四聲八病說到剛柔清濁，滔滔不絕，講了許多，結果王通一句話也不理他。李伯藥討了個沒趣，就去跟王通的高弟薛收請教緣故，薛收說：「吾嘗聞夫子之論《詩》矣，上明三綱，下達五常，於是徵存亡，辯得失，故小人歌之以貢其俗，君子賦之以見其志，聖人采之以觀其變，今子營營馳騁乎末流，是夫子之所痛也，不答則有由矣。」（〈天地〉）薛收這一番話，尤其把王通的道統的文學觀，發揮得淋漓盡致，值得我們注意。這樣的見解，在當時雖然不很被重視，卻影響唐代的文人不小，這點留待下節再予敘述。

四、王通思想對後世的影響

王通學術思想對於後世的影響，可分兩方面說明：一是政治倫理思想方面的影響，一是道統文學觀念方面的影響。前者比較隱微，沒有具體實例可指證；後者卻是彰明較著，可以直接指出。就前者而論，王通生際六朝亂亡之餘，對於戰爭及暴虐政治所帶給人民的痛苦和迫害，感受很深刻，所以在《中說》一書裏，一再提出「民貴君輕」的主張，希望多少刺激時君，有一些愛民的開明措施。他也曾經去謁見隋文帝，希望能推行其說，可惜被當權的公卿所泥阻，不能一展長才。後來煬帝即位，幾次徵召他，他都推辭而不奉詔，大概他也看出隋朝是沒有什麼希望了。可是他對於王道政治，對於仁義禮樂，對於三綱五常，是那麼一再諄諄告語，不厭其煩，也許他期待一個新朝來收拾殘局，解救百姓於倒懸的痛苦，在《中說》一書，不時可以看到他對於一個開明的一統政府的嚮往，譬如當他的高弟董常死時，他整天哭個不止，門人問他爲何如此悲傷，他說：「吾悲夫天之不相道也，之子歿，吾亦將歿矣。明王雖興，無以定禮樂矣。」（〈問易〉）他又曾贊美杜如晦，說他「若逢其明主，於萬民其猶天乎！」（同上）這些話都很可尋味。可惜王通在大業十三年也死了，不及見唐室之興。

李唐建國以後，制度大備，奠定數百年的基業，其建國規模，有數點超越前代之處，其中包含民本思想與制度之創導及實踐，和任賢納諫之真誠及開國風範之樹立，這兩點，如前所說，都是王通所極爲強調的，我們不敢說唐室制度之建立，係完全採納了王通的主張，但是在若干程度上受了王通思想的影響，想是可以說的。而且杜淹《文中子世家》載王通的及門弟子，其中有李靖、房玄齡及陳叔達諸人，這其中或許有牽攀的嫌疑，不盡可信，然「貞觀時將相雖不盡屬通之門人，而通門人中也未嘗無至公輔者。」（余嘉錫《四庫提要辨證》卷十）這些學生在參與商訂制度時，不免要提出老師的主張，影響了現實政治，這也該是合情合理的推測。

在文學方面，唐代的古文運動是我國文學史上的一件大事；這項古文運動，陳振孫以爲起於陳子昂（見《直齋書錄解題》卷十六），董逌以爲起於元結（見《廣川書跋．摩崖碑》），胡應麟以爲起於李華、蕭穎士（見《少室山房筆叢．九流緒論》卷中），趙翼以爲起於姚察、獨孤及（見《二十二史箚記》卷九及卷二十），事實上，應該上推一百多年，早在北魏的蘇綽，已經仿擬《尚書》作〈大誥〉了，而隋朝李諤、王通的攻擊六朝文及提倡道統文學，尤其爲唐代的古文運動鋪好了道路。在初唐時，四傑雖然沿襲六朝的餘風，在作品中還不能完全避免誇辭耀藻的習氣，但在觀念中，都已經有了覺醒，如王勃的〈上吏部裴侍郎啟〉和楊炯的〈王勃集序〉，便都提出了改革文學的主張，反對六朝的淫巧文。但是由於李諤和王通等只是提出理論，本身沒有什麼創作；王勃、楊炯諸人雖然也提倡道統文學，但是他們在創作方面不能充分實踐自己的理論，所以古文運動還不能充分展開。後來又經過了陳子昂、盧藏用、蕭穎士、李華、獨孤及、元結、梁肅、李觀、柳冕等人的繼續大力發揚，到了韓愈，在理論上是集大成，而且韓愈本身是古文大家，能以創作來實踐他的理論，有體有用，再加上他的一些朋友和學生的聲氣相應，於是古文運動才如火如荼地展開，蔚成奇采。我們只要把韓愈的古文理論檢查一下，就可以發現它們是淵源有自的，譬如韓愈在〈送陳秀才彤序〉文中說：「學所以爲道，文所以爲理」，很明顯地，這是本乎王通的「學者博誦云乎哉，必也貫乎道；文者苟作云乎哉，必也濟乎義。」（已見前引）其他的理論也基本上是承襲了王通的說法，而加乎細密。這裏就不再細說了。

參考書目

《文中子中說》十卷　舊題王通撰，阮逸注，臺北，世界書局《四部刊要》本，民國五十九年一月再版。

《中說》十卷　舊題王通撰，阮逸注，臺北，中華書局《四部備要》本，民國五十八年二月臺二版。

《文中子考信錄》　汪吟龍著，臺北，商務印書館印行，民國六十二年四月臺一版，共一一九頁，附錄六頁。

《四庫提要辨證》卷十　余嘉錫撰，臺北，藝文印書館印行，民國五十八年三月三版。

《僞書通考》　張心澂撰，臺北，鼎文書局印行，民國六十二年十月初版，七六四頁至七七四頁。

《中國政治思想史》　蕭公權著，臺北，華岡出版有限公司印行，四〇四頁至四〇六頁。

《中國文學批評史》　郭紹虞著，臺北，明倫出版社印行，民國五十九年十一月初版，九二頁至九五頁。

《陳亮集》　陳亮撰，臺北，河洛出版社印行，民國六十五年三月初版，一六八頁至一七〇頁，又一九二頁至一九四頁。

新舊《唐書》

陳成真撰〈文中子新考〉臺北，《大陸雜誌》三十六卷一期，民國五十七年一月十五日出版，二一三頁至二一六頁。

玄奘

彭楚珩 著

目次

玄奘

一、篇首小傳

1 緒言

人世間曾有一句話說：「風雲際會」。而佛家則常說：「萬法唯緣」。即一事之起，表面上似乎是偶然的遇合，而實際上卻是一種前緣夙定。如以我國歷史上的一位大思想家，大宗教家，著名千古的高僧玄奘而言，他的成就，固然是由於他自己的努力；然而，如果沒有他生前身後，以及周遭的隨緣遇合，他是無法以完成其豐功偉業的。

例如：玄奘出生於隋文帝仁壽二年（西元六〇二年），而文帝（楊堅）便是一位振興佛教的實踐者。又如他生長於盛唐之初，而唐太宗和高宗兩位皇帝，以及那個女皇帝武則天，也都是篤信佛教的。在玄奘的及身之際，偏偏就有一位文學造詣極好的道宣和尚，爲之「酌文潤色」。他身死之後，還有高徒窺基、圓測等幾位佛教大師，爲之祖述纘承，大加弘揚；否則的話，後世人們對於他的景仰孺慕，亦不至於如此之極！

玄奘，確實是我國歷史上一位偉大的思想家，自從他懂得人事的時候起，一直到他逝世之日止，幾乎無時無刻不在運用他的思想；因而，他的德業，也就是運用思想的成果。所以，他的一生經歷，確是光輝燦爛，多采多姿的。他誕生於隋文帝仁壽二年（六〇二年），而死於唐高宗麟德元年（六六四年）二月初五日的午夜，世壽是六十三歲。

2 祖系

玄奘，是他出家以後的法名。他的俗家姓陳，俗名褘，爲陳留郡緱氏縣（河南省偃師縣）人氏，少年之時，居於山西緱氏縣故治之遊仙鄉控鶴里鳳凰谷，距北魏孝文帝所建立的少林寺，並不很遠，也就是在河南省洛陽縣的附近。

玄奘的祖父爲陳康，在南北朝的時代，是北齊的國子博士，後來又曾做過禮部侍郎。曾祖陳山，曾任曹魏（曹丕）的征東將軍，南陽郡開國公的榮職。高祖陳湛，亦曾任曹魏的清河郡太守（河北清河）。

如果根據他的宗族譜系，再往上推的話，他的遠祖，竟是漢朝太丘令的陳仲弓。後世子孫才遷到河南洛陽附近的緱氏縣。所以，玄奘的族系門閥，正是當時所崇尚的名門望族。

3 生父陳惠

玄奘的生父陳惠，在隋朝的時候，曾任江陵縣令，相當於現在的縣長，隋朝亡了，便棄官歸隱，絕不與聞世事，他不僅書讀得很好，更是一表人材，高高的體態，挺胸闊步，總是精神抖擻的。尤其是那一雙眼睛，竟是其清如水，其明如鏡，而射出兩道光芒來；再加上兩道濃眉，覆蓋於那毫光照耀的眼睛上，更是顯得有威可畏，有儀可象的。

所以，在史乘上都將他比之於東漢時的郭有道（郭泰），「賦性恬簡、不求仕進，而潛心於典籍，因而飽覽六經」。玄奘就承受了這樣的遺傳，從少至老，總是顯現出一副威嚴莊重的氣象來，不由得人們不去尊敬他。

4 長兄陳素

玄奘的若祖若宗，對於他的影響力，並不能算是很大的，而影響最大的，卻是他的長兄陳素——長捷法師。陳素的相貌及性情，也同樣的接受生父陳惠的遺傳，夠得上稱爲儀表出眾的人物。很早就已出家爲僧，號長捷法師，據說也是一位「風神朗俊，體態魁傑，有類於父，而好內外學」的。最善於講說佛理，常能引人入勝，他便住在洛陽城的淨土寺裏。

玄奘在十歲的時候，他父親陳惠死了，這給予他的打擊實在是太大了。但也使他領略到

「世事無常」的啓示。於是，他的長兄陳素——長捷法師，便將他帶到洛陽淨土寺裏，過著清淨生活，時間經過三年之久。這是玄奘學佛的啓蒙時期，關係後來的成就，自然是相當鉅大的。

5 出家

玄奘到了十三歲的那一年——隋煬帝大業十年（六一四年），隋帝下詔，准許在洛陽附近，度人民二十七人，出家爲僧，經大理寺卿鄭善果，就洛陽淨土寺中，選定了陳禕，要度他爲僧，起法名爲玄奘。從此以後，他便著上了僧裝，經過五十多年的努力，便建立了在我國的思想史上、文化史上、佛教史上萬世不朽的偉績，而照耀於史册。

隋朝末年，天下大亂，洛陽饑荒，玄奘隨著乃兄長捷法師，離去洛陽，進抵長安，住在長安的莊嚴寺裏，以聽取道基法師講授佛經。二十一歲時，又復偕兄從長安經子午谷（陝西秦嶺山中）以入四川，住於成都的定慧寺，才受了具足大戒，而取得一個完全僧伽的資格。

6 國內之旅

玄奘自從受了具足大戒以後，即離去其兄長捷法師處，從成都出發，沿長江而出三峽，抵荆州（湖北江陵縣），以入湘境，復折轉而至蘇皖各地。再北溯趙州（河北趙縣）、相州

（河南安陽）等處。在二十三歲的那一年——唐高祖武德七年（六二四年），又復返回長安。年初弱冠，而足跡幾遍全國，以聽取各方對佛教教義之講授。玄奘的此一行動，有謂係取得長兄的同意，有謂其兄並未同意，而是不辭而別的，姑無論如何，這一行動總是極其高明的，以秦嶺的峻拔、長江的浩瀚，均足以給予他莫大的啓發，這種高瞻遠矚的想法，又非凡人之所能及了。但是，他的國內之旅，仍不足以滿其熾烈的求知慾望；於是，乃有西行求法的籌劃。所以，他便學習印度語文，以備將來入印求法之需，並曾上奏朝廷，准其西去印度，求取佛經。

7 西行

惟以當時爲唐代建國之初，不許人民私與外國交往，故玄奘請求西行的奏章，竟被擱置。他迫不得已，乃於唐太宗貞觀元年（六二七年），混在長安「隨豐出關就食」的饑民羣中，偷偷的跑到了瓜州（甘肅敦煌縣）。歷盡千辛萬苦，而至於高昌國境（新疆吐魯蕃），高昌王麴文泰想邀他留住國內，爲之弘教，他卻堅拒不許，麴乃送其入於突厥，會晤突厥的葉護可汗。

玄奘取道西突厥以至印度，這是以前和後來從沒有人走過的。他繞道西伯利亞的南端，經俄屬土耳基斯坦，循著阿富汗而至印度；多繞了不少路程。他爲甚麼要這樣的走呢？因爲當時突厥以西的各個部落，都是臣服於葉護可汗的，如能經葉護可汗的介紹資遣，便都可以順利通行，而毫無阻礙的。這又是高人一等的想法了。

於是，他踰越鐵門，歷覩貨羅國、渡縛蒭國，而至活國，以入於北印度。復經中印度諸國，而入摩羯陀國的那爛陀寺，參見戒賢大師。途中整整的經過了三年，在印停留了一十四年，遍歷印度，參學佛教教義，而抵於大成。

8 回國譯經

玄奘於唐太宗貞觀十七年（六四三年）起程歸國，貞觀十九年正月二十四日入於長安。他行裝甫卸，即著手譯經，總計至其逝世之時爲止——唐高宗麟德元年（六六四年）二月初五日，共譯佛典經論凡七十四部，都爲一千三百三十八卷，計時一十九年，平均每年譯訖七十卷。而最後兩年，譯述更勤，每年幾爲一百七十卷。譯經之業，自開始至其逝世前，僅停止一個多月的時間而已。

當唐高宗永徽三年之時（六五二年），玄奘曾奏請於長安南部十二里處，建築高塔，以安置由印取回的佛教經典，免於喪失，兼防火災。此塔爲七級浮圖，計全高爲一百九十四尺，塔基每邊爲八十四尺，成一正四方形。全塔結構，權衡適宜，極爲閎壯。塔的南面，建立兩碑：一爲唐太宗御製之〈大唐三藏聖教序〉。另一爲唐高宗之〈述聖記〉，併爲名書法家褚遂良的手筆；唐時稱此塔爲「慈恩寺浮圖」。亦即玄奘的紀念遺物之一。

9 述後記

從玄奘而後，因其譯述印度文化思想爲數如此之鉅，開前此之所未有，遂使我國原有的秦漢文化，發生了很大的變動，近世以來，學人們僉謂宋明理學之興起，實受此印度佛教思想之衝擊，因而產生的影響成果；且使此成果，更爲成熟，更爲充實，更爲光輝燦爛，而照耀於舉世人們之前，雖歷萬古而常新。

由此以觀：唐代佛學的發揚，實爲宋明理學的先驅，因而，玄奘大規模的譯述工作，便成了介紹印度思想最爲有力的壯舉，值得我們的推崇與效法。

同時，玄奘這種偉大的行徑，鴻猷碩藎，鑄成了我們的楷模，促使我國再來一度文化復興運動，願能於此而奠其基礎。是則本書之作，就不僅是爲玄奘個人行跡的敘述，而將有助於復興我國文化的偉大工作了。

二、時代背景

玄奘能有上述偉大的成就，自然會有其時代的背景，與之相激相盪，以爲其「萬法隨緣起」的一種助緣。

1 關於時

於是，我們便應先行擇定一個時間上的基準，追溯上去，將各朝各代，各王各帝，對於佛教的視遇，以及所發生的有關事項，作一簡述，所遇之時，或有否泰不同，則影響的優劣互異；然而，無論其影響如何，對於偉人哲士的行爲，總是有一種推進力量存在著。

關於這一個基準時間，我們擇定以玄奘出家爲僧之年爲準；那便是隋煬帝大業八年（六一二年），這一年，玄奘僅爲十一歲。

從這一年起，上距佛教教義的初入——東漢明帝永平十年（六七年），已達五百五十餘年，在這一段漫長的期間，佛教興衰迭乘，自在意中；帝王的抑揚尊貶，也會是大有歧異的；這些史實，均足以給予玄奘莫大的衝擊作用，而使之不得不西行求法，以作爲根本上的解決。

2 佛教之傳入

佛教教義，最初傳入我國，大家都以漢明帝永平十年，「夜夢金人，飛行殿庭」說爲嚆矢。但近代學人，頗有疑其爲虛構，不足取信。實則，在漢時之王景，就曾作有〈金人論〉一文，金人之在當時，自是確有其事；所以，漢明帝因夜夢金人，而遣使西行求法，亦有其可以取信之處。

但是，這終究是託爲肇始之說，因爲佛教的傳入，尚有早於這時以前的說法。例如漢明帝在永平八年（六五年），於頒給楚王英的詔書中，即有「誦黃老之微言，尚浮屠之仁慈……其還贖以助伊蒲塞、桑門之盛饌」。而且，曾以此詔書頒示於全國。

按詔書中所稱「浮屠」一詞，即爲佛陀，「伊蒲塞」一詞，即爲「優婆塞」之變音，乃男居士之義，「桑門」亦即「沙門」，爲和尚的稱呼。足見佛教之在當時，已爲王室所信奉，國家所尊崇，那麼，民間的信仰奉行，自然就更爲誠篤普遍而早於這時了。

從此再追溯上去，在西漢哀帝的元壽元年（西元前二年），博士弟子景憲曾受大月支王口授《浮屠經》。更向前上溯，在漢成帝河平三年（西元前二六年），劉向奉詔校閱「天祿閣」諸書的時候，曾作有《列仙傳》，其序文中有說：「歷觀百家之中，以相檢驗，得仙百四十六人，其中七十四人，已在佛經」。是則佛教的傳入我國，上距玄奘出家之年，已達六百三十八年。為時既久，涵泳自深，謂為不受影響，實不可能。

當永平年間，漢明帝夜夢金人時，傅毅告以為天竺的佛祖以後，明帝即派遣中郎將蔡愔、博士秦景、王遵等十八人，出使印度。及還，即偕印僧迦葉摩騰、竺法蘭等返抵洛陽。蔡愔等還洛陽之時，曾以白馬馱經，因立白馬寺於洛陽雍關之西，以居二僧；這便是我國建立佛寺的開始。

印僧來華的次早者，應為漢桓帝建和元年（一四七年）安世高的東來，他遊化於江淮之間，譯經凡三十餘部。次之則為安玄優婆塞，其所譯為《法鏡經》等。此外即為月支國的支婁迦讖，他所譯的《道行般若》、《般舟三昧》、《首嚴楞經》等十三部，盡屬大乘之典籍。尚有竺佛朔及支曜、康巨、康孟詳等梵僧，也各有譯述。

到了三國時期，印僧先後到達洛陽的，有曇柯迦羅、曇無諦的傳授戒律。康僧鎧譯出的《無量壽經》。以中原地區，正當漢魏之際，紛亂迭乘，致無若何影響；但在東吳，以孫氏主政，頗形安定，而北地離亂，人民因而流入東南。故安世高與支讖之學，亦隨之而入於吳地。所以，原已在吳的兩名梵僧，便與之和合。此二僧便是：

(1)支謙——自吳大帝黃武初年（二二二年）到建興中（二五二——二五三年），便在吳地譯經，謙承受支讖之學，譯經三十餘部，孫權曾任之為博士，因而有比丘參政之譽。

(2)康僧會——於赤烏十年（二四七年）進抵建業（南京），譯經數部，孫權為建立建初寺以居之，曾傾動一時。

支謙出生於洛陽，而康僧會長於交趾，都是半開化的西域人，故頗能注意於典籍的整理，酌情潤文，居然可觀，且創爲會譯，而爲文教界開闢一新紀元。

但是，翻譯佛經，在數量上說：雖已粗具規模，而在質量上說：則多不適於我國人士的誦讀，因而不滿，便大有人在了。例如我國第一位僧人朱士行，便是因爲不滿於《道行經》，而發誓西行，求取原經，再行翻譯，以宏揚佛法。

3 朱士行西行

朱士行出生於潁川，約在魏高貴鄉公甘露二年（二五七年）。於洛陽出家爲僧以後，即從事於佛法的研究，當他研習《道行經》的時候，他發現這部經典有四大缺點，即：

(1)譯得過於簡略，因爲這本是六百卷《大般若經》的第四會，可是一卷便譯完了。

(2)譯經人及筆受者，都未能具有三達的能耐——佛理、梵文、漢義都好，還有許多辭不達意之處。

(3)脫文太多，譯經者譯完一段而筆受者沒有紀錄下來，因而使讀者有殘缺不全之感。

(4)只知直譯，欠缺修詞工夫，因而文質不稱，使閱者讀來，索然無味。

因爲這些原因，朱士行便要西行求法。就在魏主曹奐景元元年（二六〇年），他從雍州（陝甘地區）出發，徒步跋涉一萬一千七百餘里，跨越大沙漠和千山萬水，飽受風沙饑渴之苦，費了二十三年的時間，突破許多奸人詭計的折磨，終於在于闐尋得了《道行經》的梵文原本，也就是《大般若經》第四會的原文，送回國來。可是，他本人卻被留在于闐，不得回國，而死於異域。

朱士行西行求法事，上距玄奘出家爲僧之年，爲三百五十五年，年代稍久，但以同在洛陽一地，對於玄奘來說，不能不算是一番刺激和鼓勵。可是，在這三百五十五年之內，還有一段法顯西行求法的掌故，那也是大可歌誦的一回史實。

4 法顯入印

法顯西行入印求經，是在東晉安帝隆安三年（三九九年），也就是後秦姚興的弘始元年。他從長安大寺出發。起行時爲五人：即法顯、道整、慧景、慧應、慧嵬等，行至張掖，又有五位青年和尚加入行列，那便是智嚴、寶雲、僧紹、慧簡、僧景等，總共十人，浩浩蕩蕩，向西進發。所以，慧立法師的《大慈恩傳》卷一有說：

> 昔法顯、智嚴，亦一時之士，皆能求法，利導羣生，豈使高蹤無追，清風絕後，大丈夫會當繼之。

像這樣的說話，便是明確肯定的承認玄奘西行求法，是大受法顯的影響了。

法顯從長安循陸路而入印度，復從印度經錫蘭乘海舶而返國，因風飄至那婆提國（按爲南美洲濱太平洋之一地區），而返抵青島附近海岸。那年正是東晉安帝義熙十二年（四一六年），在途與留印期間，共爲一十七年。從此以後，佛教三藏之一的律藏，稍稱完備。

法顯的返國，與玄奘的出家，前後相距，僅爲一百九十六年，當然不能算是很長久，應該是有影響力的。

任何一件事情，總是沒有絕對的，前面所述的幾件史實，對於玄奘，是可能發生好的鼓勵作用，而下面所要述說的，卻是佛教史上所說的「三武之難」的二武——北魏太武帝和北周武帝。

5 魏武帝毀佛

北魏太武帝即位之初，曾效法乃祖乃父，尊崇佛法，將一位深通禪教的玄高禪師，從涼州召了回來，任爲太子晃的保傅，太子是自己的繼承人，而以佛徒傅之，足見其信佛之誠。就在這個時候，朝中的司徒大臣崔浩，卻迷信於方士寇謙之。太武帝原喜讀老莊之書，於是崔浩便投其所好，以老莊之學，雜於道教羽化說中，時時爲之講說，乘間更力詆佛教之短。「浸潤之譖，膚受之愬」，本極可畏，況太武帝本人，對於佛教教義，並沒有深切的瞭解，信仰自然不甚堅定，因而惑於崔浩的所說，而將國家的年號，改爲「太平真君」元年（四三九年），也就是劉宋文帝的元嘉十六年。

及到太平真君七年（四四六年），太武帝因事到了長安，偶入佛寺，從者見寺內沙門，室有兵器，復見「沙門皆飲酒，藏釀具，造窟室，匿婦人。牧守富人所施財寶，累積鉅萬」。於是，魏太武帝命軍士將寺內僧人盡行誅戮。（蔣維喬：《中國佛教史》三六頁）

而崔浩卻更進一步，請帝誅夷全國僧人，毀經像，以致演成佛教史上一次浩劫。其毀法的詔文有說：

沙門之徒，假西域虛誕，坐致妖孽，非所以齊一政化，布淳德於天下也……。

因此，全國僧人，便須殺無赦了。該詔文接著又說：

……自王公以下，至於庶人，有私畜沙門，限今年二月十五日逐出，過期不出。沙門身死，容者誅一門！

這一場毀佛事件，使得當時許多僧人慘遭殺害，及到太武帝死了以後，魏文成帝繼位，才於興安元年（四五二年）——劉宋文帝永嘉二十九年——又復大興佛法，其詔文說：

世祖太武，德澤遐被，沙門道士，往往成林，而寺舍之中，致有兇黨，先朝按治，戮其有罪，所司失旨，一切禁斷。

此詔一下，將排佛罪責歸之於主管官吏，而佛法得以再興了。

北魏太武帝的毀佛，上距玄奘的出家，尚有一百餘年之久。至於北周武帝，則僅四十多年而已。迨其季世，漸入隋代，而玄奘即係出生於隋文帝仁壽二年（六〇二年），可謂及身之世。魏武帝的毀佛，是崇道而黜佛，周武帝則表面爲佛道雙黜，實際仍係祖道儒兩家，而獨斥佛家，這又是魏周兩武帝的不同處。

6 周武帝排佛

周武帝於天和四年（五六九年）三月十五日，使文武官吏召集儒釋道三家人士，凡二千餘人，討論三家的優劣，然後再議其興廢，發言盈庭，莫衷一是，因此時尚爲周武帝起念排佛的初期，還沒有予以決定。到了這個月的二十日，又令再行討論，依然久而不決。於是，武帝便說：「儒道二教，國所常遵，而佛爲外國傳來的宗教」，這樣的說話，語意顯然是偏袒儒道二教，排斥佛教的。因而大眾恐懼驚惶，無敢置答，以致這一日的集會，也就無結果而散。

到了四月間，又曾舉行過第三度的會議，司隸校尉甄鸞，以其所著《笑道論》三卷奏呈，內容是嘲笑道教教義膚淺，武帝閱後，大爲不滿，竟當廷將此三卷《笑道論》加以焚燬。此外，抗議的僧徒尚有多人，但武帝就不爲所動，仍將一意孤行，務求徹底。後又忽轉一念，以爲僅廢佛教，未免偏激，恐引起輿論的反對。於是，便欲將佛道二教一併廢除，而獨崇儒教。

四年以後的建德三年（五七四年），乃正式下詔廢除佛道二教，另建一所通道觀，招收三家有名德的人士以居之，賜號爲道觀學士，總數爲一百二十人，皆使著衣冠笏履。其詔書說：「往聖先哲，各項典則，應一併宏揚，以求一貫」。就詔書的外表來看，似乎爲佛道二教的併予廢置，而實質上卻只是「毀寺塔，焚經像，厲行排佛」的行爲而已。

當時，四川新州果願寺的僧猛，曾親至長安，奏陳不可排佛者一十八款。又有靜藹法師謁見武帝，亦辯論不屈，竟被逐出宮廷，而自殺身死。又四川宜州的釋道積，看到這種情形，與其徒眾七人，相率絕食殉道。

從此以後，破除佛教，歷時三年，關隴地區，所有僧寺道場誅除殆盡。到了建德六年（五七七年），周武帝更以為滅掉北齊，完全是破除佛教之功，因而驕矜更甚，但只一年而死。其子宣帝繼立，復興佛教，首先建立陟岵寺於洛陽、長安二地，宣帝享國僅一年，由靜帝接位，不久即為隋所滅。佛教進入隋代，即進入康莊時期。玄奘誕生於隋文帝的初年間，以接受此一新時代的洗禮，而植立其心理上的礎石，也未嘗不是一種「前緣夙定」。

據說：當北周宣帝復興佛教的時候，就是由其大丞相楊堅所促成的。後楊堅篡周自立，便是隋文帝，自己做了皇帝，擁護佛法，自屬意料中事，而玄奘似為接受此一佛教的大時代而來者。

《漢魏兩晉南北朝佛教史》對於周武帝這次的排佛，曾作有論斷，其大意就是：

在周武帝建德年間的法難，時間雖然很短，可是禁令極嚴，北方寺塔廟像幾乎掃地無餘，僧徒顛沛流離，困苦已達極點，有的身殉，有的遁隱，有的混入通道觀。及到大法復興，經像均賴以保存，塔寺亦由其修復，而終南、太白諸山，更成為周末僧人聚居之所。及到隋唐時代，即蔚為我國的佛教重鎮。

此外，佛子多南入陳朝，我國自魏孝文帝以後，南方僧人，嘗至北地，周武排佛，北方僧人，又驅而至南，於是學術交流，文教溝通，而開闢了隋唐統一的大局面。我國佛教的各大宗派，也就因此激盪而次第成立了。所以，周武法難，正是如「塞翁失馬，安知非福」的說法呢！

7 隋文帝崇佛

隋文帝尊崇佛教，史籍多有記載，而其於即位之初，而頒建寺立碑的詔命，更曾明白的說著：

……思欲崇樹寶剎，經始伽藍，增長福田，徹副幽旨。昔夏因導水，尚且銘山，周因巡遊，有聞勒石，帝王紀事，由來尚矣。其於襄陽、隋州、江陵、晉陽，並宜立寺一所，建碑頌德，庶使莊嚴寶坊，比虛空而不壞，導揚茂實，同天地而長久！

隋文帝的崇奉佛教，在這道詔文之中，便可以窺見一斑了。其子楊廣弒父自立，是爲隋煬帝，但仍爲奉事佛教之人，於其篡立的第三年，即大業三年（六〇七年），詔度天下僧人一千名，詔文開始即稱：

大業三年正月二十八日，菩薩戒弟子皇帝，總持稽首和南，十方一切諸佛，十方一切尊法……。謹於率土之內，建立勝緣，仍總度一千人出家。以此功德，並為一切……。

像這樣的詔文，其崇佛之意，已了然可見。

三、國內參學

1 天賦智慧

講到玄奘在國內的參學，應該從他的家庭環境說起，而所謂環境，對於一個人的影響力，實在是相當的強大，而無可否認的。所謂「近朱者赤，近墨者黑」，又有所謂「染於蒼者蒼，染於黃者黃」，這一些說話，都是證明環境對人影響力的鉅大。

但是，天賦的智慧，也是不宜忽視的，故孔子便有所謂「生而知之者上也，學而知之者次也……」（《論語．季氏》）。所以這種天賦的智慧，在人們的一生中，仍是居於首位的。佛家說這種智慧是「夙慧」，是由於若干過去世所薰習，留藏於八識田中，至現在世時，始因機緣成熟而表現出來。

玄奘在思想上的偉大成就，其先決條件，便是具備著先天的禀賦，以及後天的修養，在《慈恩傳》首卷就說：「幼而珪璋特達，聰悟不羣。」這是說玄奘的姿質，竟如玉石的美好，而智慧又特別的高邁，非一般人們所可望其項背的。

2 求學態度

至於他的求學態度，也是極其深入的。當他還只有八歲的時候，他父親陳惠爲他講解《孝經》，首先講到「曾子避席」一語，玄奘立刻體會其意，整衣肅立，他父親問他爲甚麼要起立？他的回答說是：「曾子聽了孔子的說話而起立，我今天聽到父親的教訓，豈可安坐而失禮嗎？」僅僅八歲的幼童，而思想能體會到如此的深切，實在是很難得的。所以，他父親聽到這樣的答語，便知道他一定會有很大的成就。因此，《慈恩傳》接著便說：

「從此以後，他對於各項經典，都能完全了達。而且，又能好古好賢。」又說：「不是典雅正當的書籍，他就決不閱讀，不是聖賢的風範，他就決不學習的。」這是他幼年時期的學習態度，已能如此的佳勝了。

及到他十五六歲時，因河洛一帶陷於喪亂，不宜於學，因而又請求乃兄長捷法師，離此他去。他的措詞是：「洛陽雖屬父母之邦，但混亂如此，無以爲學。而長安已爲唐主（指唐高祖李淵）所據，地方安謐，正好力學。」於是，又與其兄同蒞長安。

可是，事與願違，以國家新建，百廢待舉，宏揚佛教，尚非其時，無書可讀，亦無法可學，在這樣的情況之下，他又在聘其思考之力了，他發現各大法師都到了川蜀，而成都成了人文薈萃之區，於是偕兄離去長安，從子午谷以入蜀，竟在成都安然的學習了三四年，而奠定其佛學上的穩固基礎。所以，他的學習態度，是極其實際而毫不鬆懈的。

3 求學經歷

依據前面的敘述，我們知道玄奘的學習態度，是實際的，是嚴肅的，不是敷衍了事的。於是，我們還應該研究其學習的經歷，始能探尋其思想的淵源，而窺見其學術的邊際，以了知其學習的全貌。

首先，應該一述其學習我國固有的學術思想，即老莊與孔孟思想，在其幼年時期，就其父學，前面曾述其於七八歲時，其父授以《孝經》。至於其父，儼然儒者，道宣法師的《唐高僧傳．玄奘傳》有說：

> 父惠，英潔有雅操，早通經術……好為儒者之容。……以隋政衰微，遂潛心墳典。

這是敘述其父爲一儒者，飽覽六經，潛心典藏，玄奘耳濡目染，遂得完全接受其遺傳。凡是一個有所作爲的人，總是棄之於此，即必成之於彼，所以，玄奘在固有文化的儒學方面，是只有基礎，而缺於建立。但後來將《老子》一書，譯成梵文，又爲受其兄長捷法師的影響，因爲在《慈恩傳》裏，記述其兄之爲人有說：

> ……亦風神朗俊，有類於父，好內外學……，兼通書傳，尤善老莊，為蜀人所慕。

從這裏知道：玄奘後來將《老子》譯傳印度，即秉承其兄之遺命，首開我國古籍譯成外文的先河。

玄奘的從學，是從他五六歲時開始，向他父親學習的，他父親是一位隱居不仕的高人，同時又是「潛心墳典」的飽學之士。因之，他這一段童稚學習期間，在他整個的學歷上，實在占有很重要的地位。

再就是他在十歲以後，因父喪而隨兄居住於僧舍中，接觸到更高一層的佛教教義，使他的學習領域也更爲開拓，眼界更爲闊大。這便是他的思想途徑，由儒而入於佛的轉捩點。再由於他的長兄，除善於老莊之學外，對於佛經中的《涅槃經》、《攝大乘論》、《阿毘曇》等項佛經，也是極有研究的。玄奘與之相處，亦達數年之久；親炙教誨，涉獵之深，自在意中。及到他於十三歲時，正式披剃，作了一名沙彌，更名正言順的接受僧教育了。

所以，他便在洛陽的淨土寺裏，正式的聽受景法師講《涅槃經》，又聽取嚴法師講授《攝大乘論》。這是在接受佛教教義的專門訓練。

可是，在隋朝末年——隋煬帝大業十二年（六一六年），天下大亂，兵燹饑饉，交相迭乘，洛陽已不可居，他們探聽到道苙法師，正在長安講經説法，於是兄弟兩人，便相偕進抵長安。住在莊嚴寺裏，以聽取道苙的説法。道苙對於玄奘的對答如流，極爲稱贊。

但稱贊儘管稱贊，而道苙的學養，仍不足以滿玄奘之望，因而偕著長兄，再向西行。經子午谷進入漢川，在旅運之上，得遇空景兩法師，玄奘竟能從學月餘而不倦。

他們抵達了成都，住在益南空慧寺，以聽取寶暹法師講《攝大乘論》，又聽取基法師講《俱舍論》。到他二十一歲，才在空慧寺受了具足大戒。那時正是唐高祖的武德五年（六二二

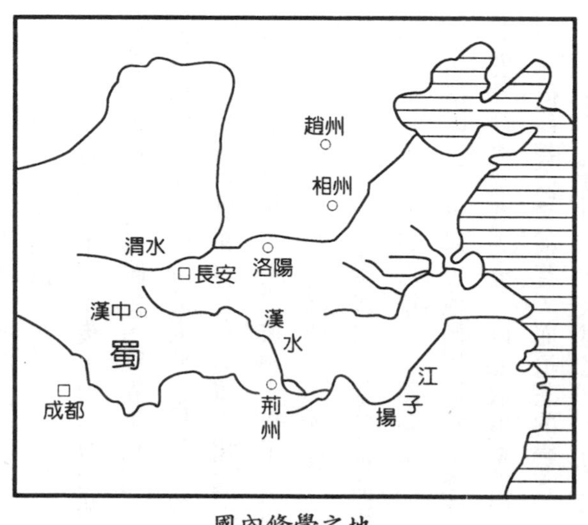

國內修學之地

年）。

玄奘總是以爲「學無止境」的。實在說來：「學然後知不足」。所以，當他在成都住了好幾年，也就學了好幾年。但絕不自滿。於是，他商取了長兄的同意——一說並未取得長捷法師的同意。就順著長江而下，經重慶、出三峽，以抵於湖北，轉入湖南，復折至安徽、江蘇等省地區。後來，才到河北，以聽取道深法師的講授《成實論》。而又轉入河南。

當時，在北方名望最高的僧人，要算是勇鎧了，玄奘便在他那兒學習了十個月。又探聽到慧休法師在鄴中（河南臨漳縣）講道，他又跑到鄴地，參加講席，聽受《雜心攝論》亘八閱月，慧休對於他的聽受態度，也是很贊許的。

從河南再至長安，道岳宗師爲他講《俱舍論》。元會法師更爲之剖析《涅槃經》，也都是竭盡心力的講解著。

幾年以來，他爲了求師訪道，走遍了大江南

北，燕、趙、吳、楚、關、洛等地，所有的講筵，幾乎參禮遍了。然而，他總是覺得當時我國的佛經確實太少，還有許多的疑難問題，無法解答。尤以對《瑜伽師地論》的翻譯，深致不滿，因而啓迪他西行求法的動機；而獲致後來得法歸來的豐碩成果。這是後話，留待以後再說。

4 所學經論

現在，還應將他所學的幾種經論，分別略述其內容，以及譯出的經過，藉供讀者的參考。

•《涅槃經》

原以佛陀說法四十九年以後，當其八十歲時，於中天竺拘尸那城，跋提河邊沙羅雙樹之間，以一日一夜的時間，說完一部《大涅槃經》。而後頭北面西，右脇而臥，安然入滅（逝世），時爲當年的二月十五日午夜。這便是《大涅槃經》的來歷。

至於涅槃兩字的釋義：涅槃原爲梵文「涅槃那」的略稱，義譯爲圓寂、滅度、入寂、入滅等。其內容分爲「有餘涅槃」及「無餘涅槃」兩種。所謂有餘涅槃，就是說人在一生之中，惑業已盡，就只存有漏之身。所謂無餘涅槃，就是從此以後，身智雙亡，小乘即執著此說。而大乘如三論、華嚴、天台各宗，就都說是一切眾生，畢竟成佛，所以就說沒有那身智皆滅的無餘涅槃。

因此，佛滅後的一百年頃，佛經首次結集，小乘部只說佛陀於拘尸那城入涅槃前的狀況。而大乘部說佛陀雖然已現入滅之相，而佛身是常住不滅的。

大乘《涅槃經》，有北涼曇無讖所譯的《大般涅槃經》四十卷，稱之爲北本《涅槃》。後來，劉宋（劉裕）沙門慧觀與謝靈運等，再治前經，爲《大般涅槃經》三十六卷，稱南本《涅槃》。即如今各家注釋通用之本，大都採用北本，而南本僅天台宗的章安大師，爲之作疏注流通而已。

•《俱舍論》

從釋迦牟尼佛滅度以後，印度小乘部派的區分，有一十八部之多，異論分乘，莫衷一是。到了佛入滅後的四百年初期，五百名阿羅漢，依健馱羅國迦膩色迦王的延請，結集《大毘婆沙論》兩百卷。由是成爲十八部中的薩婆多部，他們的宗義，才得以確立。又經過五百年，世親菩薩出世，依《大毘婆沙論》而作成《俱舍論》。

按本論應爲《阿毘達磨俱舍論》的簡稱，阿毘二字的梵義爲「對」，而達磨二字爲「法」，俱舍二字爲「藏」。合起來說：即爲「對法藏」。薩婆多部的《六足論》、《發智論》、《婆沙論》等，總名爲《對法論》。所謂藏：即攝取含藏之義；也就是說：俱舍一論，包含《對法論》裏面一切殊勝要義；以故名之爲對法藏。

此論由真諦法師於陳文帝天嘉五年（五六四年），譯爲二十二卷。玄奘由於在國內參學一段時期，曾聽受道岳法師所講的《俱舍論》，即爲真諦之譯本。後來他從印度歸國，又重譯爲三十卷。本論在印度、中國、西藏、日本，均極爲盛行，凡欲研究佛教小乘教義的人士，即非研讀不可。而且，也是步入大乘佛教的一道階梯。

世親菩薩以一切有部的理論爲準繩，而巧妙的加以組織，使之系統化。尤其是介紹「經量部」、「大眾部」的思想，取長捨短，著《成本論》，故能爲後世人士所重視。其內容共分九品，即了明諸種事理者爲八品，無我理論者爲一品。八品的名稱計爲：界品、根品、世間品、業品、隨眠品、賢聖品、智品、定品等八品。明無我之理者，即破我品之一品。

•《成實論》

《成實論》，亦爲佛家典籍之一種，乃印度波羅門出身的大哲學家訶黎拔摩所著：姚秦弘始三年（四一二年）爲鳩摩羅什法師所譯，凡二十二卷。所謂成，爲成立之成；所謂實，乃實在之實；是說本論的宗旨：能夠成立真實之義，以明我法俱空之理；極似大乘，唯偏於空之一面，不知空即不空之理，所以不能躋於大乘之列。

本論內容，共分五聚（集也），凡二百零二品，用問答方式而組成之。即以說明四諦（苦、集、滅、道）義理爲其宗旨，詞鋒峻烈，多取異說，故思想接近於大乘，而作風卻不同於大乘。

開始爲發聚（序論），共三十五品，即初品至十二品，爲論述佛法僧之三寶。其次的二十三品，爲說明造論的因緣，以及四諦的概說。並曾列舉有關佛教的重要異說，計爲十種，以奠定其造論的立場。

苦諦聚，從三十六品起，以至九十四品止，是辨明五陰中的苦陰：色、受、想、行、識等五陰，更改而爲色、識、想、受、行等五陰的辯論。

集諦聚，從九十五品起，以至一百四十品，是將受苦的原因，而解釋爲「業」——九十五品至一百二十品，以及與煩惱的由來等項理論——一百二十一品至一百四十品。

滅諦聚，乃本論以獨特的見解，強調三種「心」的說法，即假名心、法心、空心等三者，由能實踐而實現，由實現而至涅槃——一百四十一品至一百五十四品。

道諦聚，從一百五十五品起，以至二百零二品，說明既然知道苦是由業惑的積聚，那麼，就應該依照道法去修持，以爲消除業惑的良方。故在實踐一門中，首先必須修持止觀禪定，由禪定品而開智慧，智慧便是空無我的真實義，而依之以除煩惱及惑業者。

本論是小乘部派的重要教理，以大乘精神而組成的；站在「經量部」的立場上，而排斥「說一切有部」，並引出不少的經典以作佐證。因其通於印度的一般哲學思想，這是學人們應該注意的。

•《十七地論》

《十七地論》，原即《瑜伽師地論》之一部分，爲梁武帝時真諦法師所譯出，其年約當我國前五代齊梁之間（四九九—五六九年）開譯，僅爲五卷。在唐以前，係由《攝大乘論》中抽出，迄玄奘於印度求法歸來，首先譯出《瑜伽師地論》的全文爲一百卷，而改去其原名。因此，《十七地論》之名稱，後世已不復存在。玄奘爲何改其名稱，因十七地僅爲全論內容的一部分，當玄奘在國內讀此論時，即深感不滿，而發願西行求法，此論實爲其西行的最大原動力。

•《攝大乘論》

《攝大乘論》，爲無著菩薩所造，佛陀扇多譯爲兩卷。真諦譯爲三卷，而傳入我國。本論內容，乃繼承《般若經》之後，或依據龍樹菩薩的中觀思想，以《解深密經》、《大乘阿毘達磨論》、《中邊分別論》、《大乘莊嚴論》等瑜伽思想而組成，爲一系統整然的大乘佛教理論綱要的著作。

共計分爲十品如次：

一爲〈應知依止勝相品〉——說阿賴耶識緣起。

二爲〈應知勝相品〉——說三種實相。

三爲〈入應知勝相品〉——釋唯識觀。

四爲〈入因果勝相品〉——說六波羅密（六度）。

五爲〈入因果修差相勝相品〉——說十地。

六爲〈依戒學勝相品〉——說戒。

七爲〈依心學勝相品〉——說定。

八爲〈依慧學勝相品〉——說慧。

九爲〈學果寂滅勝相品〉——說無住處涅槃。

十爲〈智差別勝相品〉——說佛之三身。

本論由真諦譯傳我國以後，成爲攝論宗而獨行，但據現存的攝論宗章疏來看，本論的思想，卻並未爲我國人所接受，這使玄奘百思而不解，故在真諦入滅後的一百年頃，他爲求瑜伽師思想而非親到印度不可了。

・阿毘曇

所謂阿毘曇，它的全稱應爲「阿毘達磨」。譯成華文，則爲「對法」、「向法」、「無比法」或「大法」等等。其意義爲取得無漏淨慧的資糧，以及有漏的諸種智慧。

在《分別功德論》第一，阿毘達磨是被稱作大法的，所謂大法者，即爲強調四諦大慧，能斷邪見與無明等愚癡，而使其成爲諸法的先鋒，故謂之大法。

又於《大乘義章》裏，說明「阿毘曇」之義，阿是無，曇是法，其解釋有二：一爲依教而言：毘曇在分別最勝；二爲依行而言：毘曇即注爲慧，以毘曇的勝行爲慧，所以便稱之爲無比之法了。

在《俱舍論》中，其第一分和第二分，爲勝義與世俗二者。其勝義分，爲自性而具有無漏之淨慧及隨行——受戒以後的隨身正行，共有二十九法，均屬於有無漏的法門，即所謂道諦。

其世俗法，即欲獲得淨慧的資糧，也就是有漏的修慧、思慧、聞慧，以及隨行慧等等，這就是世俗間的所謂阿毘曇了。

四、西行道上

1 發誓孤征

當玄奘於二十二歲時——唐高祖武德六年（六二三年），獨自離去四川成都，及其長兄長捷法師，順長江而下，轉經鄂、湘、皖、蘇各省，再折入豫、冀、陝等處遊學，又復歷時四年有餘，所經講筵，亦不勝其數，但據《慈恩傳》首卷所云：

> 法師既徧謁眾師，備餐其說，詳考其義，各擅宗途；驗之聖典，亦隱顯有異，莫知適從。乃誓遊西方，以問所惑。

這是說：他在國內所聽受的經論，因講解的不同，門戶互異，致使他有莫知適從之感。以一位遇事求真求實求貫徹的玄奘而言，自然就不會輕予放棄了。尤其是他對於《瑜伽師地論》，本爲一百卷的巨著，而當時的譯者，竟以三兩卷而譯畢，自然就更不能滿足玄奘的要求了。所以《慈恩傳》接著便說：

並取《十七地論》以釋眾疑，即今之《瑜伽師地論》也。

這樣的說話，更加顯示出玄奘西行目的之所在了。

玄奘在尚未出發西行之前，曾經糾集同道若干人，上表朝廷，請求准許他們赴印取經。可是，在那個時候，正是唐朝建國的初期，不許人民擅自出境，因此，他們的奏表便被擱置下來，而沒有下文了。其他的幾位同道，也就各自東西，離散而去。只有玄奘獨處長安，靜待時機，同時更努力學習外國語文，以備未來之需。

2 從長安到瓜州

玄奘在長安等待時機，等了一段時期，而機會居然來了。那就是唐太宗貞觀元年（六二七年）。關東以及河南、隴右沿邊的幾州，曾降了幾次寒霜，將所有的農作物全部凍死，因而發生嚴重的災荒，使得當地的人民無以爲食。於是，唐太宗便下了一道詔書說：

所有關內的人民，如果因為霜災少食，無論道俗，特准隨豐自由出關覓食。

在長安的玄奘，一經聽到這一消息，便偕著正在長安學習《涅槃經》的僧人孝達，一同混在饑民羣裏，而抵達了秦州（甘肅天水縣）。

在秦州又遇到有要到涼州的人們，他們便結伴而行。於是又到了涼州（甘肅武威縣）。

這時有人報告涼州都督李大亮，說玄奘沒有公文書，從長安出發，要往天竺國求取佛經，李大亮便召見了他，而他也直說無隱。因此，李大亮便要將他遣回長安。

恰好涼州有位高僧，名叫惠威法師，卻暗中派遣兩個門徒，一是惠琳，一為道整，護送玄奘，晝伏夜行，向西而去，便又到了瓜州（甘肅敦煌縣）。瓜州刺史獨孤達，是一位佛教信徒，他聽到玄奘來到，非常歡喜，便很殷勤的招待著。可是，涼州都督李大亮的追捕令，也隨著而遞送到了瓜州。那追捕文書說：

有一僧人，名叫玄奘，私赴西番，著沿途所有州縣，嚴行察候，遞解本督衙門究辦。

這道追捕文書，獨孤達刺史還未過目，便被一個小吏李昌拿著，偷偷的見到玄奘，詢明經過，他認為是一件大好事，當面就把那追捕文書撕毀了。李昌便要玄奘迅速起程，以免再出亂子。

西行取經圖

但是，這時涼州惠威法師所派遣的兩個門徒，道整先到敦煌去了，惠琳又身體瘦弱，不堪遠行，早就遣回涼州而去。

玄奘雖然買了一匹馬，只是沒有人引他渡關，他正在焦急之間，天還沒有大亮，便有一胡僧達摩，前來說他昨夜忽作一夢，夢見玄奘騎在大而且美的蓮花之上，向西飄然而去。原來當玄奘還只三歲之時，他生母宋太夫人也曾夢過他穿著白衣，乘著白蓮，向西而去；如今胡僧達摩，又有同樣的夢，當然使他更爲歡喜。可是玄奘卻說：「夢不足憑，我們還是來禮佛請求吧」！於是，玄奘偕著胡僧，正在佛堂禮佛，忽有一個名叫石盤陀的胡人，來請受戒，玄奘覺得此一胡人，身體強壯，又現忠謹，爲他授了五戒。並且說明要西行求法，苦於無人引路出關。石盤陀便答應引導，渡過五烽，玄奘非常的高興，準備明晨起程。

到了次日，石盤陀卻偕著另一胡翁，騎著一匹赤色的瘦馬來了。他說這位老胡翁，對於西方路程極爲熟悉，曾來往伊吾國（今新疆哈密縣）三十多次。

那老胡翁便說：「法師，從這裏到天竺（印度），沿路之上，實在太險惡了！沙河阻隔，鬼魔風暴，一經遇著，便只有死路一條。」

玄奘毫不猶疑的回答說：「拙衲爲求大法，發心西遊，若不到達天竺，決不東歸，便是身死中途，也是心甘情願，決不後悔！」

胡翁以玄奘既然具有這樣的決心，請他騎著他那匹赤色瘦馬而去，因此馬已經來往伊吾國多次，頗具老馬識途之長。

3 出玉門關

玄奘換了乘馬，由石盤陀陪從著，漏夜出發，三更時分，到了瓠蘆河，看見了玉門關。在關的上流，大約十里遠的地方，河床只有一丈多寬，他們砍下樹木，架設了一座木橋，鋪上茅草，墊起沙石，牽馬而過。

渡過瓠蘆河，他們打開被蓋，各自休憩著，睡了片刻，即見一人，提著大刀，走了過來，卻又立即退了回去。玄奘忖想著：這分明是石盤陀，他爲甚麼要來殺我？又爲甚麼退了回去？問題不得解決，他便坐了起來，念著佛號，誦著《般若波羅密多心經》，一直待到天亮。石盤陀便對他說：

「師傅！前途非常險惡，沒有水草，只是五烽底下有水，卻要在深夜跑到，偷水而過，如果被發現了，便只有死而已，不如回去吧！」石盤陀這樣的請求著，玄奘當然不允。於是，他又說自己的家累很重，王法又不許可，去了算是犯法的一些話。玄奘只好讓他回去。但是，石盤陀卻怕玄奘被捉住之後，再株連於他，逼得玄奘對天發誓，決不連累，始行離去。

4 過五烽

石盤陀在玉門關的附近，離去玄奘之後，於是，玄奘便只有單人獨馬，孤零零的，向著迢迢數萬里的天竺走去。這一天走了八十多里，到了第一烽的近處，他怕守烽的士兵發現，白晝隱蔽在沙溝裏，晚上才走過烽西，下馬飲水，他取出皮囊，正要盛水的時候，忽然一箭飛來，幾乎射中了他的膝骨，他知道已被發現了，便大聲的喊叫著。他說：

「我是從長安來的一個和尚，不要射我啦！」他一面呼喊，一面牽著那匹瘦赤馬，朝著烽上走去。守烽的士兵們也就開門讓他進去。守烽的校尉名叫王祥，詢明來意之後，便說西方是不容易走到的，要把他送回敦煌（瓜州）。玄奘當然不肯，並補述了一番大道理。王祥極爲佩服，留他在烽上住了一天，給他一些乾糧和清水，他便又動身西行。

一直過到第四烽，水用完了，又想悄悄的取水而過，水還沒有取得，烽上的箭矢又復射下，他又大聲的喊著道：「我是一個和尚，是從京師而來的，你們不要射我啦！」

他喊叫了一陣，箭停止了，守兵開了烽門，玄奘走了進去，見到守烽的校尉王伯隴，也就說明了來意。因爲王伯隴也是佛教徒，待他極好。玄奘當夜便睡在烽上。王伯隴爲他換了一個大皮囊，以及許多的食品，並告訴他說：

「你不必經過第五烽，那些人的氣質很壞，一被發現，連性命都會保不住！」可是，玄奘的答語卻說：「謝謝你的好意，但也管不了這許多！」

於是，王伯隴又說：「不必經過第五烽，還是可以的，只是水不夠喝，要繞道八十里，到野馬泉取水，這樣便躲過了。何必冒那性命的危險呢！」因而，玄奘便遵照王伯隴校尉的指示走去。

5 渡莫賀延磧

第四烽的校尉王伯隴曾說：過了第五烽，便是莫賀延磧的沙河，一片寬約八百里的沙漠地帶，沒有樹木和水草，也沒有飛鳥和走獸，簡直是什麼東西都沒有，只是像波浪起伏的沙礫一片而已。

於是，玄奘自然會要反問從前的人們，究竟如何渡越這道沙河的問題，而王校尉的解釋是：尋著人馬骨殖而前進的。白天看著太陽，晚上踏著月色和星星，來辨認東西南北的方向。可知這一段行程，是如何的艱險！

玄奘在第四烽睡了一晚，王校尉還贈送了幾匹馬，馱著清水和乾糧，起程而去。走了一天，沒有遇到野馬泉，晚上睡在沙礫上，次日又走了半天，還是沒有，他知道走錯了路，便下馬休息飲水，不慎失手，皮囊落地，將飲水傾倒淨盡，涓滴不留。他真的慌了，他想：「沒有水，怎樣行呢？回到第四烽取水去」。於是，他上馬帶轉馬頭，向東而走，已經走了十多里，他忽又回想著：

「我曾經發過誓言，不到天竺，決不東回一步。現在，我只能向西而死，決不回東而生！」於是，他又掉轉馬頭，依然向西北行去。到了第四天，水固沒有喝過，而且碰到一陣惡風，飛砂走石，天昏地暗，連後馬都見不到前馬了。正在這個緊要的關頭上，那匹在瓜州換得胡翁的瘦赤馬，立即臥倒了，其餘的馬，也隨著而臥了下來，一匹緊勾著一匹，聚集成一座馬堡壘，玄奘便伏在這座馬堡壘裏面，躲過了那一場砂石風險。

到了第五天上，還是沒有飲水，口裏、肚裏、眼睛裏，都好像冒出火來了；頭昏、眼花、身軟、腳麻，已到了寸步難移之境；只好臥在沙礫上，以等待死神的降臨，但是，他的心裏面，卻仍在默念佛號，以及《般若波羅密多心經》咒呢。

睡到半夜，忽然一陣冷風吹來，竟覺得渾身舒暢，正如飲了清水一般，眼睛亮了。連乾倒的馬兒也起來了。他便騎上馬背，重行向西而去。

可是，那幾匹馬兒竟不接受他的韁勒，而自動的狂奔著，大約走了十多里的路程，忽然發現一派流泉青草，在他的面前展開著，他快樂極了！下馬卸鞍休息，馬嚙青草，人餐乾糧，立刻又是人強馬壯，再走了兩天，才把沙漠走完，到了伊吾國。

國父孫中山先生曾說：「主義是一種思想，一種信仰，和一種力量。」玄奘就具備了這種思想，這種信仰，這種力量，所以，才能發出這種大願力，以克服一切艱難而創造他的偉績來。

6 抵高昌國

玄奘從伊吾國西行六天，便到了高昌國（新疆吐魯蕃縣），國王麴文泰，原來是到過我國的，早就聽說玄奘要經過高昌，西行求法。所以，當玄奘一經抵達高昌京城，便親自出城迎接，安置在王宮的後院裏居住著。

高昌王麴文泰說：「沿途崎嶇險阻，法師單人匹馬而來，真是一件奇事。」而玄奘卻回答說：「我要到天竺國取經，任何的艱難困苦，都在所不計，自然就無所畏懼了！」

於是，高昌王還說他曾經隨侍其父王，到過我國，偕著隋朝皇帝，遊歷過東西兩京，就沒有遇見過像他這樣的人物。而玄奘卻謙遜的說道：「不敢，不敢！中華上國，原是人文薈萃之區，我玄奘又算得甚麼。」

高昌王請求玄奘居其國內，受其供養，弘揚佛法，不必再去印度，而玄奘卻執意不肯。高昌王開始是要求著，說到後來，臉色一沉，便說：

「現在只有兩條路，留在這裏是一條。將你送回長安是一條，任憑你選擇一條好了！」玄奘看到那樣的臉色，又聽到那樣的說法，便嗚咽的哭將起來。但是，從這一天以後，高昌王不說留他，也不說要遣回，只是很恭謹的供養著而已。就這樣的住了許多時日，總是不明究竟，玄奘便絕食了，水漿涓滴不入口，已經三日；到了第四天上，高昌王母張太后知道了，便對兒子說：

「阻礙佛法是不可以的！」她這樣的告誡兒子，實則，這時的高昌王早被玄奘的貞堅而感動悔悟了。他便對玄奘說：

「讓你到天竺國去好了，請快點進食吧！」玄奘還懼其食言，要他指天發誓，才允進食。鞠文泰果然指天爲誓，並且還要與他結爲異姓兄弟。

這才好了，高昌王盡力的協助他，張太后也把他視作親生兒子，時常照顧他。因而他在高昌國講了一個月時期的佛法，而終於要走了。高昌王便對他說道：

你所要經過的各國，都屬於突厥可汗的勢力範圍，我來為你準備一番，為你作個介紹。

高昌王立即派了四個僧人，做了三十套衣服，以及許多的鞋襪，黃金一百兩，銀錢三萬元，綾羅綢緞五百匹，伕力二十五名。另外還寫了二十四封信，每一封信附大綾一匹，送給屈支等一些國家。再又拿出綾絹五百匹，水果兩大車，獻給葉護可汗。

當玄奘從高昌起程之時，大家都感到離情依依，難捨難分的。張太后更表現出充分的母愛，撫撫玄奘的頭，又摸摸玄奘的腳，據說這在高昌國的習俗上，母親對於她所最鍾愛的兒子，才會是這樣的。

玄奘向送別的人們，包括張太后、國王麴文泰、王公大臣、王妃公主、僧俗眾人，都作過了禮，他便跨在那匹高大的馬上，把鞭一揚，車兒馬兒，又復浩浩蕩蕩，邁上了西行的旅程。

7 會葉護可汗

玄奘離去高昌國，經過阿耆尼國、屈支國，因為有了高昌王的介紹函，都曾受到盛大的歡迎。約在唐太宗貞觀二年（六二八年）的二三月間，他越過蔥嶺的北角凌山，便到了突厥京城——葉素城，晉見葉護可汗，將高昌王的介紹信及獻物，一併呈遞上去。葉護可汗看那信上寫的是：

玄奘法師，是我的弟弟，願可汗憐惜法師，如同憐惜我的一般。還請通知以西各國，給馬護送出境，使能安抵天竺，求取佛經。

葉護可汗讀到了信，又收到了禮物，便問著玄奘說：「你從中華到天竺，繞道敝國，多走了許多的路程！」玄奘答以「特來瞻仰丰采，希望通知所屬各國，給予照顧。」葉護可汗聽到玄奘的答話，極其得體，不覺放聲大笑，立刻下了許多道勅書，通知那些臣服於他的各國君王。

本來，玄奘去印度的路程，是以前和後來沒有任何人走過的。他是繞道西伯利亞的南端，經俄屬土耳基斯坦，循著阿富汗，而抵達印境的。

玄奘在葉素城盤桓了十多天，爲僧俗眾人講過許多次佛法；大家對他都竭誠歡迎。所以，當他起身之時，葉護可汗曾經率領羣臣百官，親自送行了十多里，始行別去。他們一行，經過笯赤達國、赭時國、窣堵利瑟那國，一路之上，也都是很受歡迎，很受接待的。

他們走出羯霜那國的西南以後，又復踏進山區，亘亘三百餘里，都是叢山峻嶺，懸崖絕壁，高不可仰，中間一道羊腸小徑，只容一人一騎。並沒有水草，也沒有人煙。因爲這裏很多鐵鑛，在出山口的前面，又有兩扇大石矗立著，確像兩扇門扉，所以稱爲「鐵門」。這是突厥的要津，過了鐵門，便到覩貨羅國，再走幾百里，渡過縛蒭河，就是活國。

說起這個活國來，是由葉護可汗的大兒子咺度任國王，又是高昌王麴文泰的妹夫。本來，有了高昌王的介紹函，是要大受歡迎的。但是，高昌公主死了，國王𤦎度又臥病在床。他在病榻上接見玄奘，說了許多「失迎」、「抱歉」的話，玄奘一面安慰他，一面爲他祝福，並告訴他一些關於高昌王和張太后的近況。

但是，意外的事件發生了，活國國王𤦎度竟被自己後妻的兒子弒殺了，等到新王接位，附近各國都派遣使節前來弔祭死王，慶賀新王，亂事平息了，玄奘才隨著各國的使節繼續西進。

8　禮沙落迦寺

玄奘如是的行行復行行，而進到迦畢試國，國王和羣臣僧俗也都曾出城迎接。他便住在城內的沙落迦寺。相傳這座沙落迦寺，是在我國漢朝時候，有一位皇子在這裏作質時期所建造的。傳說神龕底下，埋藏有鉅量的珍珠寶石，全寺寺壁都繪著那位皇子的壁像，代代相傳，也代代修繕，一直就不曾衰歇過。

不過，迦畢試國的人們，總想將神座下的珍寶發掘出來。可是，才一動手，便會全寺震動，連神座上的鐵鴉，也會吱吱喳喳的大叫起來，因而他們就不敢開掘了。玄奘住在寺裏，朝夕禮供，也知道了這埋藏珍寶的事，於是，他便以漢人子孫的身分，撰寫了一道文告，祭告那位漢代皇子說：

「如果真有珠寶，掘取以擴建寺宇。如果沒有，免人懷疑，而致損及寺屋。」他祭告了以後，便動手挖掘，竟安然無事的挖出幾百斤黃金，以及無數的珍珠寶石，擴建寺宇。他在這座沙落迦寺住了兩個多月，過完了夏天再走。

玄奘從迦畢試國，再東行六百里，越過黑嶺，進入了濫波國，那便是北印度的境地。他也就要開始那五印學習的工作了。

五、遊學五印

1 北印之學

玄奘從迦畢試國東行六百餘里，越過黑嶺，便進抵濫波國，國境凡千餘里，而迦藍僅十餘所。可是，其所住僧眾，盡為修習大乘學者。從這裏開始，即為北印之境。

玄奘一經一踏進北印度後，處處都有佛陀的遺跡，也處處都有修學大乘的僧眾。所以，玄奘一經到達北印，他便掌握了這個機會，參禮了許多聖跡。例如：佛陀敷鹿皮衣及布髮掩泥得受記處、佛買花處。在佛頂城裏，竟有如來佛的頭頂骨，毛髮儼然，兩目發光，確為奇事。還有佛的錫杖等等。

玄奘凡到一處，即頂禮膜拜一番。印度為釋迦佛的故國，遺跡之多，自在意中，而玄奘為一虔誠佛徒，須一一參禮，亦屬應該。唯以其為數過多，殊難一一加以記述而已。

玄奘西行的目的，唯在求法取經，所以，一經進入北印度以後，也就不忘於學法。當他行至健馱羅國，這是東臨信度河的一個國家，據說曾經產生最多的聖賢，例如無著、世親兩大菩薩，固然是出生於此。即延天、法救、如意、脇尊者等，也都是出生於此。玄奘一踐斯土，景仰敬佩之餘，自會盡心竭力而學；那麼，給予他治學上的感受，就自然的更爲親切。

過此以後，再東行千餘里，至迦濕彌羅國，國都之中，有闍耶因陀羅寺，寺中首座僧爲僧稱，是一位「高行之人，戒禁淳潔，思理湛深，多聞總持，才睿神茂，而愛賢重士」（原傳語）。於是，玄奘便「傾心諮稟，曉夜無疲」的請求講授各種經論。僧稱雖然年逾七十，氣力已衰，但被玄奘的誠懇所感，而竟「勵力敷揚」。自午以前講《俱舍論》，午以後講《順正理論》，夜初講《因明、聲明論》，據說玄奘都能「領悟無遺，研幽擊節，盡其神秘」。

於是，這位僧稱法師便極其欣賞，而告諸眾人說：「這位中華青年僧（按玄奘此時爲二十八歲），智力極宏，在我們這一班人中，實在沒有人能強過於他。如果單以其聰明來說，確足以繼無著、世親之後，所恨生於遠國而已！」

僧稱這樣的稱譽，倒也激起了彼國僧人奮發自強的精神，如大乘學僧淨師子、最勝親兩人，薩婆多部學僧如來友和世友等人，僧祇部學僧最勝友和日天等幾人，都曾與玄奘辯論多次，且均佩服得五體投地。玄奘居此論辯學習，逾兩年之久。像這樣的切磋琢磨，互相印證，對於玄奘學力的增進，自然是很大的。

隨後，他又再行前進，而達於磔迦國。在初入國境時、經過一處樹木茂密的大森林中，玄奘及同行者數十人，均被賊劫掠，孑然一身，所有同難的人們，幾乎無人不是痛哭流涕的。只有玄奘一人獨自欣然而笑。於是，有人便問著他說：「大家都在哭泣，何以你一人發笑呢？」玄奘當即回答說：「居生之貴，唯在性命，性命既存、餘何所憂？故我國俗諺云：

『天地之大寶日生』。生之既在，則大寶不忘，小小衣資，何足憂惜。」這又是玄奘思想上的超脫處。

玄奘在北印境內，還有一次的學習，那就是在至那僕底國，有一所突舍薩那寺，寺僧調伏光法師，原是北印某國的王子，風範極好，學富三藏，曾經注釋過《五蘊論》，以及《唯識三十論》等。於是，玄奘對於這位飽學之士，當然不肯放過。便在那兒住了一十四個月，學習《對法論》、《顯宗論》及《理門論》等項學問。

距離此寺東南約五十里之地，有所闍林寺，僧徒三百餘人，在佛陀入寂後的第三百年中，迦多衍那論師曾在此寺撰寫過《發智論》。玄奘便在這裏學習說一切有部的學問。再從此東北行百四十里處，便是闍爛達那國，其國內有大寺一座，名那伽羅馱那寺，長老月胄法師，說是也能「善究三藏」。玄奘便又停留下來，達四個月之久，學習「眾事分毘婆沙」。他自進入北印度以來，除參禮聖跡外，幾乎無時無地不是致力於學習的。

從此再東北行七百餘里，到達屈露多國。再南行七百里，越山渡河，便是多圖盧國，而西南行八百里，即至波里夜呾羅國，這裏應是中印度所轄之地。

2 中印之學

玄奘在中印度的所學，與其在其他各地之所學，頗有些不同；因中印地區，爲釋迦牟尼佛的出生地，關於佛的出生、修行、成道、說法、創教，大都在於中印；所以，當玄奘行抵此土，參禮遺跡的時間便較修學為多了。本來，「讀破萬卷書，不如行盡萬里路」。所謂遊學：也就可以解釋為一面遊歷，一面學習的說法。以所見所聞，證驗其所學所習，就自然更為親切了。

例如：當玄奘進抵中印的秣免羅國時，他曾參禮過佛弟子舍利弗、目乾連、滿慈子、優婆釐、阿難、羅睺羅、文殊師利等人的紀念塔。他看到印度的佛教信眾，就是各以所宗，而修其供養的。據《慈恩傳》卷二的記載著說：

每歲修福之日，僧徒相率，隨所宗事，而修供養。阿毘達磨眾，供養舍利子。習定之徒，供設特伽羅子（目乾連）。誦持經者，供養滿慈子。學毘奈眾，供養優婆離。諸比丘尼，供養阿難。未受具戒者，供養羅睺羅，學大乘者，供養諸菩薩。

佛教原是捨棄迷信的宗教，所以，玄奘的思想體系便以「唯識」為其主幹，而創立唯識宗。於此，我們可以看到他寫出印度破除迷信的一樁史實，那就是：當他還只有三十歲時（貞觀五年），行抵中印度秣勒那國的殑伽河流域，《西域記》的記載有說：

「殑伽河流到入海之處，廣十餘里，其味甘美，細沙隨流。彼俗書記，謂之福水，就中沐浴，罪釁銷除，啜波嗽流，則殃災殄滅，歿而死者，即生天受福！」所以一些「愚夫愚婦，常集河濱」。洗浴吸飲，百弊叢生。於是，玄奘便肯定的說：「皆外道邪言，無其實也！後提婆菩薩，示以正理，方始停絕。」以此一事為例，則玄奘之所學為正論，而非邪說。於是，他便在祿勒那國停留度歲，一冬半春，聽經部《毘婆沙》而訖。

玄奘渡殑伽河而東行，至秣底補羅國，本爲一小乘學的國家，而後來改信大乘學。國內有密多斯那法師，年逾九十，深曉三藏，玄奘又以半春一夏的時間，就其學薩婆多部的《辯真論》，以及《隨發論》等等。

「曲女城」這一名詞，對於玄奘來說，是極其重要的。他後來學成歸國時，便是在這裏參加過一個國際歡迎大會而啓行的，現在，他是第一度涖臨斯土——羯若鞠闍國，其王名爲戒日王，玄奘記述其略歷說：

……統承宗廟，王雄姿秀傑，算略宏遠，德動天地，義感人神，遂能雪報兄仇，牢籠印度，威風所及，禮教所霑，無不歸德，天下既定，黎庶斯安。於是，戢武韜戈，營樹福業，敕其境內，無得殺生。

像這樣的一位有道之君，治理這安樂之國，玄奘留住其國內跋達羅毘訶羅寺，爲時三月，就寺僧毘離耶那三藏，讀佛使毘婆沙及日胄毘婆沙等。

及其抵達摩羯陀國，釋迦牟尼佛坐於菩提樹下的金剛座上以成道。玄奘曾親臨參禮，據所記述的概略說：

法師至禮菩提樹，五體投地，悲哀懊惱，自傷歎言：「佛成道時，不知漂淪何趣？今於像季，方始至斯，緬惟業障，一何深重！」悲淚盈目，時逢衆僧解夏，遠近輻輳（聚積）數千人，觀者無不嗚咽。

玄奘於參禮菩提樹金剛座以後，即被那爛陀寺派來的僧眾數十人，迎接以去，而又開始他另一回的學習。

3 入學那爛陀寺

我們知道：中印度摩羯陀國的那爛陀寺，正是玄奘西行求法的目的地，寺僧正法藏戒賢大師，也就是他要就學的宗師。他經過三年多的旅途辛苦，終於抵達了目的地，也終於遇到了恩師，這就是所謂有志竟成了。

當時的戒賢大師，據說已經有一百零六歲，竟為玄奘講經數年，這又不能不說是一種「夙緣前定」了。所以，當玄奘參禮之時，戒賢曾問著他說：「你是從那一國來的？」玄奘回答說：「我是從中華上國而來的。」戒賢再問著說：「你來到這裏，有何目的？」玄奘說：「要向大師學習大乘瑜伽論，以宏揚大乘佛法於東土。」戒賢還問及他在路上幾年，玄奘回答的是：「整整三年多，原來以為要四年。」於是，戒賢一經聽到這裏，便老淚縱橫，哭了起來。因為，他在三年多以前，因風濕病患而疼痛難當，曾欲自裁，以了其殘生；而竟在睡夢之中，為神人所阻，說有一個中華國僧已起程西來學法。宏揚東土，必須相候，戒賢便忍苦相待。

玄奘聽到這裏，也就隨之而哭，且更發誓言：「弟子就更應努力學習了」，從此以後，玄奘便住在那爛陀寺達五個年頭之久。戒賢為他講《瑜伽師地論》三徧，每徧須歷時九個月而訖。講《順正理論》一徧，講《顯揚論》、《對法論》各一徧，《因明學》、《聲明學》、《集量》等論各兩徧。《中論》、《百論》等各三徧。其《俱舍》、《婆沙》、《六足阿毘曇》等，已於迦濕彌羅國聽訖，至此更與其業師戒賢尋繹決疑，以證確切。

玄奘西遊求法的動機，原是對於我國攝論宗所講的法相學，有所不滿；才想到印度去，以探究其本源，以求取無著、世親兩菩薩的大乘學，爲之作徹底的研究，以宏揚於我國；《瑜伽師地論》便是他所要學習的主要學問。現在，他在學業上的目的總算達成了。而戒賢大師爲全印度的耆宿，更是世親菩薩的嫡傳接棒人，以百餘歲的高齡，久謝講席，現在居然爲玄奘講授五年之久，實在是一樁千秋難逢的盛事。

玄奘住在那爛陀寺的房子，是從前幼日王院第四重閣上。他所得到的供養，極其優厚，在全寺萬多名僧徒中，只有十人是和他同等待遇的。這一座印度大寺與我國似有夙緣，就是在玄奘離去本寺剛滿三十年，而義淨法師又於唐高宗咸亨三年（六七二年）來到了，留學十年而後歸。

4 南東西印之學

玄奘於摩羯陀國的那爛陀寺，安置住妥以後，曾一度出遊佛教聖地的王舍城。又復南遊，才回寺以聽戒賢大師的講授。這在《西域記》中，記載極詳。所以梁啓超氏曾說：「《西域記》一書，雖時至今日，猶爲中外治印度史學者的寶典。」這話實在不錯。例如玄奘這次一經抵達王舍城，便將其命名由來，地勢環境，源源本本的說了出來。又如佛陀滅渡後的百年頃，佛教經典的結集，上座部與大眾部的區分，也很清楚的記述著，以供現在治佛學史者所徵信。所以玄奘的西行求法，不僅他個人所獲至鉅，其嘉惠於後世文化者亦極其深重！

他於三十六歲時——唐太宗貞觀十一年，在南印度的伊爛拏鉢國，從如來密及師子忍兩大法師，學習薩婆多部，也就是所謂「說一切有部」的《毘婆沙》、《順正理》諸論，費時整整的一年。此後的兩年，便是他遍歷印度南部、東部、西部等地數十個國家。他本想再至僧伽羅國（獅子國），即現在的錫蘭，因其國王崩逝，臣民爲亂，「大兵之後，必有凶年」，而饑荒疫癘，交相臻至，所以，他就沒有渡海而南了。他便止於南僑薩羅國，欲有所學。因爲此地原爲提婆菩薩從獅子國來，就龍猛學法之地，故玄奘就其國內一位善解因明學的波羅門而問道，停月餘日，兼讀《集量論》，始行離去。

又至南印度的馱那羯磔迦國，此一國家，亦屬印度佛史上占有重要地位者，因爲這是清辯論師擬向慈氏菩薩的決疑處。所以，當玄奘抵達此境，便遇到蘇部底及蘇利耶兩位大學者，他們都是研究大眾部三藏的專家，因此，玄奘便又停留下來，一住幾個月，學習大眾部的根本《阿毘達磨》等項論著。

講到求學，還須求證，要作一個佛教徒，就要經過四個階段，即所謂：「信、解、行、證」，前面的三個階段，是由於學佛者自己的努力，而後一「印證」的階段，則須求取別人的「印可」。玄奘的所學，我們已經知道了不少，現在，我們且看他求證的作爲。前面曾說到僧迦羅國，因王死而饑亂，玄奘因荒亂而未去，而彼國卻有僧因饑亂而前來。這些南印的僧迦們，對於上座部三藏以及《瑜伽論》等，均有極深刻的研究，而且蜚聲全印。於是，玄奘就「引瑜伽要文大節徵之」，據云：「亦不能出於戒賢之釋。」

此後尚有兩年的時間，即玄奘三十八九歲的兩年中，他又折回到了北印度的鉢伐多羅國，他停留兩年，就正量部學根本《阿毘達磨》及《攝正法論》、《教實論》等。到了他四十歲時，曾一度返回摩羯陀國的那爛陀寺（施無厭寺），參禮其本師正法藏戒賢大師後，又入抵羅擇迦寺，就其寺僧再學因明及聲明之學。然後入杖林山，從勝軍論師，學《唯識抉擇論》，旁及《意義理論》、《成無畏論》、《不住涅槃論》、《十二因緣論》、《莊嚴經論》等等。又復兼問瑜伽、因明等學一些還有疑惑之處。講到這位勝軍論師，也曾向戒賢學過《瑜伽論》的，對外籍羣言，如四吠陀典、天文、地理、醫方、術數，無不究其根源，實在是一位多才多藝的人物，所以摩羯陀國主滿胄王，尊他為國師，封他二十大邑，他都不受，滿胄王死後，戒日王也有封贈，他也不受，而隱居於杖林山以修道，玄奘因而向之修學。

在學的方面，玄奘確實是大成了。於是，他返回那爛陀寺，他的業師，要他講經、說法、課眾，因而揚名於全印。玄奘可以說是功成名就了。自欲返國，而戒賢大師也囑其返國，以弘揚佛教於東土。

六、學成而歸

1 籌歸

玄奘自從貞觀三年（六二九年），抵達北印迦濕彌羅國，就僧稱學習因明及聲明學以後，一直到貞觀十五年（六四一年），整整的一十二年，盡是遊學五印度的學習時期，以其天賦智慧之高、學習功力之勤，而又加以這樣的一段長的時間，所以在學問上，確已進入了大成的造詣。

於是，他便籌劃歸國了。在那爛陀寺裏，住有一名外道尼乾子，名叫伐闍羅，善於占卜，玄奘便將回國之意，向他說明，並請求卜筮去留孰宜？以及自己的年壽問題。

尼乾子乃畫地而筮。卜算完了，他說：「師住時最好，五印度及道俗人等，對師沒有不敬重的；至於回國的話，也可以安然抵達，絕無旅途危險之事，並能得到本國人們的敬重，但是，去卻不如住呢！」

尼乾子對於玄奘的壽年，卜算的結果，說是尚只有十年而已。而此時的玄奘已是四十一歲，那麼，他便只有五十一歲。不過，卦辭仍說：「若憑餘福轉續，非所知也！」後來玄奘曾享壽六十三歲，應爲他譯經功德所增加的壽年。當時尼乾子的占卜，已占得有鳩摩羅王和戒日王的護送，故旅途上的困難，是可以減免的。

因而，玄奘便作了回國的決定，天天都爲籌劃回國而忙碌。例如整理經卷、莊嚴佛像以及舍利等等。因此，那爛陀寺的僧伽們都來勸阻；其理由說是：「印度這個地區，乃是佛陀所生之處，往聖雖逝，遺跡尚存，巡遊禮讚，足娛平生，何爲已經到了這裏，而又要離去呢！」他們爭說印度的好處，而且也詆譭當時我國的不好處。於是，玄奘便說：

「法王設立教義，最尚流通，豈有自得沾益，而遺棄未悟呢？且彼處衣冠濟濟，法度可遵，君聖臣忠，父慈子孝，貴仁重義，尚齒尚賢……豈得以佛不曾住，遂可輕哉?!」（錄原傳語）玄奘回國的決心既下，當然不是那一班僧伽們所能阻撓的。於是他們之間便發生了爭論，而須取決於業師戒賢法師了。玄奘首先申明來印求學的本懷，而又得師傅盡心教誨，因而有了成就。他說：

「……私心慰慶，誠不虛行，願以所聞，歸還繙譯，使有緣之徒同得聞見，用報師恩。由是不得停住。」戒賢聽了這話，非常的高興，他便說出了一番深識大體的話來。

他說：「此菩薩意也！吾心望汝，亦復如是。任爲束裝，諸人不得苦留！」

這麼一來，玄奘回國之行便完全決定了。他作著一切的準備工作。但是，還是稽延了一年的時間，才於貞觀十七年（六四三年）的夏季，起程東歸。

2 兩王爭迎

玄奘學業成就暫時安居那爛陀寺時，適有順世外道來寺辯難，玄奘即曾獲致大大的勝利。烏荼國的小乘分子般若毱多，肆意誹謗大乘，玄奘便作了一篇有名的〈制惡見論〉，使得般若毱多須斬首謝過，而玄奘卻原諒了他。於是玄奘的聲名大起，以致演出了兩王爭迎的有趣故事來。

所謂兩王，便是東印度的鳩摩羅王、中印度的戒日王。原來，當玄奘一經回到那爛陀寺，戒日王就曾遣使前來，向戒賢法師邀請玄奘至其國內，以便供養。而戒賢以玄奘即將東歸，婉爲辭謝。不久，鳩摩羅王也派使前來邀請，戒賢亦同樣的予以謝絕。可是，這位武夫國王，竟出言不遜，說是玄奘不去，便是輕視他，把他當作惡人，既被視作惡人，也就不免要作出惡事來。他說他要「整理象軍，雲萃（集也）於彼，踏那爛陀寺，使碎如塵，此言如日（意即指日爲誓）！師好試著」（錄原傳語）！如此狂態，戒賢便當重加考慮了。於是他便對玄奘說：

> 彼王善心素薄，境內佛法，不甚興盛，自聞令名，似發深意。仁者或是其前世好友，努力前去！出家人原以利物為本，今正其時……。

於是，玄奘便去到了鳩摩羅國。可是，戒日王聽到此一消息，也就瞋念大發，遣使要鳩摩羅王將玄奘護送其國。而鳩摩羅王又說蠢話了。他說：「我頭可得！法師未可即來！」戒日王一經接到這樣的回答，也就勃然大怒的對使者說：「鳩摩羅王太輕視於我！爲何發此粗言？」當即遣使持書前往，那是說：「你說頭可得者，即交使者持來，不得有誤！」事情弄僵了，鳩摩羅王亦深悔失言。於是自己偕著玄奘，親赴戒日王處謝罪，送迎之禮極其隆重，而兩王嫌怨俱釋，言歸於好，於是，戒日王曾詢及破陣樂事——按爲唐太宗任秦王時所作，樂舞須用二千人，玄奘的答覆是這樣的：

「玄奘本土，見人懷賢之德，能爲百姓除兇翦暴，覆潤羣生者，則歌而詠之，上備宗廟之樂，下入閭里之謳。」接著便大大的稱頌了唐太宗皇帝一番。

3 曲女城之會

鳩摩羅王偕著玄奘，都到了戒日王宮之前，戒日王與門師大臣總共是二十餘人，出迎入座，備具珍饈；女樂散花，以作供養。於是，戒日王便問著說：「聽說法師曾經作過一篇〈制惡見論〉。不知帶來了嗎？」玄奘立即將該文奉上，戒日王仔細的讀過一徧，便當著門師大臣們說道：

……日光既出，則螢蠋無明，天雷震音，而鎚鑿絕響，師等所立之宗，他皆破訖，試救救看！（原傳語）

戒日王說了這話，望著大眾，都默默無語，於是他又繼續的說：「你們的首席上座提婆犀挪，他曾自誇爲：『解冠羣英，學賅眾哲』。曾首先興起異論，常毀大乘，及聞中華客僧大德來到，而托辭潛逃。所以，我知道你們是無能爲力的！」戒日王說了這話，對於玄奘那篇大作，極其稱讚了一番之後，便面向玄奘說道：

師論大好！弟子及此間諸師，並皆信伏。但恐餘國，小乘外道，尚守愚迷，望於曲女城為師作一盛會，命五印沙門、波羅門、外道等，宣示大乘微妙，絕其毀謗之心，顯師盛德之高，摧其我慢之意。

於是，戒日王便在當日發布勅書，昭示各國及義解人士，集會於曲女城，以聽取中華國僧玄奘的名言讜論。所以，這一次著名於中印史册的曲女城大會，便在貞觀十六年（六四一年）十二月於中印度揭幕了。

參加這次盛會的五印度國君，共有一十八位，瞭解大小乘經義的僧伽共三千餘人，波羅門及尼乾外道二千餘人，那爛陀寺由明賢法師率領與會的，也是一千餘人，據説這次參加大會的人們，都是飽學之士。至於侍從人員，或象或輿，或幢或旛，各自圍繞，竟充塞於數十里的遼闊地區。大會的論主是玄奘，他寫了一篇稱揚大乘的文章，即有名的〈真唯識頌〉，由明賢法師向大眾宣讀。並另外抄了一份，懸於會場門外，若有人能破其一字一句者，便可「斬首以謝」，而結果是歷時十八日之久，竟無人能贊一辭的。

按照印度的前例，凡是能這樣獲致論辯勝利的人士，都要騎在大象背上，巡行於大眾之前，以顯其勝利之功，可是玄奘就堅決的辭謝，不肯去坐那榮耀的大象，逼得戒日王和鳩摩羅王兩人，只好把他身上穿的袈裟脫了下來，揭在大象背上，以代替其身軀，巡行於大眾前面，因此，大乘佛徒給予他的尊號爲：「摩訶耶那提婆」，譯義爲「大乘天」。小乘佛徒給予的尊號是：「木叉提婆」，譯義爲「解脫天」，這都是極其尊榮的頭銜。

4　無遮大會與贈行

曲女城的論戰結束了。玄奘因爲已經向那爛陀寺告別，不再回到寺中，便擬由曲女城辭別戒日王起程東歸。可是戒日王卻說：

「弟子承嗣宗廟，爲天下主，三十餘年，常慮福德不增，往因不續，以故積集財寶，於鉢羅耶伽國境內的兩河之間，設立一大會場，五年一請五印度沙門、婆羅門、以及貧窮孤獨人等，爲七十五日的無遮大施，已經作過五次集會，現在應舉辦第六次大會。」因此，戒日王便邀請玄奘隨喜參加。於是玄奘便說：「這是菩薩行爲，福慧雙修，智人得果，不忘其本！」他當即應允與會。

這所大會場，殑伽河流經其北，而閻牟那河流繞其南，兩河交會之處，有一片非常平坦的大場地，從古印度起，便是一處「行施」的大場所。而且，又由於曲女城的大會，印度十八國的君主全都參加，總計人數約在五十萬人以上。戒日王立營於殑伽河北岸，南印王杜魯婆跋陀立營於合河西岸，鳩摩羅王立營閻牟那河南岸的華林之側。各受施人則立營於南印王營的西方。立營已畢，按日行施，共計布施七十五日，這真是一場大施捨，很可以破除眾人的貪心慾念。

原來，佛家以貪、瞋、癡爲眾生的三毒，而破貪毒的良方則爲施捨，故「布施」一項，在佛教教義中，視作六大智慧（六度）之一。而玄奘此次能躬逢其盛，在佛義實際的體念上，自然就更加親切了。

無遮大會閉幕以後，玄奘又欲起程東行，戒日王又曾殷切的挽留著，鳩摩羅王竟有「如能留印，當爲建寺一百所，以作紀念」的豪語。情辭都非常懇切。不過，玄奘卻說：

「中華地處遼遠，晚聞佛法，而又不詳，所以才西行求法，今得如願以償，皆由本土諸聖賢渴思竭誠之所致，所以不能不急急的歸去！」於是，他們曾談到東歸的路徑問題，如由海道而回，戒日王便準備派使護送，但玄奘卻不忘高昌王麴文泰，以及活國那位葉護可汗的孫子的舊情；所以仍取道陸路，以便探訪。至於旅途之上一切資糧，戒日王問需若干？玄奘的回答說是：「根本不需要」。使得戒日王驚聲的說：「何至如此？不行！不行！」所以兩王還是送了許多珍寶，玄奘一概不受，只受了一襲粗毛衣，作爲旅途上防雨之用。

玄奘將所求得的經像等項，一齊付與北印烏地王，由其部隊鞍乘載著，緩緩東行，戒日王即以大象一頭，金錢三千，銀錢一萬，交與烏地王，以供玄奘旅途之需。

在玄奘起程之前，戒日王曾經派遣四名官員，持著公文書，通知沿途所經各國「發乘遞送，終至漢境」。玄奘起程之後，已行三日，而戒日王、鳩摩羅王、北印跋吒王等，各率輕騎數百人，又來送別，禮遇之隆，實開我國學術外交史上的新紀元。

5 渡葱嶺

玄奘起程之時，約當貞觀十七年（六四三年）春夏之交的時分，這一段東歸路程，其艱苦程度，並不減於西去之時，只是西行爲一人一騎的踽踽獨行，而東歸卻是車水馬龍的大隊人馬。但是，只有越過葱嶺的時候，僅僧伽七人，雇工二十餘人，大象一頭，騾子十匹，馬兒四隻而已，比較人數少些。

他們是夏初動身的，走到葱嶺的西麓，卻已經是臘月底了，進行得相當遲緩，原因是欣賞沿途勝景，以及瞻禮各地聖蹟。當他們行抵毘羅那拏國的京城，還碰上了師子光和師子月兩個同學；又爲其開講《瑜伽抉擇論》及《對法論》，達兩月之久。

在旅途之上，玄奘曾幾度遇賊，而其應付賊人的方法，大不同於眾。他總是先派一名和尚，預爲先行，碰上了寇賊，就說：「後面的一大羣人，是遠來求法的，所持的盡爲經像舍利，唯願檀越（施主）擁護，無起異心！」因而所遇寇賊都非常的聽話，而不施行劫掠。

現在，要講他返國途中一項最感煩惱的事件，就是渡信度河失經五十夾的事情。信度河的河身，寬約五六里，經像及僧眾均乘船而渡，玄奘卻是乘著大象，當他們行至中流，風浪大作，小船傾側，將五十夾經卷傾入河中，隨流飄去。迦畢試王曾親到河干迎接，安住下來，再派人至烏萇那國予以重抄。

玄奘進抵葱嶺的西麓，據他自己的描述說：「其山疊嶂危峯，參差多狀，或平或聳，勢非一儀，登涉艱辛，難爲備述。自是不得乘馬，策杖而行。」他還繼續的述說著：「此嶺最高，雖雲結雪飛，莫至其表，是日將昏，方到山頂，而寒風淒凜，徒侶之中，無能正立者。」於是，他又述及飛鳥的情況說：「其處既山高風急，鳥將度者，皆不得飛行，自嶺南嶺北，各行數百步外，方得舒其六翮！」

當他們再向東行，便是深入葱嶺的山腹了，他的描述說是：「波迷羅川（帕米爾）東西千餘里，南北百餘里，在兩雪山間，又當葱嶺之中，風雪飄飛，春夏不止。以其地寒烈，卉木稀少，稼穡不繁，境域蕭條，無復人跡。」由此足見其渡越葱嶺的艱辛情況了。

6 于闐之旅

玄奘越過葱嶺，便抵達了于闐國境，于闐的正音爲「地乳國」。是由神話式而起的：說是于闐的祖先，並不是由男女婚配而誕育，乃是於毘沙門天王廟廟神的頭額上，剖出的一個男孩來，隨即於廟前地上，湧出一些奇味甘香的流汁，絕似乳水，取以餵此男孩，至於成立，便被擁爲此國君王，因其以地乳長成，故名其國爲「地乳國」。于闐二字，即爲其轉音。像這樣的故事，我國周代祖先，名叫爲「棄」，即是被棄山野，而由虎豹哺乳長大的傳說，如出一轍。

玄奘一經進抵于闐國境，其國王及皇子，均躬親遠迎於邦郊之外，有數日途程，于闐王旋即先行還都，由皇子陪侍行進，距城四十里而宿，次日王與道俗人等，隨著香花寶蓋，迎於道左，而安駐於城中小乘薩婆多寺。

此時的于闐，正謀振興大乘佛教，所以有意挽留玄奘，宏揚大乘佛法，而玄奘亦以渡信度河時，流失經卷五十夾，也就準備在于闐王的挽留下，而補抄所遺失的經典。但卻暗中寫了一道奏表，奏報唐太宗皇帝西行求法的經過，現已返抵于闐。不便說及于闐王的挽留，只說是「大象溺死，經本眾多，未得鞍乘，以是少停……」。而且，此項奏表，又不能彰明昭著的由于闐王派人遞送。於是玄奘在奏表的末段說：「遣高昌國俗人馬玄智，隨商侶奉表先聞。」唐太宗接到此項奏表以後，立即下詔說：

聞師訪道殊域，今得歸還，歡喜無量，可即速來，與朕相見。其國僧解梵語及經義者，亦任偕來。朕已勅于闐等國，遣使送師，人力鞍乘，應不少乏。令敦煌官司於流沙迎接，鄯善於沮沫迎接……。

於是，玄奘便在毫無留難的情況下，而東向行進了。

7 歸至長安

于闐王奉到唐太宗的敕書，自然不敢強留，自然要派遣伕馬鞍乘，負經東行。同時，鄯善王和莎車王，也都奉到了敕書，參加護送的行列；在鄯善王任前導，莎車王作後衛的強大行列下，人騰馬嘶的向東奔馳著；當他們一經進入玉門關後，沿途的郡縣城鎮，所有的官吏人民，都擺設香案，迎接佛像、佛經、佛舍利和玄奘法師。

正是貞觀十九年（六四五年）正月二十四日，玄奘回到了長安，安駐在行館裏。這時的太宗皇帝，正在東都洛陽，他一經聽到玄奘要回國來，早就派定了京城留守右僕射梁國公房玄齡、右武侯大將軍陳實、雍州司馬李叔習（慎）、長安縣令李乾祐等大員多人，辦理一切迎接事宜。我們只看這迎接人員陣容的壯大，便可以想見迎接玄奘盛況的一斑了。

8 洛陽謁帝

唐太宗得知玄奘已經抵達了長安，立即下詔於洛陽召見。玄奘便由許多大臣陪侍著，到了洛陽，朝見太宗，賜坐以後，太宗便問著說：「前次出國西遊，何不對我說說，那要減少許多辛苦的。」玄奘答說：「我曾幾度上表奏報，因爲急於西行，沒有得到准許，我就動身了，還請陛下恕罪！」太宗聽了這話，笑了一笑，便又問著說：「在西域多少時候？經過了多少個國家？」玄奘答說：「在西域總共是十七年，到過五十六個國家的京城。」太宗聽了，就慰問著說：「那麼，真是太辛苦了！求來若干部佛經？以及若干其他的法器呢？」玄奘答說：「佛經總共是五百二十夾，六百五十七部，另外還有如來肉身舍利一百五十顆，金銀刻檀佛像七尊。」太宗更進一步的慰勞著說：「你對國家文教上的貢獻，真是太大了，真可以說是勞苦功高！」於是玄奘便謙遜著說：「我不敢說是有貢獻，只是陛下對國家的貢獻才真偉大呢！把一個亂糟糟的中原地區，平定了下來，這種功勳，才真是了不得！」

七、譯著情形

玄奘於唐太宗貞觀十九年（六四五年）正月二十四日，由京城留候人員迎接其所賫之經像。安住長安朱雀橋的行館裏。

原來，唐太宗此時正在洛陽，所以早就派了京城留守右僕射梁國公房玄齡、右武侯大將軍侯莫、陳實、雍州司馬李叔眘（慎）、長安縣令李乾祐，辦理一切迎接事宜。

1 帝為決策

唐太宗正駐蹕洛陽，得知玄奘到了長安，立即在洛陽召見。於是由許多大臣的陪伴，玄奘也就到了洛陽。太宗便於儀鑾殿接見他，極其禮貌的慰勞著，然後問著他說：「你西去印度，當時何不向我說說？那要減少許多辛勞的！」玄奘的回答說：「當西去之時，曾經再三的奏報過，但以誠微願淺，未蒙許可，而慕道心切，遂私自出關，真是非常的慚愧而恐懼。」玄奘這樣的表示著歉意，而唐太宗卻說他能夠委命求法，嘉惠蒼生，深爲嘉許！然後再問及他在西域多少時日？到過多少個國家？玄奘回答說是：「總共在西域十七年，到過五十六個國家的京城。」如是者他們談得非常的投機，也談了很多。唐太宗曾要他還俗，輔助朝廷，他固然婉辭了；就是要他隨駕遠征高麗，亦以「無裨行陣之效」而推卻了。於是，他便乘機請求著說：

玄奘從西域所得梵本，總共是六百餘部，一言未譯。今知嵩嶽之南，少室山之北，有少林寺一座，遠離市鄽，泉石清閒，是後魏孝文帝所建，也就是菩提留支翻譯佛經之處。希望能至彼處，從事於佛典的翻譯。

唐太宗對於玄奘的這一要求，他的意見是：「不必到山裏面去。朕爲紀念穆太后，曾於長安建造弘福寺一所，內有禪院，甚爲虛靜，法師可至該處翻譯。」就是這樣的決定。玄奘到了長安的弘福寺，翻譯佛教經典。

就在貞觀十九年的三月一日，玄奘從洛陽返回到長安，安居弘福寺，從事翻譯，一切需要，均由長安留守梁國公房玄齡所護持。唐太宗給予他的指示是「務使周備」。於是，就從事於譯場的組設了。

2 譯場組織

譯場之內，設有證義、綴文、筆受、書記等項人員。其充任證義者，須諳解大小乘經論，爲當時人士所推崇的十二人。即：

長安弘福寺沙門靈潤、文備、羅漢寺慧貴、實際寺明琰、寶昌寺法祥、靜法寺普賢、法海寺神昉、廓州法講寺道琛、開封演覺寺玄忠、蒲州普救寺神泰、綿州振音寺敬明、益州多寶寺道因。

又有綴文大德凡九人，也隨即從各地到了弘福寺，那便是：長安普光寺棲玄、弘福寺明璿、會昌寺辯機、終南山豐德寺道宣、簡州福聚寺靜邁、蘭州普救寺行友、棲嚴寺道卓、幽州照仁寺慧立、洛州天宮寺玄則。後來的證實，辯機、道宣、慧立等人，都是寫文章的高手。

此外，還有一位文字學的專家，那就是長安大總持寺的玄應。以及懂得梵文梵語的一位，那是長安大興善寺的玄謩（摸），另外還有工於繕寫的，亦物色多人，以充「書手」，於是此一譯經場，便告完備，而開始其譯經工作。

3 譯述舉隅

第一年——貞觀十九年的五月間，玄奘手持貝葉，口宣梵文，隨即翻譯成華文，一紙既畢，於是證義者、正字者、正梵者，均各司其事，各執其務，大家研究討論一番，然後交給書手，寫成正本。道宣的酌文潤色，用力尤多。從五月二十日，開始創譯《菩薩藏經》。七月十四日譯《六門陀羅尼經》，七月十五日譯《佛地經》。到十月初一日譯《顯揚聖教論》等四部。其譯《六門經》、《佛地經》，因爲都各只一卷，所以都是一天譯完的，《菩薩藏經》及《顯揚聖教論》等，因爲各爲二十卷，故《菩薩藏》至九月二日譯畢，而《顯揚聖教論》則至次年正月十五日，始克完成。所以，他能在二十年內，譯成經論一千三百三十八卷。

當他每次譯完一批經論以後，他必擬具一篇奏表，奏報皇帝，這次翻譯的奏表是這樣寫的：

……蒙陛下崇重聖言，賜使翻譯，比與義學諸僧等，專精夙夜，無墮寸陰，雖握管淹時，未遂終訖，已絕筆（脫稿）者，現得五部五十八卷。名曰，《大菩薩藏經》二十卷、《佛地經》一卷、《六門陀羅尼經》一卷、《顯揚聖教論》二十卷、《大乘阿毘達磨雜集論》一十六卷。勒成八帙，繕寫如別，謹詣闕奉進……。

關於翻譯經論部分，大都是這樣完成的。「舉一隅，則可以三隅反」。其餘就不必多所贅述了。

4《大唐西域記》

在著作方面，他也有一部鉅著，那就是：《大唐西域記》，玄奘撰寫此記，原來是他與唐太宗皇帝初次會見時，唐太宗欲其「罷道還俗，輔助朝廷」。玄奘當然未允，唐太宗乃提出撰寫《大唐西域記》的要求，玄奘便不能再推辭了，只好應允。太宗皇帝的說話是：

「佛國遐遠，露跡法教，前史不能評委，師既親覩，宜修一傳。」這也是玄奘所應該作的，自然就必須應允了。到了次年——貞觀二十年，正是玄奘五十歲時，從正月到二月，譯成《大乘阿毘達磨雜集論》十六卷。到了三月，他又要開始翻譯《瑜伽師地論》，這是一部百卷的巨著，勢非專心致志，不易完成。於是，他向辯機法師說：

「去年，皇帝就要我將西遊經過，撰爲一部《西域記》，我應允了。現在，我要翻譯這部百卷的《瑜伽師地論》，何來時間撰寫《西域記》呢？」辯機法師便說：「如果我有可以爲力之處，我願竭盡其力，以助此書之完成。」

於是，玄奘便說：「我保有一些梵文史料，又有一部分我親所經歷、親所見聞的一些記錄，不過，仍須我自己先行整理一番才行。」

辯機聽到這些說話，他的主張是：先由玄奘加以整理，然後口述，而由其筆記。他們這樣的決定了，便規定每天抽出一段時間，由玄奘拿著梵文資料，腦子裏隨即翻譯著，口頭上跟著也就唸出華文來，辯機即隨聲的記錄下來，他將每天所記錄的底稿紙，自己整理潤色一番，要是遇有推敲研究之處，隨即請求改正，然後再謄錄正稿，次日送呈玄奘核閱。玄奘總是嘉獎著說：「真是記得很好！就是這樣吧！」

一部約計十八萬字的《大唐西域記》，就是這樣的而流傳了下來，全書共分爲一十二卷，每卷記載若干個國家，現在將他所記的國家數目，分別臚列於後：

第一卷：記載阿耆尼國、屈支國等三十四個國家。

第二卷：記載濫波國、那揭羅曷國、健馱羅國等三國。

第三卷：記載烏仗那國、迦濕彌羅國等八國。

第四卷：記載磔迦國、秣底補羅國等十五個國家。
第五卷：記載羯若鞠闍國、憍賞彌國等六國。
第六卷：記載寶羅伐悉底國、拘尸那羅國等四國。
第七卷：記載婆羅痆斯國、尼波羅國等五國。
第八卷：只記載摩羯陀國一國，因爲這是中印度的大國。佛教聖地王舍城的附近三十里，也就是那爛陀寺的所在地。爲玄奘留學之處。
第九卷：也只記載摩羯陀國一國，這是如來佛修菩薩行的地方，聖跡特別之多。
第十卷：記載伊爛拏鉢國、烏奈國等十七個國家。
第十一卷：記載僧迦羅國、信度國等二十三國。
第十二卷：記載漕矩國、活國等二十二國。

這部《大唐西域記》，凡十二卷，總共記載了一百三十八國。所以，唐朝的秘書著作郎敬播，曾經作了一篇序文，其最後一段曾說：

「親踐者一百一十國，傳聞者二十八國，或事見於前典，或名始於今代……其物產風土之差，習俗山川之異，遠則稽之於國典，近則詳之於故老……名爲《大唐西域記》，一帙十二卷。」

從敬播的這篇序文中，便可以窺知這部《西域記》的內容，是記載西域各國山川文物、風俗制度的典籍了。敬播雖然撰寫一部《晉書》，可是一般人對他頗爲陌生；再有一位唐代著名的詩人張說，也有序文贊揚玄奘說：「具覽遐方異俗，絕壤殊風，土著之宜，人倫之序，著

《大唐西域記》，勒成一十二卷。……立言不朽，其在茲焉。」這確實是一部不朽的名著，因之近代學人梁啓超也曾說過：「至今猶爲治印度史地學者之寶典。」

5 譯經繫年

玄奘於唐太宗貞觀十九年（六四五年）正月入於洛陽，席不暇暖，即於三月間入住長安弘福寺，開始翻譯，中間雖數度遷移，但不廢譯政，直至於死。

玄奘譯經的期間，大概可以分作三個段落：第一段是在長安弘福寺的三年多——貞觀十九年到二十二年。第二段是在長安的大慈恩寺八年多——貞觀二十三年到唐高宗顯慶三年，算是最長久的一段時期了。第三段是在長安的西明寺一年多，以及玉華宮的四年多。——顯慶五年到龍朔元年。玉華宮便是他入寂之處。現在，將他歷年所譯的經典，繫以年歲，以便稽考：

唐太宗貞觀十九年三月，入住長安弘福寺至是年底，共譯成《菩薩藏經》、《佛地經》、《六門陀羅尼經》各一卷，《顯揚聖教論》二十卷。

貞觀二十年（六四六年），譯成《阿毘達磨雜集論》。又譯《瑜伽師地論》。此爲百卷鉅著，須次年賡續再譯。

貞觀二十一年，譯《解深密經》、《因明入正理論》、《大乘五蘊論》。又譯《老子》一書爲梵文。此爲我國典籍譯成外國文的開始。

貞觀二十二年，《瑜伽師地論》百卷譯完。再譯《唯識三十論》、《百法明門論》。

貞觀二十三年，是年譯完《般若波羅密多心經》、《甚希有經》、《天請問經》、《最無比經》、《如來勝軍王經》、《緣起聖道經》、《菩薩戒本經》、《羯磨文》、《王法正論》、《大乘掌珍論》、《勝宗十句義論》各一卷、《佛地經論》七卷、《阿毘達磨身足論》十六卷。

唐高宗永徽元年（六五〇年），譯成《說無垢稱經》，分別緣起《初勝法門》、《大乘廣百論》、《本事經》、《諸佛陀羅尼經》、《廣百論本論》、《藥師琉璃光如來本願經》、《稱贊淨土佛攝受經》。

永徽二年，譯成《大集地藏十論經》、《受持七佛名號所生功德經》、《阿毘達磨俱舍論》、《大乘成業論》、《本頌》各一卷。

永徽三年，譯成《阿毘達磨顯宗論》、《佛涅槃記法注經》、《大乘阿毘達磨集論》。

永徽四年，創譯《阿毘達磨順正理論》八十卷。

永徽五年，譯《順正理論》、《難提密多羅所説法經住記》、《顯無邊佛土功德經》、《稱贊大乘功德經》、《陀羅尼三種經》。

永徽六年，譯《瑜伽師地論譯義》一卷。

唐高宗顯慶二年至四年（六五七—六五九年），譯成《阿毘達磨大毘婆沙》兩百卷、《成唯識論》、《阿毘達磨蘊足論》。

顯慶五年，創譯《大般若經》，此經共六百卷。

唐高宗龍朔元年（六六一年），續譯《大般若經》、《唯識二十論》、《緣起經》、《辨中邊論》、《集異門足論》。

龍朔二年，除續譯《大般若經》及《集異門足論》外，還譯成《異部宗輪論》。

龍朔三年，六百卷之《大般若經》譯訖，二十卷的《阿毘達磨集異門足論》亦脫稿，另譯《阿毘達磨身界異足論》、《五事毘婆沙論》等。

龍朔三年這一年，是玄奘譯經的最後一年，到次年的麟德元年二月初五日他便入寂了。他以二十年的時間，譯成經論七十四部，共一千三百三十八卷，此數雖然鉅大，但是如果他不陪侍皇帝——唐太宗、高宗遊幸各處，以及譯場的遷移，和寺務的管理，徒眾的開示，來賓的接待的話，他的成就一定比這個數目要大得多，所以，關於這一些干擾，我們便有略述的必要了。但也只能舉例略言而已。

6 一些干擾

首先說他陪侍君王遊幸的一節。在唐太宗貞觀二十二年五月間，太宗皇帝以「長安居民密集，閭閻櫛比，市廛喧囂，溽暑蒸人，乃駕幸玉華宮」。同時，在這年的六月間，又復召請玄奘赴宮會晤，據《慈恩傳》記載其事說：

敕迎法師赴宮，比發在途，屢有使至，令緩進無得勞損。既至，見於玉華殿，甚歡，帝曰：「朕在京苦暑，就此山宮，泉石既涼，氣力稍好，能省覽機務；然憶及法師，故遣相屈，涉途當大勞也」。

從這一段記述看來：唐太宗每一憶及，便邀此方外高人，一與談論，否則便大有塵垢頓生之感。後來太宗崩逝以後，高宗皇帝也同有此舉，例如顯慶二年二月，帝幸洛陽積翠宮，玄奘即曾陪侍過。

說到譯場遷移一節，本節開始曾將譯經時期，分作五段，也就是五次譯場的大搬動，小搬動還有一兩次，都是對於譯政大有干擾的。

玄奘還曾擔任慈恩寺的住持職務過，據傳記所記的情形說：「既知上座之任，僧事復來諮稟，復有內使（宮使）遣答功德，……亦令取法師進止。」傳記還繼續有說：「寺內弟子百餘人，咸請教誡，盈廊溢廡，皆酬答處分，無遺漏者。」於是，傳記又復記其任事的精神說：「雖眾務輻輳（聚積），而神氣綽然，無所壅滯……高談劇論，竟無疲怠，其精敏強力，過人若斯！」儘管是這樣的，但其對於譯經的干擾，是毫無疑義的，否則的話，玄奘譯經的成就，當然尚不止此。

八、圓寂前後

本書行文至此，應該接近尾聲，因爲篇幅字數，均有限制，不可過多，僅述玄奘逝世前後的各種情況，以貫徹始終。

1 葬親了願

顯慶二年（六五七年），唐高宗到了洛陽，又令玄奘陪從，並帶領翻經僧眾五人，弟子給侍各一人，住於洛陽的積翠宮，繼續其翻譯工作。因洛陽係玄奘的故鄉，乃回鄉省視親人和鄉中父老，暢談了好幾天。家中人就只有適於瀛州張氏的老姊一人在世。於是姊弟二人尋到了他們父母的墳墓，祭奠哭拜一番。玄奘覺得：「墳壠頹毀，殆將湮滅」。所以，他接著就想到：「追惟平昔，情不自寧……去彼狹陋，改葬西原，用答昊天，微申罔極」。他便以此意，奏報於朝廷，立即得到唐高宗的准許，而改葬其父母。

而且，高宗不僅給他假期，以辦理改葬事宜，其「營葬所需，並宜公給」。這就是說：玄奘改葬父母的費用，都是由國庫支給的，這就等於國葬了。在那講門第宗閥的時代裏，以光宗耀祖，顯揚尊親為尚，那麼，玄奘能使由國家改葬其父母，他的所行所為，就這一方面說，總算獲致最高的成果。所以，當其改葬的這一天，洛陽道俗參加送葬的人們，竟達一萬餘人之多。

本來，當玄奘返國之初，因太宗皇帝正在東都洛陽，便於洛陽召見，玄奘此時，就欲返鄉省墓，以事屬私誼而中止；翻譯佛經，以及撰寫《大唐西域記》，因係帝命，屬於公事，玄奘不欲以私害公，故其省墓之行，一延再延，便延了十有餘年，這種公而忘私的精神，也是值得頌讚的。所以，他這一次的改葬父母，算是了卻他的一件大心願。

2 生前冗忙

玄奘的一生，總是在冗忙中度過的，少年時如此，中年時亦如此，而老年時更為加劇。中少年的冗忙情形，前已具言。現在，且將他入住慈恩寺以後，譯述之暇，尚須主持寺務，課徒示眾，真是忙個不停，據《慈恩傳》卷七所記述的說：

> 法師還於慈恩寺，自此以後，專務翻譯，無棄寸陰，每日自立課程。若晝日有事未畢，必兼夜以續成之……。

這就是說：不僅白日工作了一整天，其沒有做完的功課，尚須繼之以夜而完成之。然則他是否仍有休息呢？有的是，且看慧立法師接著的記述說：

遇乙之後，方乃停筆攝經。已復禮佛行道，至三更暫眠，五更復起，讀誦梵本，朱點次第，擬明旦所翻……。

他這樣夜以繼日的工作著，逢到干支紀日「乙」的一天，他便會休息一天，也就是說十日才休息一日，譯述是十天停止一天，但禮佛行道卻並不停止的。所以《慈恩傳》又說：

每日齋訖，黃昏二時，講新經論，及諸州聽學僧等，恆來決疑請義……。

作了翻譯，講了經論，教了徒眾，還要爲那些外州外縣的求道者，解釋疑義，真是內外忙碌，片刻也不遑寧處了！還有：

「既知上座之任，僧事復來諮禀」，這倒是應該的。只有皇宮大內，如果要做一些佛事，似乎也是他的分內之事，便使人覺得有些奇怪了。《慈恩傳》所記載的說：

復有內使遣營功德，前後造一切經十部，夾紵寶裝，像二百餘尊，亦令取法師進止。

如是一日一夜的過去了。而「寺內弟子百餘人，咸請教誡，盈廓溢廡，皆須酬答處分，無遺漏者。」

像他這樣的忙碌下去，他的身體支持得了嗎？於是慧立法師的描述說：

雖眾務輻輳（繁多），而神氣綽然，無所壅滯，猶與諸大德說西方聖賢立義，諸部異端。及少年在印周遊講肆之事，高談劇論，竟無疲怠，其精敏強力，過人若斯！

一般普通的僧伽和眾人們，應付尚屬容易，只是京城之內，「王公卿相，亦常來禮懺，逢迎請導，並教發心，莫不捨其驕華，肅敬稱嘆」。這就真的難能可貴了。

3 罷譯

玄奘是於顯慶四年（六五九年）的冬季，由西明寺遷居到房州玉華宮的肅誠院，次年正月初一日起，便開始翻譯《大般若經》，他告訴助譯的人員說：「我已經是六十多歲了。將要死在這所玉華宮裏，《大般若經》的卷數太多了（六百卷）。要請各位努力，才可以翻譯得完。」就從顯慶五年到龍朔三年（六六三年）的十月二十三日，這部六百卷的《大般若經》，終究完全脫稿了。因此，慧立法師的《慈恩傳》又說：

至龍朔三年冬十月二十三日，方乃絕筆，合成六百卷，稱《大般若經》焉。

同時，還把二十卷的《阿毘達磨集異門足論》、《阿毘達磨身異足論》，以及《五事毘婆沙論》，也都全部翻譯好了。這一年，固然是玄奘譯經的最後一年，這年所譯的經論，也就成了他絕譯之筆。

及到唐高宗麟德元年——唐高宗第三度改元的年號，西元六六四年，民國紀元前一千二百四十八年。正月初一日，玉華宮的僧眾們，向玄奘祝賀新年之後，於是，大家都請求他再譯《大寶積經》，大家的措詞都極爲誠懇而殷切，因而他便將《大寶積經》的梵文原本取了出來，執筆翻譯，僅僅譯到第四行，他便把譯筆擱下，把梵本掩住，而向著大眾說道：

「這一部《大寶積經》，它的卷帙，和《大般若經》是一樣多的，已經不是我的精力和時間所許可譯完的。」玉華宮的僧眾們，大家都說：「和尚的身體及精神，都非常的強健，當然可以譯完的。」而玄奘卻說：「我自己知道：大約不出兩個月的時間，我便要入滅了。」他說了這話，所有侍立在旁的僧眾，大家都有些淒楚的表情，於是，玄奘又復說道：

「生死是自然的，有生便有死，有死亦有生，所有的眾生們都是免不了的，有甚麼好淒楚的呢？」大家看著他那副嚴肅的面容，聽著那些堅決的語意，都沉默了下來。於是，玄奘便又說道：「你們都隨我到芝蘭谷去向佛辭別，這是我這一生中最後一次的朝拜佛像。」他們便都到了芝蘭谷拜佛去了。有許多位同行的僧人，還是不免於掩面啜泣。

玉華宮附近芝蘭谷的佛像及佛舍利，原來都是玄奘從印度延請而來的，所以，他才說這是最後一次禮佛告別的話兒，他簡直把這些佛像視作有生命的存在，於此可見玄奘實在是一位深於情的情聖。

4　囑咐與示寂

玄奘自從罷譯之後，便自覺身心交困，氣竭力衰，自知死期將至。於是，他便向門徒們說：

我來到玉華宮，是緣於《大般若經》，現在此經業已譯完，我的私願已了，我的生涯亦盡；假若我入滅以後，你們埋葬我的時候，務必力求簡單節省，絕對不可浪費，擾民害政。我的軀體，只須「以籧篨（蘆草席）裹送，仍擇山澗僻處安置，勿近宮寺！」為甚麼呢？因為不淨的軀殼，是應該屏置遠處的。

今天，我們讀到他這一段話，對於這位偉大的人物，其謙虛、儉樸、崇實的精神，思想、意念的深遠，真是心儀而不已。

麟德元年（六六四年）正月初九日的晚間，他那住房的後面，有一道小溝渠，他在跨過的時候，稍一不慎，便傾倒下去，腳脛上擦破了少許的皮膚，略微流了一點血，實在是沒有多大關係的。可是，卻因此而臥病於床，每天都在睡夢幻覺中討生活。及到二十三日，才命嘉尚法師，具錄所譯經論，合計七十四部，總一千三百三十五卷。嘉尚寫完以後，並且還要他宣讀一遍，他聽過了，表現得極其高興，又對門徒們說：

「我的入滅之期確已來到了，你們要所有有緣的人們都集合起來，讓我向大家告辭而去。」於是，在玉華宮的四眾弟子們都聚集在其住處，裏裏外外，都擠滿了人，玄奘把視線掃過了一遍，然後再又說道：

我所作所為的事，都已經做完了，自然就不須久住於世間了！但願以所修福慧，迴施有情，偕諸有情，同生覩史多天（兜率天）彌勒內院的眷屬中，以奉事慈氏菩薩。當佛再世下生之時，仍願隨佛下生，廣作佛事！

我們讀完這段遺囑之後，真是覺得他那救人救世的大願，大有「虛空有盡，此願無窮」的感覺。他囑咐過了，即默然無語，以求「正念」。但在彌留之際，口中卻又念念有詞，那是說：

色蘊不可得，受想行識亦不可得；眼界不可得，乃至意界亦不可得；眼識界不可得，乃至意識界亦不可得；無明不可得，乃至老死亦不可得；乃至菩薩不可得，不可得亦不可得！

到了二月初四日的夜半，其門弟子們及瞻病僧明藏禪師等，大家都在幻覺之中，見有兩個身高丈許的長人，手上捧著白蓮花，其花光潔可愛，持至病榻之前，持花人說：

法師從無始已來，所有損惱眾生的各種惡業，因今小疾並得消除，應生欣慶。

當這長人說話的時候，大家都曾注意到玄奘的表情，竟是「法師顧視，合掌良久」。之後，玄奘便以右手支著右耳下面，再以左手附在左股之上，右脇而臥，一直到入寂之時，都沒有轉側過。

次日——二月初五日的夜半，其門弟子僧光問著說：「和尚決定得生彌勒內院嗎？」玄奘簡答說：「得生。」這兩個字答完以後，據《慈恩傳》卷十的記載說：

言訖。氣息漸微，少間神遊（死），侍人不覺，屬纊方委，從足漸冷，最後頂暖，顏色赤白，怡悅勝常，過七日，竟無改變，亦無異氣。自非定慧莊嚴，戒香資被，孰能致此?!

5 寂後哀思

當玄奘示疾以後，由朝廷所派遣的檢校翻經使臣許玄備，即於是年二月初三日，奏報高宗皇帝說：「玄奘法師因傾跌腳脛擦破皮膚，而患病臥床。」高宗接到奏報，立即差遣大內御醫張德志、程桃棒兩人，攜帶藥物，趕赴玉華宮，剛一抵達，而玄奘卻已逝世，竟是「醫藥不及」，徒喚奈何而已。

這個時候，房州刺史竇師倫也有奏報到了京城，於是高宗皇帝算是正式得到了官文書，據說竟是：「聞之，哀慟傷感，爲之罷朝」，口口聲聲的說道：「我們失去國寶了！」在朝的文武百官、后妃宮女，也莫不爲之悲哽流涕而不能自已。到了次日，高宗又謂侍臣們說：

真是太可惜了！我國失去玄奘法師一人，可謂佛教的棟折梁摧了！四眾都會失卻導師！這正與「苦海方闊，舟檝遽沉；暗室猶昏，而燈炬斯掩」的情形，是完全一樣呢。

這是敘述高宗個人對玄奘的哀思。至於朝廷正式頒發的詔命說：「竇師倫所奏玉華寺玄奘法師已亡，葬事所須，並令官給。」那麼，就是玄奘的葬事費用，完全由官廳負責供給。至於對其譯經事件的善後，當時亦有處分，即在麟德元年三月初六日的詔命說：

玉華寺玄奘法師既亡，其翻經之事且停，已翻成者准依舊例，官為鈔寫。自餘未翻者，總付慈恩寺掌守，勿令損失。其奘師弟子及同翻經者，先非玉華寺僧，宜放還本寺。

譯經及譯經人員都有了安頓和善後。當時的朝廷，又復顧及於玄奘的安葬事宜，在三月十五日，又下著詔書說：「玉華寺故大德玄奘法師葬日，宜聽京城僧尼造幢蓋送至墓所。」因爲他「道茂德高」，爲當時的人們所痛惜，故於其逝世之後，朝廷數數降詔，以示尊崇，求之古代，實在尚無其人。

當時的朝命，准許送葬的人們，以幢蓋送至墓所，可是，玄奘在入滅之前，曾經囑咐門人：「以籧篨（蘆草）裹送」。這不是兩相抵觸嗎？於是門人遵其遺命，以籧篨爲輿櫬，上揭「三衣」，來象徵遺囑，奉神柩還京，安置於慈恩寺的翻經堂內，弟子數百人哀號動地，京城道俗奔赴哭泣，日數百人。

6 葬及遷葬

麟德元年四月十四日，玄奘的靈櫬，從長安的慈恩寺，移至於滻東白鹿原上，京城內的僧尼以及士庶人等，所造送殯的儀仗，如：素蓋、旛幢、帳輿、金棺、銀槨、娑羅樹等，共達五百餘檯之多。慧立法師於《慈恩傳》末稱其爲：

布之街衢，連雲接漢，悲笳悽惋，響徹穹宇，而京邑及諸州五百里內，送葬者百餘萬人！

這真是極一時之榮哀了！這與玄奘的遺囑是大相違反的。所以《慈恩傳》接著便說：

雖復喪事華整，而法師靈柩仍在籧篨本輿。東市絹行用繪彩三千匹，結作涅槃輿，兼以花佩莊嚴，極為殊妙。請安法師神柩，門徒恐虧法師素志，因而止之。

從這一段的記述中，足見其門徒們確能紹承其素志，不稍踰越，但眾人之意亦不宜過於峻拒，以拂逆輿情。於是：

乃以法師三衣，又國家所施百金之衲，置於前行，而以籧篨輿次其後，觀者莫不流淚哽塞；是日緇素宿於墓所者三萬餘人。十五日掩坎（墓穴）訖，即於墓所設無遮大會而散。

玄奘安葬已畢，到了總章二年（六六九年，唐高宗第六度改元）四月初八日，詔將玄奘肉身遷葬於樊川北原，大營塔宇，備極宏壯。且其長兄長捷法師之墓，即在鄰近處。

唐高宗爲甚麼下詔改葬玄奘？據《慈恩傳》的記述說是：「蓋以舊所密邇京郊，宮中多可望見，時傷帝慮，故改卜焉。」並述及那天改葬之儀，門徒們的哀感、行侶們的悲慟，仍不減於當年安葬時的盛況。

7 日月潭寺塔

緣自民國四十一年（一九五二年）九月二十五日，世界佛教徒大會的時候，日本佛教徒代表高森隆介，向我國出席大會代表趙恆惖、李子寬、李添春等居士聲明：願將我國聖僧玄奘的頂骨及舍利，奉還我國，以睦邦交。

原來，這一項聖僧頂骨及舍利，就是高森隆介於民國三十一年（一九四二年），隨日軍侵犯我國的時候，在我南京中華門外，掘地發現，乃迎歸日本供奉，已達一十一年之久。現在，又復由本人提議，奉還我國，消息傳來，不僅全國的佛教徒眾，聞之歡欣不已；就是我國的各界人士，也都雀躍無既；因此，便決定在臺灣省名勝地區的日月潭上，籌建玄奘寺塔各一座，以供奉其頂骨及舍利，而資國人之瞻禮膜拜。

到了是年（民國四十一年）的十一月二十五日，由我國佛教會首席代表林頂立等，偕同日本佛教會代表團長倉持秀峯等五位團員，由日本以飛機載運聖骨回國，送迎典禮極其肅穆而隆重，全國的各界人士，以及善男信女，趨前頂禮膜拜者，摩肩接踵，絡繹於途，當不下十餘萬人以上。

蔣中正總統及夫人當年曾設宴款待日本護送聖骨的佛教代表團團員。後來又曾幾度親臨日月潭玄奘寺塔建地，視察興建工程的進度，以及確定其建築藍圖，將原定的印度形式的圖案，改爲我國古代宮殿式的建築。建造完畢之後，經籌建機關製圖呈送　蔣總統核閱，極蒙嘉許，並親題「國之瑰寶」四字扁額，懸諸殿上，以示頌揚之意云爾。

九、開唯識宗

1 前言

玄奘赴印求法歸來，不僅佛法教義與之俱來，即心理倫理等學的理論體系，亦與之而來；所以，他這一次的行動，其思想的深遠，眼光的高明，而旅程行動的壯偉，以及其嘉惠我國文化上的成果，真是前無古人，後無來者。

尤其是在國內參學時期，因不滿《十七地論》的翻譯，而立志專程赴印，求取原本，歸國重譯，其對我國學術界裨益更大，因佛教教義被人視作宗教，而此唯識之學，卻實實在在的是一種科學的學術，於是，他對民族文化的貢獻，就不僅是局限於宗教，而推及於廣泛的實用的學術的領域了。

當他返國之初，唐太宗曾經幾度的邀請他從政，而竟堅決辭謝，甘心蜷伏寒窗之下，埋首於故紙堆中，以過著那種冷寂澹泊的譯著生涯，這種公而忘私，重文化而不重爵祿的精神，實足令人心儀不已。現在，爲著表彰他在思想上、學術上的成就，特述〈開唯識宗〉一篇，以作本書之殿，望能闡先哲碩德於萬一耳。

2 立名

唯識宗這一宗的別名，確實是很多的，新舊的合計起來，竟不下七個之多，那就是：「瑜伽宗」（印度舊名）、「慈恩宗」（中國新名）、「法相宗」、「中道宗」、「普爲一切教乘宗」、「應理圓實宗」、「唯識宗」等。

此宗名義雖然眾多，而其最通行的，卻只有法相宗、唯識宗兩個，爲人人所習知，也爲人人所常道。現在，將此七個名稱，略加解釋，列之於後。

㈠法相宗：此名是依本宗主要經典《解深密經》的〈法相品〉而立名的，爲抉擇判斷諸法的體性和相狀。法有萬法，略爲百法；相具萬相，略爲三性；此宗即議論其理，故名爲法相宗。

㈡唯識宗：此名亦爲依據《解深密經》的〈分別瑜伽品〉，其所說的諸識所緣，唯識所現的說法而立名的，以明「萬法唯識」之理。

㈢中道宗：因佛徒的小乘部派，常是偏於「有」，而大乘部派，又常是偏於「空」。此宗即說明外境非「有」，而內識非「空」之理，又無「離有離空」的偏執，而顯示中道的正理，故名爲中道宗。

㈣普爲一切乘教宗：小乘唯爲聲聞，緣覺二乘，而大乘又只以「般若」爲其根基。此宗即闡明聲聞、緣覺、菩薩三乘的義理，普爲一切佛教徒衆而立的。

㈤應理圓實宗：此一名稱，爲依《解深密經》的〈勝義諦相品〉而立。所說教相和觀法，都應該是勝義、圓滿、真實的，故名圓實宗。

㈥瑜伽宗：這是在印度本土，曾被人稱呼本宗的舊有名號，因爲其所講佛法，都是理實相應的原故。

㈦慈恩宗：這是本宗在中國的新生名義，因其理論傳至唐代，由玄奘翻譯《瑜伽師地論》而大昌。玄奘即成爲此宗在中國開創之祖。其徒窺基，對於瑜伽理論大有述作和發揚，他們師徒兩人都是住在長安的慈恩寺裏，所以，就稱之爲慈恩宗。

本宗之名雖多，而通行者卻只法相和唯識，因爲「八識能變」，而「萬法所變」。就「能變」的義理說：即應稱唯識宗名，就「所變」的義理說，即應稱法相宗名。所以，這唯識、法相的名號，就極爲通行了。

3 史略

依據佛家典籍所載：說是釋迦牟尼佛在《解深密經》等六部大乘經典——《華嚴經》、《功德莊嚴經》、《阿毘達磨經》、《楞伽經》、《厚嚴經》——裏面，都曾對法相唯識的微妙理論，詳加講明，而其徒衆們卻很少予以闡揚過。

及到佛入滅後的九百年間，無著、世親兄弟降生，無著邀請彌勒，在中天竺阿踰闍國講堂內，演說《瑜伽師地論》、《大乘莊嚴論》、《辨中邊論》、《金剛般若論》等部大論，以弘通法相的唯識法門，無著於聽受彌勒的講授以後，他曾作有《對法論》、《顯揚論》等，而大弘此宗的學理。

此外，世親菩薩更造《五蘊論》、《百法論》，《唯識三十論》、《唯識二十論》等。於中以《唯識三十論》，實集唯識教義的大成，屹立於天地間而不朽。

到了佛滅後的一千一百年頃，難陀、護法等十大論師，相繼降世，各造論釋，於中又以護法之作爲正，護法的門人戒賢論師——玄奘的業師，研究瑜伽、唯識、因明、聲明等的奧義，而繼承護法於那爛陀寺。闡揚瑜伽唯識之學，這便是此宗在印度的學統傳授。

至於講到此宗在我國的傳授，首先由玄奘受學戒賢，又獲致護法《成唯識論》的稿本。以及在玄鑒居士處，得受五蘊論釋的學問。於是，他便深通大乘、小乘、空宗、有宗、因明、聲明等學。歸國以後，又復翻譯此宗要籍多種，而盛弘此宗之教義。

玄奘的首席弟子窺基，從玄奘得受法相、唯識的妙義以後，他更擅於因明，廣疏經論，著有《成唯識論述記》等書，此宗才卓然成立。窺基弟子慧沼再又稟承師說，造《唯識了義燈》等，慧沼的弟子智周又製《唯識演秘》，以解釋《述記》，所以，當中唐之世，法相唯識之學，誠極一時之盛，晚唐而後，始漸漸衰竭，這是此宗在我國的傳授學統。

4《解深密經》

唯識宗總共採取了六經、十一論，爲其理論上的依據。在六經當中，卻以《解深密經》爲本經。於十一論中，即以《瑜伽師地論》爲本論。而以玄奘、窺基師徒所糅合護法等十大論師的《成唯識論》作其綜合，這是本宗的理論根本。現在，且略說《解深密經》的大概於次：

《解深密經》的全部內容。分爲八品（部分）：第一爲〈序品〉。第二爲〈勝義諦相品〉。第三爲〈心意識相品〉。第四爲〈一切法相品〉。第五爲〈無自性相品〉。第六爲〈瑜伽品〉。第七爲〈波羅密多品〉。第八爲〈如來成所作事品〉。除〈序品〉爲序分而外。其餘七品，都屬正宗分。茲將各部內容的要領，略述於後。

㈠〈勝義諦相品〉：此品說佛法是無二法門，超過一切行相與思惟，非一非異，非偏於一切一味的勝義諦相。

㈡〈心意識相品〉：此品說心、意、識的名相，以明瞭唯識轉變之理。

㈢〈一切法相品〉：此品說明偏計執、依他起、圓成實的三性，以明法相之理。

㈣〈無自性相品〉：此品說相生勝義，三種無自性之性，以明三性，三無性的相依微妙義理，顯明空有和圓融的大義。

㈤〈分別瑜伽品〉：此品只是說明唯識觀行之理。

㈥〈說波羅密多品〉：此品說及菩薩所應學之事，即所謂六波羅密（六度、般若、禪定、精進、布施、持戒、忍辱）等。以明其所對治的愚癡、麤重之性。

㈦〈如來所成事品〉：此品敘說三身功德，並分別三藏的差異。

本經流傳我國，曾經四度翻譯，除玄奘所譯爲全經外，其餘僅譯其一二品而已。圓測所注疏的，即爲玄奘譯本。

5《瑜伽師地論》

講到《瑜伽師地論》，首先便應略釋瑜伽二字，瑜伽爲梵語，乃相應之義；所謂相應：即互相契合的說法。在《唯識述記》上，說是相應有五種意義：一爲與境相應。二爲與行相應。三爲與理相應。四爲與果相應。五爲與機相應。可是，普通爲大家所常說的，卻是指「觀行應理」而言。

瑜伽，原爲印度的一種學說，在西元前二世紀時，東印度波羅門鉢顛闍黎所創說，其修行欲與大梵天之神明相應，故名瑜伽。修行的方法有：制慾、勤行、正坐、止息、拘束、內省、靜慮、三昧等凡八種。靜慮與三昧兩種，雖與佛教相同，而其修行方法，根本就與佛教大異其趣；所以，佛教徒也曾有人斥之爲外道。

至於所謂《瑜伽師地論》，乃佛教教義中有名的論文之一，爲彌勒菩薩所說。而由無著菩薩所筆受，傳出流布，爲瑜伽派的基本論文。所謂師，謂教人以道者稱師。所謂地，即瑜伽師所依所行的一種境地。論文的本地分，凡一十七地，就是瑜伽師所依所行的十七種境地。

都是針對著瑜伽行者對於「境」、「行」、「果」的實踐理論，以及阿賴耶識、三性三無性、唯識說等種種問題的詳細論據。

本論的內容：共分為本地分、攝抉擇分、攝釋分、攝異門分、攝事分等。茲分別簡釋於次：

㈠本地分：⑴為五識身相應地，⑵意地，⑶有尋有伺地，⑷無尋唯伺地，⑸無尋無伺地，⑹三摩呬多地，⑺非三摩呬多地，⑻有心地，⑼無心地，⑽聞所成地，⑾思所成地，⑿修所成地，⒀聲聞地，⒁獨覺地，⒂菩薩地，⒃有餘依地，⒄無餘依地。

㈡攝抉擇分：乃闡明本地分中的要義。

㈢攝釋分：是針對諸經的儀則而解釋的說法。

㈣攝異門分：是諸經中諸法名義的解釋。

㈤攝事分：乃三藏中要義的釋明。

《瑜伽師地論》的思想，在印度與《大智度論》，同被稱為大乘佛教思想的雙璧。如《顯揚聖教論》、《佛性論》、《成唯識論》等，都曾經受到瑜伽思想的影響。

本論傳入我國者，最初只是「菩薩地」一部分，即由曇無讖所譯的《菩薩地持經》。北齊法上大師（四九五—五八〇年），於武平七年（五七六年），答高麗國丞相王高德所說的那一部分。到了陳朝真諦三藏時（五五〇年），卻以《十七地論》、《決定藏論》的名義，予以譯出，但也並不完全。

玄奘在國內參學，就是學的這些版本，當然不會教他滿意的，於是才發誓西行求法，後來他所譯的《瑜伽師地論》，整整的是一百卷，那才算是全璧。

6《十支論》

唯識宗以論爲依據的，約有十一論之多，而以《瑜伽師地論》爲其主論。此外便有所謂《十支論》，茲分別簡釋於次：

(一)《顯揚聖教論》：無著造，玄奘譯，以明教爲主。爲《瑜伽論》之樞要。

(二)《大乘莊嚴論》：本頌由彌勒所說，而釋論爲世親所造，以莊嚴大乘之義理爲主。

(三)《集量論》：陳那論師所造，有真諦及義淨兩譯。

(四)《攝大乘論》：無著菩薩造，玄奘譯，以簡小入地爲主旨。

(五)《十地經論》：世親造，菩提流志譯。

(六)分別瑜伽論：彌勒菩薩所說，未予翻譯。此論應以「止觀」爲宗。

(七)《辨中邊論》：彌勒說，世親造釋論，玄奘譯。以中道爲宗旨。

(八)《二十唯識論》：世親造，玄奘譯。以唯識無境爲主旨。

(九)《觀所緣緣論》：陳那造，玄奘譯。

(十)《阿毘達磨雜集論》：無著造，師子覺造釋論，玄奘所譯。

上列的十一論，均爲唯識學上最重要的論據，論廣而義繁，非作深入的研究不可，此僅簡說而略述其義。

7 唯識辨

唯識學的確然建立，莫善於世親菩薩所造的〈唯識三十頌〉，因他能條理井然，以境、行、果三者，而組成唯識學的理論體系。不過，世親當時的說法，是專對小乘、外道而稍明識義的人所說，未加別解，故頗難讀誦。茲特作〈唯識辨〉一節，稍加說明，實甚需要。

「識」，原是一種分別作用，但卻無形無相，通常稱之為「心」，但不是生理學上所稱的肉團心臟。而是心理學上所稱的心思。而那顆肉團心臟，卻是有形有相生理上的一種機構。就是科學家說心就是腦，還是不對的；因為腦也是生理上一種有形有相的機構，與肉團心臟是完全一樣的。

「心」，既然是無形無相的一種分別作用，無法解說，迫不得已，要從無形無相中，說出它的形相來，就只有捨心不談，而去談「識」，因為識也有分別之義，能夠分別種種的法相，所以，唯識宗就被稱為法相宗。

這樣的捨心不說而說識，在佛教的教義中，謂之曰方便法門。識，雖然是一種分別作用，但卻又是「非空非有」的。譬如有鳥從空中飛過去，就說是這空中留有一線鳥的行跡，固然可以。但鳥卻已飛去，並不曾留有任何痕跡，就說沒有，卻是不可以的；因為鳥兒確曾從這空中飛去，所以這道鳥跡，不可說有，卻也不可說無。

像這樣非空非有的道理，不僅是唯識學上的要義，也是整個佛法上的要義，更是佛法以外其他學術的要義，爲甚麼呢？因爲現在一班講「唯心」「唯物」的兩派哲學家們，都是各有偏執，牢不可破，這實在是非常錯誤的。如果說一切全是唯心的，爲甚麼世間有山河大地、花草樹木、鳥獸蟲魚等的實物呢？若是專講唯物吧，何以我們隨時隨地，都可以看到喜、怒、哀、樂非物質的心理現象呢？所以說：唯心唯物，都非絕對，因而唯識說所講的非心非物的說話，便較爲合理了。

但是，世人總是愛走極端的，不偏執於唯物，就偏執於唯心，弄得舉世紛爭，遑遑不安。實則，如果能夠了解到非心非物，也就是即心即物的義理，離去邊見，即成中道，而此一中道，不僅佛家重視之，即儒家所說的中庸、中行、中正，以及「永執厥中」、「從容中道」等，又何嘗不與佛教的「非空非有」的說法，極相吻合。所以，唯識之學，亦可以名之曰中道之學。

實在說來，唯識之學，確實是一種「非有非無」的哲學，我們要研究這樣的一種學問，就不可不用一種適當的方法。前面曾經說到空中飛鳥的譬喻，現在更拿出一張白紙，以代表虛空，用筆墨在這張白紙上，畫出飛鳥曲直線的行跡。由是，我們可以知道：識是無形象的，空中的鳥跡，也是無形象的；現在用筆墨畫出它的行跡來，就等於拿言語、文字講出唯識學的義理來，使人聽講、讀經，而得知唯識的究竟意義，是一種如何的形象，因而成爲一種學問，這就叫做方便法門，在唯識學上稱爲「比量」。

雖然有此方便，但所謂空中鳥跡，仍不過是白紙上畫的黑線條而已；幾曾有實在的鳥跡呢？若說是無嗎，而紙上的黑線條，又確實是從飛鳥的掠過而描繪下來的，就不能完全說是無了。因此，歸根及柢，終究是「非有非無」的。

現在，全世界的各個人都牢執一端，而反對另一端的，都是中了「偏枯」或「麻木不仁」的病患，應該要拿這「非空非有」「中庸中行」的唯識良劑去醫治才好。

8 八識淺釋

所謂八識：就是眼、耳、鼻、舌、身、意等六識，再加末那及阿賴耶這七八兩識。這八種識，在《百法明門論》中，合稱爲「心法」，也叫「心王」，能生萬法。如國王統治全國百姓，莊嚴威儀，最爲尊勝，故被稱爲一切最勝法。故八識「心王」，在人們的一身中，便極似古天子、宰輔、諸侯、官吏等，分別職司。執行政務，以統治這個國家。

第八識阿賴耶，含藏一切法的種子，稱爲藏識。所有一切法（行事），如果要發生行爲，都須由此一識中而出，就好像天子居於京城之內，能發號施令，交由各部大臣去施行政事的一般。

第七識爲末那識，仍依第八識而有，執著爲我，不涉外緣，如同宰相之職，總攬國政，內助天子（第八識）以行令。

第六識爲意識，職司鑑別，傳令於外，復又引緣入內，作溝通內外的機關，就像各部大臣，承受天子、宰輔的命令，而施行於百官及人民。

前五識——眼、耳、鼻、舌、身等，此五種「識」，各依其一「根」，而了別其「塵」

（色、聲、香、味、觸），因而發生現實行為，各自作用，就如各方諸侯，封疆大吏，各依其職守，而執行各自的政事。

對於八識之說，僅僅講到這裏，自然不夠，應該尚須說明的。而且，在這裏又提出了「根」「塵」的專門名詞來，自然又必須略加詮釋。

首先從前六識解釋起：所謂識，是根因塵起，而根是作能生解，正如樹根之能生枝葉花果，而我們的眼、耳、鼻、舌、身、意等六根，對著色、聲、香、味、觸、法等六塵，即可以生出眼識、耳識、嗅識、味識、覺識、意識等六識。這便是因根而涉塵，因塵以入根，根塵相互涉入，而生出的識見來。

因為眼根有緣色的作用，而為司視的器官。耳根有緣聲的作用，而為司聽的器官。鼻根有緣香的作用，而為司嗅的器官。舌根有緣味的作用，而為司嘗的器官。身根有緣觸的作用。而為司運行接觸的器官。意根有司知覺的作用，而為司思慮的器官。這前面的五根，為四大（地、水、風、火）所組成，是屬於物質方面的，只有第六根的意根，才為心之所依據，是屬於心理方面的。

其實，這六根的說法，如果按照現代生理學名詞來講，在體質方面的說是：眼、耳、鼻、舌、皮膚、腦筋等，如果分別其作用來說：那就是視官（眼根）、聽官（耳根）、嗅官（鼻官）、味官（舌根）、觸官（身根），以及那心理學上的感官（意根），所謂官者，應視作職司的解釋，這六根便是各有職司，即眼司視，耳司聞，鼻司嗅、舌司嘗，身司觸，意司覺等。

又因爲它們有扶助「淨色根」（正根）的作用，所以又叫作「扶塵根」。因爲這六根，都是虛浮不實，可以損壞的，所以，還有人叫它們爲「浮塵根」。但是，這些浮塵根所依靠的，還有「淨色根」，那就是正根，也有叫作「勝義根」的。這個勝義根，就是那眼、耳、鼻、舌、身、意等浮塵根的實體，它們那種「發識取境」的功能，勝過於浮塵根，所以才叫做勝義根。又因其是清淨的四大（物質）所組成，便以「淨色根」這個名字而稱呼之。

這些淨色根，是隱居於身體內部的，體細而微，猶如琉璃，非肉眼之所能見，絕似生理學上所講的那些神經細胞。這六種淨色根，就是所謂：視神經、聽神經、嗅神經、味神經、觸神經，以及那感覺神經等六種。

依照這種說法，眼的扶塵根是眼珠，而眼的勝義根便是視神經；如果眼睛只有勝義根，而沒有扶塵根；換句話說，就是只有視神經，而沒有眼珠子，那便成了瞎子。或者只有扶塵根，而無勝義根，就是雖有眼珠，而無視覺作用了。必須兩者俱備，我們的眼睛，才可以派上用場來。其他耳鼻舌身等諸根，也都是一樣的。

六根的對象叫做六塵，也有稱作「六境」的，如色境便是眼所看到的對象。聲境便是耳所聽到的對象。香境便是鼻所嗅到的對象。味境就是舌所嘗到的對象。觸境是身所接觸的對象。法境是思考的對象。這個所謂六境，還有稱作「六賊」的，因此六境，都以六根作媒介，而能劫持自己本身的功德法財，所以就稱它作賊了。

可是，這眼等六根，如果離去因緣假合之外，都是沒有自性的，那麼，色等六塵，也就不能建立。所以，它們都是虛空實相中的一種虛妄現象，是沒有實體的。我們如能悟妄本空，融相歸性，相既無體，性自空寂。六根六塵，都應視之爲非空非有了。

現在，我們要一談七八兩識的作爲了。第八識阿賴耶既爲藏識，過去和現在世所薰習的一切種子，概行藏在八識田中，一遇上外緣的根塵識，起了現行作用時，而經由末那識的鑑別傳達，得與阿賴耶識的種子發生關係，這叫作因緣合和，這個種子，便會生出與過去世一樣的形態來。正如一株西瓜，由幼苗而成長，結出了許多個西瓜，每一個西瓜，都含藏著種子，這些種子的形態，與西瓜的樹苗、瓜果，都不同形狀。可是，到了次年，如果遇上人們把它播種在泥土裏，再又遇上日光、水分、肥料、除害蟲等等的助緣，它便會發生輪迴的作用來，首先是發出幼苗，次則長成藤蔓，次則開花，次則成果，最後依然生出種子，一一都與過去世一樣，而毫無二致的。這就是輪迴，就是轉世。於此，我們就可以證得輪迴因緣之說，絕非迷信了。

9　簡述百法

《百法明門論》爲世親所造，玄奘所譯，是進入唯識之門的重要典籍。將一部唯識心理學，解説得極爲詳盡。特簡述大概，以實本篇。

所謂法者，其含義與物體、事物、情理等完全一樣，即一切萬有的總稱。可是，卻有兩種要義：一爲「任持自性」，一爲「軌生物解」。凡宇宙間所有的一切萬事萬物，無論其爲色（物）、爲心、爲事、爲理、爲有形、爲無形，都各有其特性，堅持不捨，故謂之「任持特性」。萬物既有其特性，便會作成一種軌範、標準，令人生起一種求了解的智慧。所以稱之爲「軌生物解」。這是世間的事物，既然具有這種特性，故佛學者才稱之爲「法」。

像這樣的萬事萬物，其爲數之多，是無量無邊的，《瑜伽師地論》的本地分約爲六百六十位，而《百法明門論》則簡爲五位百法，兹分別簡列於次：

百法
一位。心法——八法。
二位。心所法——五十一法。
三位。色法——十一法。
四位。不相應法——二十四法。
五位。無為法——六法。
合計一百法

一位。心法——爲心理作用的主體，所以也被稱作「心王」，由緣而取境，以起分別慮知的根本作用，所謂八法，便是八識，亦即眼、耳、鼻、舌、身等五識，再加意識及末那、阿賴耶兩識，合而爲八。

二位。心所法——即心王所有諸法的略稱，常是依心而起，又復與心相應，能助心王造業，屬於心之心理作用，共分六種，凡五十一法，兹分別列於次：

心所有法，共計六種五十一位爲：

一種。偏行——五法。即觸、作意、受、想、思等。

二種。別境——五法。即欲、勝解、念、定、慧等。

三種。善——十一法。即信、慚、愧、無貪、無瞋、無癡、勤、輕安、不放逸、行捨、不害等。

四種。根本煩惱——六法。即貪、瞋、癡、慢、疑、惡見等。

五種。隨煩惱——二十法。即忿、恨、覆、惱、嫉、慳、誑、諂、害、憍（以上小隨）。無慚、無愧（以上中隨）。悼舉、惛沉、不信、懈怠、放逸、失念、敬亂、不正知（以上大隨）。

六種。不定——四法。即悔、眠、尋、伺等。

三位。色法——所謂色法，就是眼、耳、鼻、舌、身等五根，加上色、聲、香、味、觸、法等六塵。

四位。心不相應行法——共有二十四種，都是由心、心所、色三法的假立，不能與心等相應之故。例如其第一法爲「得」，假使以得錢來說，就能得的人講，便是心法，或心所法。就所得的錢來說，便是色法。今僅只說一「得」字，不說得錢那人，也不說所得那錢，所以，此一「得」之一法，便是假立的了。

心不相應法，共爲二十四種法，併以前的七十法，合爲九十四種法，都是生滅變遷的有爲法，於是，滅盡有爲之法，便不會再生，那就叫作無爲法。這無爲法共有六種。即：⑴虛空無爲，⑵擇滅無爲，⑶非擇滅無爲，⑷不動滅無爲，⑸想受滅無爲，⑹真如無爲。

《百法明門論》一書，便是將上舉百法，加以解說，務求詳盡，而本篇卻只能簡述至此而已。

10《成唯識論》

講到《成唯識論》一論，在法相宗的地位，其重要性實不亞於《瑜伽師地論》。而且，《瑜伽師地論》爲印度學者之作，而《成唯識論》之作，幾乎是出於我國先哲的改作，所以更顯得其應被重視的分量了。

原來，古印度世親論師，提契《瑜伽師地論》的綱領，撰著《唯識三十論》，以顯揚《唯識論》的「中道」正理。後來護法等十大論師，又依六經十一論，廣釋三十頌，而確立了世親論師的唯識學。所謂十大論師，便是：親勝、火辨、德慧、安慧、難陀、淨月、護法、勝友、最勝子、智月等十人。於中又以護法論師所立之義理爲止，戒賢學法於護法。而玄奘即受業於戒賢。此宗教義，由世親以至護法，而及於戒賢以抵於玄奘，可謂一脈相承，統系釐然。

所以，當玄奘返國之初，即擬將世親的唯識義理，介紹東土，乃欲薈萃印度十大論師的說法，一一的加以翻譯，但以卷帙浩繁，不易整理，才採納了窺基的意見，合糅十家釋義凡四千五百餘頌而調和之，作成十卷。當其初譯十家說法的時候，由弟子們分任其事，即由神昉潤色，嘉尚執筆，普光檢文，窺基纂義，各任其職，作了一段時期。而窺基卻請求玄奘，使其一人總持其事，俾責有所歸。玄奘允其所請，由窺基專任其事，以抵於成，是爲《成唯識論》。

此論以「相」「性」「位」三分，而成立唯識義理，安教立理，以教成教，以教成理，所以便稱之曰「成」。「唯」爲簡別之義，無有外境。「識」謂能了，但識性識相，皆不離心，而「心所」「心王」，均以「識」爲主。故歸心泯相，而總言之爲「唯識」。然後藉此成彼，而名之爲「成唯識」論。

本論如前之所述：以一切法唯有識爲論據，也就是以「識有非空」、「境無非有」爲其主旨。其作用在於先破外道小乘，然後再辨明唯識之眞理。全論內容，總括起來，可以分作三分：即「相」「性」「位」三者。

㈠唯識相：凡相均爲依他而起。凡夫外道，不知「唯識無境」的微妙義理，執著心外別有實境，而起「我」「法」雙執，造妄作業，故論主以種種方便，使人徹底明瞭唯識相狀，確爲「依他起」的妄境，了無實相之可言，以破除其我法之執。

㈡唯識性：人們雖然知道此心爲虛妄的一種顯現，可是，卻未能明瞭其眞理，所以本論就說明唯識實性亦即圓成實性，以顯出「眞如常住」的至理。

㈢唯識位：意在令有情衆生，斷除妄念，以成佛果，可是，佛果功德，無邊無際，絕非少許修行即能圓證的。故本論說明要「修無量行，積無量善」，才能獲致三身萬德的「佛果地位」，故名之曰唯識位。

窺基既請玄奘糅合護法的釋論，而爲《成唯識論》以後，便依照玄奘之口授而作成《述記》。同時，西明寺的圓測曾以私義而講授《成唯識論》，窺基弟子慧沼乃著《了義燈》以糾正之。樸陽智周爲慧沼之弟子，復作《演秘》以解釋窺基的《述記》。而窺基復覺其《述記》，猶有未盡之義，再著《樞要》一書以補充之，這便是《唯識三疏》。除此而外，窺基還有《唯識料簡》、《唯識別抄》等著作。智周也還有《了義燈記》，靈泰的《鈔疏》，如理的《義演》，道邑的《義蘊》，泰賢的《學記》等等，均爲唯識學者所必須閱讀之典籍。

11 列傳

我國佛教的唯識宗，誠然應以玄奘爲開祖，而以窺基爲成祖，但繼述無人，便無法後延，所以關於紹承祖述者，實應分別的略加簡介，因而作列傳一目，茲列其世系圖如次：

玄奘——窺基——慧沼——智周——日籍弟子智鳳、玄昉傳於東瀛
　　└圓測——道證——歸至新羅，傳其法於高麗

依據上列這一世系圖，首先便該略述窺基的身世以及其成就。

㈠窺基：俗家複姓尉遲，唐代長安人氏，其生父尉遲敬宗，爲初唐時名將，伯父尉遲敬德，並曾被封爲鄂國公，其部落祖系與後魏同起，進入中原以後，乃以部落之名爲其姓氏。

窺基俗名洪道，青年之時，便卓犖不羣，眉目清秀，而軀體修偉。玄奘於返國之初，以偶然的相遇，便極爲賞識，因而「以慾牽引」，使入佛門，因窺基初不願爲僧，而提出三項條件以相拒，即「不斷情慾、葷血、過中食也」。玄奘便一一應允。於是而從其學「五竺語」、「傳唯識因明之學」，爲學之期，長達二十年之久，故其成就極大，曾造疏百本，號

爲「百本疏主」，對於唯識法華的宏揚，厥功甚偉！

始住長安廣福寺，未幾，即移於大慈恩寺，故法相宗亦稱慈恩宗。窺基入滅於唐高宗永淳元年（六八二年），世壽僅五十一歲，則其生年當爲唐太宗貞觀五年（六三一年）。其得見玄奘之時，正一十六七歲的青年而已。

㈡圓測：爲唐代比丘（和尚），原爲新羅國（高麗）之王族，性金氏，名文雅。約生於隋煬帝大業九年（六一三年），十五歲之時，即遊學於我國。師事京師（長安）法常、僧辯等法師，通習毘曇、成識、倶舍、毘婆沙等學。唐太宗貞觀年間，住於長安西明寺內，迨玄奘歸國，設立譯場，奉詔參與其事，與窺基、普光、嘉尚等，並肩齊轡，競芳一時，及《成唯識論》出，圓測即於西明寺內，「鳴椎集眾，宣講斯論」，而多取印度護法論師的說法，不盡與窺基同調。後來《瑜伽師地論》譯出，仍復如此。窺基均曾深深的加以讚許，而後世竟誤傳玄奘獨爲窺基講授，圓測竊聽的流言，當係附會之辭，於理不合，蔣維喬之《中國佛教史》即予存疑。

圓測後受武則天的尊敬，新羅國遣使來迎，武后即不予放行。他歷次參加義淨、日照等的譯場，任證義之職。於周武后萬歲通天元年（六九六年）入寂，世壽八十三歲，著有《成唯識論疏》、《解深密經疏》、《理門論疏》等。弟子有道證、勝壯等，均當世大德，爲世人所尊奉。道證亦新羅人，後回國傳授唯識之學，爲唯識理論傳入高麗的第一人。

㈢慧沼：本名沼，爲當時的一位比丘，後來衍其名而稱慧沼。唐代淄州（山東臨海）人，玄奘從印度歸國後十年間，始以少年而從之受學。及玄奘於唐高宗麟德元年（六六四年）圓寂，慧沼轉而依窺基受業，以數十年的努力學習，故能「深入堂奧」，得其真傳。及窺基卒後，慧沼正三十餘歲的壯齡，圓測、道證師徒兩人倡作異說，而另張新幟——玄奘獨爲窺基講《瑜伽師地論》及因明學，圓測均曾經盜聽，此一公案，是否確實，尚無定論——慧沼乃撰《唯識了義燈》一書以破斥之。唐武后時，義淨從印度返國，慧沼曾參與其譯場。菩提流志從事譯述時，亦曾參與爲之證義。

後因住於淄州的大雲寺，故世稱之爲淄州大師。以唐玄宗開元二年（七一四年）入寂，世壽六十四歲。當菩提流志於崇福寺翻譯《大寶積經》時，慧沼、大願、塵外以及新羅國人的勝壯等，皆爲一時之選，故當時中書舍人崔湜，因行香而至譯場，即曾慨然的說：「清流盡在此矣！」

㈣道證：原爲新羅國（高麗）人，早歲即通曉佛教經典，而入佛門作僧侶，後來，因仰慕我國佛教諸師的宏範碩猷，始渡海來學，入於長安西明寺，師事其本國籍僧圓測，盡得其唯識之學。窺基門人與圓測諍論的時候，道證即護持師說，因此，其名便大顯於京師。

道證撰有《成唯識論要集》及其《綱要》、《辨中邊論疏》、《因明論疏》等項著作。據說他返回其祖國以後，將唯識理論在國內大加宏揚，而成爲新羅國傳唯識學的第一人。但其生卒年壽均不詳。

㈤智周：乃慧沼的及門弟子，《宋高僧傳》竟未爲之立傳。而各種佛教史乘，均謂其爲宏揚唯識學的繼承人。且視爲自窺基、慧沼、智周爲法相宗的正統繼承人，將其所著的《成唯識論演秘鈔》，以與窺基的《唯識論述記》，及慧沼的《唯識了義燈》，合稱爲「唯識三書」。

足見其著作爲人重視之一斑。

智周爲泗州（安徽泗縣）樸陽人，故被稱爲樸陽大師，唐玄宗開元十一年（七二三年）逝世，世壽五十五歲。日本僧人智鳳、玄昉等，都曾從之受學，相宗法門，遂得東渡，而且竟被日人保存下來。

㈥義忠：與智周同爲慧沼弟子，俗姓尹，唐潞州襄垣（山西省）人，九歲出家，隨師慧沼受學，即被稱爲「空門奇童」，二十歲受了具足大戒以後，通經論兩本。因師徒兩人得聞窺基在長安撰著《唯識述記》事，乃相將而入於長安，同就窺基之講席，未滿五年，又能通「二經五論」。其後。曾著有《成唯識纂要》、《法華經抄》、《百法論疏》等，最爲切要。曾大開講席達五十餘年之久，計七十餘遍之多。至七十二歲時，忽起歸鄉之念，乃歸於昭義，不久入寂生西。

㈦其他：從晚唐以後，唯識一宗，便一蹶不振，直到明朝末年，才又興盛起來。例如明末的真界法師、王肯堂居士、蕅益大師等，均曾撰述過《因明入正理論集解》一書，因而唯識之學；爲之一盛之後，復趨衰落散失，而流傳於日本。及到清代末年，楊仁山（文會）居士又從日本南條博士處取回，使我國的唯識學爲之復興，這當然是我國學術史上的一大幸事。

十、年壽考證

1 壽年異說

玄奘的壽年問題，現在爲世人所熟知的，約有三種最重要的說法：即六十三歲說，六十五歲說，以及六十九歲說，其出處爲下列三書：

一爲唐代冥詳法師所撰的《大唐故三藏玄奘法師行狀》（簡稱《行狀》），最爲先出。其撰寫時間，約在玄奘逝世後的六十天。稱玄奘卒於唐高宗麟德元年（六六四年），世壽六十三歲。張其昀、釋印順、日人兼子秀利等均主此說。

二爲唐代道宣法師所撰的《續高僧傳》卷四〈京大慈恩寺釋玄奘傳〉（簡稱《僧傳》）。道宣卒於唐高宗乾封二年（六六七年），後距玄奘之卒，僅爲三年。那麼，《僧傳》的撰寫，當爲玄奘逝世後二三年內事，稱其爲六十五歲，蔣維喬所著之《中國佛教史》即主此說。

三爲門徒慧立法師所著之《大慈恩寺三藏法師傳》（簡稱《慈恩傳》），慧立原爲玄奘的及門弟子，傳爲五卷，而尚未流通，臨終之時，以付其門人，而又失散了；經搜購始全。於唐武后垂拱四年（六八八年），經釋彥琮的整理箋序，始行刊布。距玄奘之卒，已閱年四十有四。對玄奘的壽年，說是六十九歲。梁啓超、羅香林等均採取此說。

除上列三書係較爲原始之資料外，還有唐代劉軻所作的《唐三藏大徧覺法師塔銘並序》（簡稱《塔銘》），撰於唐文宗開成二年（八三七年），後距玄奘之逝世，已經是一百七十三年。又劉昫所撰之《舊唐書》卷一九一之〈玄奘傳〉，雖係以唐人所修的國史作爲藍本，而實際是成於後晉之世（九三六—九四六年），後距玄奘卒年則達二百八十二年之久。文既後出，義亦多舛。所以，這兩篇玄奘傳記都是襲取慧立法師的《慈恩傳》的說法，而稱玄奘爲六十九歲。

爲甚麼劉軻與劉昫兩人，要襲取《慈恩傳》六十九歲說而捨棄《行狀》六十三歲之說呢？箇中原因，就是以《慈恩傳》的行文含蓄，而義理卻極其明確，自來就流行甚廣，爲人人所喜讀；所以，當時便有人批評其爲「文隱而義顯」了。何況如現在的一般人們，也總以爲「後法優於前法」的，在唐代或許也是這樣的。

因爲，玄奘在我國的文化學術思想上，有其崇高地位，所以，關於他的年壽問題，也就特別的爲學人們所注意。而且，亦因此聚訟紛紜，莫衷一是。例如梁啓超主張其爲六十九歲，而羅香林即撰有〈玄奘法師年代考〉一文，堅持梁氏之說。當釋印順閱及此文時，亦即撰寫一篇〈玄奘大師年代之論定〉一文，收於其《妙雲集》的下編中，對於羅香林之作，頗多辯駁。不過，著者撰寫此篇，卻只求考證之真確，而不欲與人相爭論，故對於歷來關於此一問題之研討，概不作任何門戶左右之論，以期合於歷史的真實性而已。

2 生年考證

首先，我們應該決定的一個大問題，便是玄奘的出生，究屬何年？然後引證各種傳記的說話，而加以證實，便極爲合理了。

玄奘逝世之年，爲唐高宗麟德元年（六六四年），因爲當時是唐高宗所勅葬，即相當於現在的所謂「國葬」，史冊皇皇，自無疑問；所以，所有關於玄奘的傳記，盡皆一致。祇因各傳所持的年歲壽數，各有不同，以致其出生之年，亦隨之而異。

《行狀》稱玄奘於麟德元年逝世時爲六十三歲，那麼，其出生之年，便應爲隋文帝的仁壽二年（六〇二年）。

道宣所撰之《續高僧傳》，說玄奘世壽爲六十五歲，則其出生之年，應爲隋文帝開皇二十年（六〇〇年）。

慧立所撰之《慈恩傳》，以及劉軻所撰之《塔銘》，都說玄奘的世壽爲六十九歲。那麼，其出生之年，便應爲隋文帝的開皇十六年（五九六年）。

就上面所舉的幾種史料，玄奘的世壽，既有三種的不同，則其出生之年，自必隨之而互異，三者距離，達六年之久，年次一多，事繫更顯。首先，便應從其出家爲僧之時，歲數究爲若干的問題入手。《僧傳》有說其兄「以奘少罹窮酷，攜以將之」的說話，所謂「窮酷」，係指其父陳惠逝世之後的生活情況，因而也就成爲他出家的重大原因。這個時候，玄奘確在幼齡。所以，道宣所撰的《續高僧傳》便說：「年十一，誦《維摩》、《法華》。」接著又說：「俄而東都恒度，便預其次。」使用「俄而」及「便」等詞彙，就可以想見其於十一歲誦《維摩詰經》和《法華經》之後不久，隨即出家爲僧，那時正是他十一歲的幼齡。而其父之逝世，當爲年在十歲，正是「少罹窮酷」的時候。

現在，我們既已知道他出家之年爲十一歲，但出家卻不等於「受具足大戒」，因爲那是必須以滿二十歲爲法定年齡的。於是在《行狀》中便有：「法師年二十一，以武德五年，於成都受具、坐夏、學律」的說話，三書皆同，極可取信。足見玄奘於唐高祖武德五年（六二二年）爲二十一歲，那麼，他的出生之年，便可以確定爲隋文帝仁壽二年（六〇二年），因爲武德五年這年他正是二十一歲，而絕無疑義的。

3　出家之年

玄奘的生年，既已確定，那麼，他的出家，究係何歲？其兄以其「年少」、「攜以將之」，又係何年？要求得這兩個問題的解答，便應看他於唐高宗顯慶二年（六五七年）二月，正是他五十餘歲時，隨著唐高宗到了洛陽，因回鄉省視祖塋，在他表請改葬父母的表文之內，曾經說道：

「玄奘不夭，夙鍾荼蓼，兼復時逢隋亂，殯掩倉卒，日月不居，已經四十載……。」由此可知：玄奘於父母死後，其兄以其年齡尚屬稚小，「攜將」入寺，至此時已歷四十餘年，則其出家之年，應爲十至十一歲之時，約當於隋煬帝大業七八年間（六一一—六一二年）。所以，道宣所撰的《唐高僧傳》，才有於「年十一，誦《維摩》、《法華》」的說法。而接著又說：「俄而東都恒度，便預其次。」「俄而」爲不久之義，足可證其「出家」之年和「入寺」之年，相隔甚暫。既稱其十一歲出家，當然的是因十歲喪父，而入居寺中，隨即出家爲僧。

何況，尚有很多的說話，可以作爲佐證。例如：在唐高宗永徽三年（六五二年），慈恩寺塔奠基之時，在玄奘的發願詞內，便有「少得出家」的說話。又《大唐內典錄》也有「小得出家」。在《行狀》中，鄭善果曾指著而告旁人說：「此子年齡雖幼，風骨甚奇」的說話。而在《古今譯經圖記》中，也有說「以鳩車之齡落綵，竹馬之齒通玄」。就此幾種記載以證之，推論其爲十一歲出家的依據，是極爲正確的。

4 具戒歲數

玄奘入寺及出家的年齡，又已確定，現在便應該進而求其「受具足大戒」之時，究在何歲？《行狀》說：「法師年二十一，以武德五年（六二二年），於成都受具，坐夏學律。」《慈恩傳》亦同此說。惟僅說作「年滿二十」——即二十一歲。《續高僧傳》也說是「武德五年，二十有一」。依照佛制：童年即可出家，但要受具足大戒時，則必須居滿二十歲之法定年齡，「受具」之後，即須「結夏安居」，學習戒律。此後歲月，即稱爲「僧臘」、「戒臘」和「法臘」了。唐高祖武德五年（六二二年）既爲玄奘二十一歲之年，那麼，他就確實是生於隋文帝的仁壽二年（六〇二年）。

凡事總宜不厭求詳，玄奘的年壽問題，有段時期，爭論得非常的厲害，各持論據，辯論不已。來一次徹底的總解決，倒是非常需要的。

5　何年西行

玄奘究竟是何年西行的？這倒是個極難解答的問題，因爲他於貞觀三年，西遊天竺，求取佛經，這幾乎是歷代以來所公認的史實，一直到梁啓超的考證是：玄奘所會見的西突厥王葉護可汗，正是在貞觀二年逝世的。如果玄奘於貞觀三年西行，貞觀四年，始能抵達西突厥葉護可汗的住所；那麼，葉護可汗早已死了兩年，玄奘又何能得見？足證玄奘的西行，應在葉護可汗逝世的前一年，是無可置疑的不爭之論。

可是，玄奘於貞觀三年西行，幾次都是他自己所說的，例如當他於貞觀十八年，從印度返至于闐，上表唐太宗皇帝的表文中，便有「貞觀三年，冐越憲章，私往天竺」。又如他在貞觀二十年的時候，奏請太宗製頌〈聖教序〉的表文裏，也曾說過：「奘以貞觀三年，私往天竺」。再如門人辯機替他筆記《西域記》一書中，也有「貞觀三年，蹇裳遵路，杖錫西征」。還有就是道宣所撰的《大唐內典錄》所說：「貞觀三年，出觀釋化」等等的說話。這些都是玄奘在世時，以及和他並世的人們所說的話，照理說應該不會有錯誤，而是極其可信的。然而，事實上卻又大大的不然，而竟成爲大錯而特錯的說話，這就如孟子所說：「盡信書，則不如無書」了。

現在，要想辨其錯誤，便須作徹底的考證：梁啓超說葉護可汗是死於貞觀二年，玄奘如以貞觀三年西行，當然不能獲見，更不能得其助力。何況，此說取與新舊《唐書》之所載，也極相吻合。《舊唐書．太宗本紀》：「貞觀三年冬十一月丙午，遣使朝貢。」而《新唐書》的列傳〈薛延陀傳〉說：「貞觀二年葉護可汗死，其國亂。」又〈突厥傳〉說：「乙思鉢羅，肆（殺戮）葉護可汗，與俟毘可汗，分王其國，挐鬥不解，各遣使朝獻。」這一類的記述，更是一些強而有力的佐證。因此，玄奘如以貞觀三年成行，則正陷於突厥的內亂中，在那麼詳贍的《西域記》中，絕不會無一字提及的。

又在道宣的《續高僧傳．玄奘傳》說：「貞觀三年，時遭霜儉，下勅道俗，逐豐四出，幸因斯際，逕往姑藏（甘肅武威）。」這是說：在貞觀三年，隴東一帶地區因天降嚴霜，而致農作物歉收，乃下詔許民「逐豐四出」，亦即所謂「就地逃荒」之意。但考之史乘，貞觀三年，這一帶地區，並無霜災的記載。可是，在「貞觀元年八月……關東及河內，隴右沿邊諸郡，霜害秋稼」——語見《唐書．太宗本紀》。貞觀元年有霜災，而貞觀三年卻沒有。由此可知：玄奘三年西行，確爲元年之誤寫。因元年西行，固可得見葉護可汗，而三年則不能得見。由於貞觀元年有霜災，才准許沿邊區各郡人民，「逐豐四出」。玄奘乃得混入饑民羣裏，向西而去，這也是極合情理的一大證明。

至於玄奘西行的實際年歲，究爲若干？各種傳記，其說不一，《行狀》及《僧傳》，都說是二十八歲。《慈恩傳》則爲二十六歲。但是，都與這幾種傳記本身所持的六十九歲說，大相矛盾。現在，既然證實玄奘西行之年爲貞觀元年，依六十九歲說，則爲三十二歲。依六十五歲說，則爲二十八歲，都與事實大有出入。只有依六十三歲說，則爲二十六歲，這就與《慈恩傳》所持的說法，極爲相合。

在前面，業經證知玄奘於武德五年，爲其二十一歲受具戒的年歲，這是《僧傳》、《慈恩傳》、《行狀》三書所一致採用的說法，而西行之年，《僧傳》與《行狀》又復相合，那麼，玄奘西行應爲二十六歲。從這裏來看：一定是《慈恩傳》將原文之「六」字，抄作「九」字，在行書「六」與「九」的寫法上，極爲混淆，這種錯誤是很可能發生的。

至於玄奘西行的月份，究爲何月？也是有問題的。他回到于闐，上表唐太宗說是：「三年四月」。而後來由其口述，經其徒辯機筆記而成的《大唐西域記》則說：「三年仲秋朔日」。《慈恩傳》慧立所撰的序文又爲：「三年秋八月」。三年爲貞觀元年之誤，仲秋即八月，這兩項是不須再辨了。只是四月和八月，究竟誰是誰非？便又非得研究辨正不可。根據前面所舉的「霜害」之說。則應以八月爲宜，北地八月降霜，是極爲尋常之事，而四月已入初夏時分，絕不會再有降霜成災的現象。其致誤之由，可能是將「八」字誤認作草書字體的「の」字，而寫成了四月。

玄奘逝世之年，爲唐高宗麟德元年（六六四年）二月初五日午夜，各項史乘所載皆同，因其已成爲當時的國際聞人，其奉安典禮，亦係由朝廷簡派大臣所主持，當然會是信而有徵，不須再作考證的。

6 實際壽數

現在，我們已將玄奘的生年、出家、受戒、西行、逝世等項，作了一回較爲詳確的考究。於是，便可以肯定的說：玄奘的世壽是六十三歲，茲再將其理由簡述於次：

㈠《行狀》最爲先出，堪稱原始資料，真實性較強，故其所持六十三歲說，也較可徵信。

㈡唐高祖武德五年，爲玄奘二十一歲，正是受具足大戒的法定年齡，不僅《行狀》之說如此，亦爲《僧傳》及《慈恩傳》的共說。

㈢玄奘西行之年，應爲貞觀元年，《慈恩傳》作二十六歲，與其所持的六十九歲之說不合，而反與《行狀》所持的六十三歲相合。

㈣玄奘於貞觀二年，〈答謝高昌王表〉文內有：「負笈從師，年將二紀」的說話，與《行狀》相合，時出家已一十七年。

㈤唐高宗顯慶二年，玄奘表奏改葬其父母，謂父母之喪，「已經四十餘載」。亦與《行狀》之說相合，時去其父母逝世之歲，約爲四十七年。

依據上列之所述，故著者主張玄奘的年壽，應依《行狀》的說法，而確定爲六十三歲。並將據此撰成其〈簡列年譜〉，以確正此一佛教史上的大公案。

十一、簡列年譜

依據前章玄奘年壽之考證，擬訂其年壽簡譜如次：

玄奘年壽簡譜

歲數	朝代年次	西元	經歷略	備註
一歲	隋文帝仁壽二年	六〇二	出生於陳留郡緱氏縣少室山少林寺附近陳姓家，兄弟四人之季。名褘。父名惠，次兄陳素，即長捷法師。	河南省偃師縣。
二歲	仁壽三年	六〇三		
三歲	仁壽四年	六〇四	母樂氏夢其乘白蓮西去。	隋文帝被弒。
四歲	隋煬帝大業元年	六〇五		
五歲	大業二年	六〇六		
六歲	大業三年	六〇七	五六歲頃，就傳讀儒家書籍。	
七歲	大業四年	六〇八		

八歲	大業五年	六〇九	父陳惠授以《孝經》。	
九歲	大業六年	六一〇		
十歲	大業七年	六一一	因父逝世，兄陳素挈其居洛陽淨土寺。	兄已出家爲僧，名長捷法師。
十一歲	大業八年	六一二	聽兄講《維摩詰經》及《法華經》。	
十二歲	大業九年	六一三	仍住在洛陽淨土寺，研習佛典及老莊諸學。	
十三歲	大業十年	六一四	出家爲僧，起法名爲玄奘。	隋煬帝詔准度廿七人爲僧。
十四歲	大業十一年	六一五	聽講《涅槃經》及《攝大乘論》。	景嚴二法師講授。
十五歲	大業十二年	六一六	同前	
十六歲	隋恭帝義寧元年	六一七	偕兄離去洛陽，尋師訪道。	洛陽地區饑荒。
十七歲	唐高祖武德元年	六一八	偕兄進抵長安，住莊嚴寺。聽道荃法師講授。	
十八歲	武德二年	六一九	由莊嚴寺起程入川，經子午谷入漢中，逢空景二法師，從學月餘。抵成都，住空慧寺。	

歲數	朝代年次	西元	經歷略	備註
十九歲	武德三年	六二〇	仍住成都空慧寺。聽寶暹法師講《攝論》。	
二十歲	武德四年	六二一	仍住空慧寺，聽道基法師講《俱舍論》。	
二十一歲	武德五年	六二二	仍住空慧寺，受具足大戒。	
二十二歲	武德六年	六二三	獨自沿長江經三峽入鄂、湘、皖、蘇、冀、豫等省參學。聽慧休法師講《雜心攝論》。	
二十三歲	武德七年	六二四	復回至長安。聽道岳法師講《俱舍論》。聽元會法師爲之剖析《涅槃經》。	
二十四歲	武德八年	六二五	不滿《十七地論》（即《瑜伽師地論》）之翻譯而發願西行求法。	
二十五歲	武德九年	六二六	以西行事奏請朝廷，未得許可。同志散去，獨留長安，學習梵語，並靜待機緣。	
二十六歲	唐太宗貞觀元年	六二七	是年八月隨關隴一帶因霜災少食之饑民，出關西行，經秦州而至瓜州（敦煌縣）。	唐太宗接帝位改元。

二十七歲	貞觀二年	六二八	三月間得會葉護可汗。表謝高昌王麴文泰。在迦畢試國沙落迦寺結夏。	是年秋，葉護可汗被弒。
二十八歲	貞觀三年	六二九	抵北印度入迦濕彌羅國就僧稱學因明。留住將兩年。	
二十九歲	貞觀四年	六三〇	抵中印度。就闍耶毱多學毘婆沙。	
三十歲	貞觀五年	六三一	是年底入那爛陀寺，爲其就學之目的地。	
三十一歲	貞觀六年	六三二	由王舍城返那爛陀寺向戒賢法師學《瑜伽師地論》。	
三十二歲	貞觀七年	六三三	仍住那爛陀寺學習。	
三十三歲	貞觀八年	六三四	同上	
三十四歲	貞觀九年	六三五	同上	
三十五歲	貞觀十年	六三六	同上	
三十六歲	貞觀十一年	六三七	離那爛陀寺南巡，瞻禮聖跡。就如來密等學毘婆沙一年。	
三十七歲	貞觀十二年	六三八	仍遊中印度，抵瞻波國。	

歲數	朝代年次	西元	經歷略	備註
三十八歲	貞觀十三年	六三九	至南印度阿吒釐國。	
三十九歲	貞觀十四年	六四〇	至北印度鉢伐多羅國，就其著名論師學正量部根本毘曇。	
四十歲	貞觀十五年	六四一	同上。	
四十一歲	貞觀十六年	六四二	從勝軍論師唯識抉擇論。是年冬結束留印之學習，即赴曲女城大會，稱揚大乘。	
四十二歲	貞觀十七年	六四三	夏初由鉢羅耶迦起程東歸。在葱嶺度歲。	
四十三歲	貞觀十八年	六四四	還至活國，見葉護可汗孫覩貨羅。春夏間抵于闐補鈔喪失經典，並奏請寬其私自西行之罪。	唐太宗敕令西域官司及屬國迎送。
四十四歲	貞觀十九年	六四五	正月二十四日入於洛陽，見帝。三月間安置於長安弘福寺，開始譯經。	
四十五歲	貞觀二十年	六四六	首譯《瑜伽師地論》。上〈新譯經論表〉。	

四十六歲	貞觀二十一年	六四七	譯《解深密經》，《因明入正理論》等。譯《老子》爲梵文（異說未譯）。	
四十七歲	貞觀二十二年	六四八	力辭唐太宗還俗從政之勸。譯《唯識三十論》及《百法明門論》。《瑜伽師地論》譯完。	
四十八歲	貞觀二十三年	六四九	陪太宗幸玉華宮。遷居長安慈恩寺。	五月唐太宗崩逝。
四十九歲	唐高帝永徽元年	六五〇	譯《心經》、《佛地經》、《識身足論》、《俱舍論》等。	
五十歲	永徽二年	六五一	《俱舍論》譯成。	
五十一歲	永徽三年	六五二	譯《顯宗論》及《集論》等。	
五十二歲	永徽四年	六五三	創譯《順正理論》八十卷。	業師戒賢大師於那爛陀寺入滅消息傳至長安。
五十三歲	永徽五年	六五四	除譯《順正理論》外，尚譯他經多種。	
五十四歲	永徽六年	六五五	譯《瑜伽師地論釋義》。	
五十五歲	唐高宗顯慶元年	六五六	因風寒入骨疼痛，譯經較少。爲佛光王（唐中宗）彌月剃髮。	唐高宗第一次改元。
五十六歲	顯慶二年	六五七	住洛陽積翠居。返故鄉省親，改葬父墓。	僅一適張姓之姊在世。

歲數	朝代年次	西元	經歷略	備註
五十七歲	顯慶三年	六五八	下半年移居西明寺，譯經事不廢。	
五十八歲	顯慶四年	六五九	譯《大毘婆沙論》成。是年冬由西明寺遷居玉華宮肅誠院。	
五十九歲	顯慶五年	六六〇	始譯《大般若經》。	
六十歲	唐高宗龍朔元年	六六一	續譯《大般若經》及《唯識二十論》等等。	唐高宗第二次改元。
六十一歲	龍朔二年	六六二	除續譯《大般若經》外，尚譯《異部宗輪論》等。	
六十二歲	龍朔三年	六六三	六百卷《大般若經》於十月間譯完。	
六十三歲	唐高宗麟德元年	六六四	是年二月初五日午夜，圓寂於玉華宮。四月十四日安葬。	唐高宗第三次改元。

此一簡明年譜，係依據玄奘及門弟子釋慧立所撰之《大慈恩寺三藏法師傳》、釋彥琮的箋註本、梁啓超《關於玄奘年譜之研究》，以及釋印順著《玄奘年壽考證》諸文而擬製。本書史實之序列，亦以此爲依據。惟起訖時期，僅以玄奘之生卒年度爲限，其身後之封贈、紀念等項史蹟，概不與焉。

參考書目

《大慈恩寺三藏法師傳》　慧立法師，廣文書局。
《唐高僧傳》　道宣法師，《大藏經．史傳部》。
《宋高僧傳》　贊寧法師，《大藏經．史傳部》。
《佛祖統紀》　志磐法師，《大藏經．史傳部》。
《玄奘年壽之研究》　印順法師，慧日講堂佛經流通處。
《中國佛教史》　蔣維喬，國史研究室。
《漢魏兩晉南北朝佛教史》　湯用彤，商務版。
《佛教各宗大意》　黃懺華，華嚴蓮社佛經流通處。
《唯識學擷要》　唐大圓，新文豐出版公司。
《中國人物叢書．玄奘三藏》　兼子秀利，日本東京人物來往社。
《歷代高僧故事》第二輯　彭楚珩，佛學語體文化社。
《佛學研究十八篇》《玄奘傳書後》　梁啓超，中華版。

慧能

羅宗濤　著

慧能

羅宗濤 著

序

禪，是要去參的，不是要讓人來言說議論的。歷代的禪者在徹悟之後，向來都不說什麼。我不但沒有開悟的經驗，連一次參禪的機緣都沒有，卻談起禪來，這也算是不可思議吧。

當初，我答應寫這篇文章的時候，對於禪，是什麼也不懂，只是很想藉此機會，逼自己去懂點什麼。於是，在課餘之暇，先讀幾本有關的書籍；然後，坐在窗前拼湊文字。自來水筆罐了好幾次墨水，稿紙也用了一百張，但是，我依舊什麼也不懂。

如果明眼真人見了，吝於給予一言半語的指示，那麼，我就「徒然多一場話說」了。

中華民國六十五年仲秋　羅宗濤序于木柵

目次

慧能

一、禪宗史話

禪宗是佛教許多宗派中的一個宗派，但它卻在我國大放異彩，而且在佛教界以外，也發生重大而深遠的作用。可是，當早先的祖師篳路藍縷開始宣化的時候，他們也受到過冷淡的待遇的。因此，禪宗早期的史實，大部分都湮沒無聞；至於偶然流傳下來的傳說，原來就未必都可徵實的，流傳既久，附會也就愈多。後來由於禪宗的日益茁壯繁衍，引起佛教史家的注意，於是，摭拾舊聞，筆錄成文。但各家所聞不一，記錄也就頗有歧異；加以後來的弟子，有些人爲了某些目的，張皇過甚，也就不免互相牴牾。禪家對事蹟是不重視的，只要人義不差，也就任由那些傳說自生自滅。今天，如果我們從考據方面來考究禪宗史，那麼，問題是相當的複雜；不過這套書並非學術性論文，所以在這裏只略述梗概，而名之曰：「禪宗史話」。

相傳禪宗出自大迦葉。據佛經的記載，釋迦牟尼曾經在王舍城的多子塔前分半座給弟子迦葉，並且告訴他說：

「我有『正法眼藏』（又名清淨法眼。正，是佛心的德名，由於佛心能徹見正法，所以叫『正法眼』；又由於此心深廣，含藏萬德，所以叫『藏』。），密付給你，你得好好地護持著。」還吩咐侍者阿難幫他傳化，然後釋迦牟尼說了四句偈語：

法本法無法，
無法法亦法。
今付無法時，
法法何曾法。

這是佛經記載的迦葉受付囑的情形。不過後人似乎更樂意傳誦一則饒於趣味的傳說，就是：

有一次，釋迦牟尼在靈鷲山會上，梵王捧著金色的波羅花（Utpala，蓮花的一種，又譯作優鉢羅花）獻給他；並且捨身作床座，懇求世尊爲眾生說法。於是，釋迦牟尼拈花示眾，默不著聲。大眾都莫名其妙，只有金色頭陀——大迦葉會心微笑。世尊知道迦葉已經領悟了這一無言而生動的教訓，就當眾宣布說：

吾有正法眼藏、涅槃妙心。實相非相微妙法門，不立文字，教外別傳，今付囑摩訶迦葉。

禪宗，就在一朵光艷的波羅花和一個會心微笑之間誕生了。這傳說美麗有趣，象徵著禪的精神，因此，人們爲之神往。

後來，迦葉又以心傳心，將「心印」傳給了阿難陀。以後，脈脈傳流，燈燈續焰，大約二十七傳，到了第二十八代的祖師，叫菩提達磨。其中傳承的情形，連禪家都不去留意，這裏也就不縷述了。就打菩提達磨說起吧，因爲他是將禪帶到我國的播種者，後世尊他爲中國禪宗的初祖。

菩提達磨是南天竺國香至王的第三子，卻放棄了富貴，跟般若多羅出家，在師父身邊服勤了將近四十年。般若多羅圓寂後，他在南天竺演化了多年，才秉師父遺訓到中華行化。他在海上飄泊了三年。在廣東南海上岸，這時是南朝梁武帝普通八年（西元五二七年）。廣州刺史蕭昂親自接待他，並上表梁武帝；武帝派遣特使，把他迎接到金陵去。

武帝接見達磨時問他說：「自我即位以來，蓋了許多寺，抄了許多經，度了許多僧人，請問這有什麼功德呢？」

達磨回答說：「沒有功德。」

武帝問：「爲什麼沒有功德呢？」

達磨說：「這些不過是世俗的小果報而已，就像隨形的影子，看來實在，卻是虛空。」

武帝問：「什麼才是真功德呢？」

達磨說：「真功德是清淨圓融的智慧，本體空寂。這種功德不能用世俗的方法得到的。」

武帝又問：「什麼是佛法聖諦中的第一義理呢？」

達磨說：「根本就沒有『聖』這一概念。」

武帝又問：「既然無聖，那麼現在對我說話的人是誰？」

達磨說：「不認識。」

達磨明白機緣不怎麼契合，於是渡江北上，到了洛陽，然後寓止於嵩山少林寺。他經常面壁而坐，終日默然，人們就叫他做「壁觀婆羅門」。

那時有個神光和尚，他博覽羣書，善談玄理，但內心並未獲致真正的安寧。當他聽說達磨住止少林寺，就去參謁，想請他開示。但從早到晚，只見達磨面壁端坐，不發一言。博學多聞的神光知道古人爲求半偈而不惜捨命的榜樣很多，因此堅持不退，徹夜肅立在大雪中，拂曉，積雪已掩過膝蓋，達磨這才開口：「你久立雪中，可有什麼要求嗎？」

神光說：「只願和尚大發慈悲，敞開甘露之門，普度眾生。」

達磨說：「諸佛無上妙道，是經過無量時間的精勤，能行難行、能忍難忍，最後才能獲致的；豈是小德小智，隨便就可得到！」

神光表達了他求道的真誠。於是，達磨接納了他，爲他改名爲「慧可」。這時，慧可提出他的問題說：「我的心不安寧，請求師父替我安心。」

達磨說：「把心拿來，我替你安。」

慧可說：「我想找自己的心，就是找不著。」

達磨說：「好了！我已經把你的心安好了。」

當時的佛教，多解析精微；而達磨則濟以簡易直截，使人當下自悟。他的禪學最主要的就是「二入四行」——二入是理入和行入，理入是藉教悟宗，四行是報怨行、隨緣行、無所求行、稱法行。而他傳的經典，則四卷《楞伽經》而已。

後來，達磨又陸續收了幾個徒弟。他在嵩山住了九年，打算要回印度去，跟弟子們說：「我快走了，你們說說你們求道的心得吧。」

道副說：「如我所見，我們不該執著文字；可是也不可離開文字，因爲求道時，文字還是有它的作用的。」

達磨說：「你得到我的皮。」

女尼總持說：「我的心得就如慶喜見阿閦佛國，一見便不再見。」（阿閦是無動的意思。）

達磨說：「你得到我的肉。」

道育說：「地水火風，四大皆空，所以我們的感官就不是實在的。依我的見地，世間根本沒有一法可得。」

達磨說：「你得到我的骨。」

最後，輪到慧可，他向師父禮拜後，就退回原位，默默站著。

達磨說：「你得到我的髓。」

於是達磨對慧可說：「從前，如來將正法眼交付給迦葉大士，輾轉囑累到了我，我現在交付給你，你要好好護持著。」

然後他將袈裟傳給慧可說：「內傳法印，以契證心；外付袈裟，以定宗旨。」達磨是將禪宗傳來中國的第一人，雖然沒有造成浩大的聲勢，但是，一燈明而千萬燈明，以後禪宗的繁衍，就是以他爲起始，所以禪家尊他爲中土的初祖。而慧可就是二祖了。

慧可本是名學者，他卻奉不談學問的達磨爲師，當時受到一般學人很嚴苛的批評。後來，東魏遷都鄴城，他也入都宣化，卻被別的和尚指爲魔語，還勾結官府，要置他死命。自此，他的風格變得和光隨緣。他往來遊化，居無定所，過著苦行的生活。

由於他行腳無定，不參邑落，所以弟子不多，禪風也沒能開展。有一次，一個俗人來向慧可懺罪，慧可教他將罪坦白出來，懺罪的人猶豫良久，總說不出自己的罪根所在。慧可就勸他皈依佛法僧三寶了。懺罪的人說：

「我今天見到你，可說已經認識了僧；但什麼是佛？什麼是法呢？」

慧可說：「心就是佛，心就是法，佛、法是一體的；僧和佛、法也是一體。」

懺罪的人恍然大悟說：「我現在才明白罪性不在內；不在外，也不在中間……。」

於是慧可替他落髮，叫他做「僧璨」（璨、或作粲、燦），他就是我國禪宗的三祖。僧璨因爲遇上後周武帝毀佛，隱匿了十幾年，直到隋初才出來弘法。

隋文帝開皇年間，有個十四歲的小沙彌，名叫道信，他懇求僧璨給他解脫的法門。

僧璨反詰：「是誰綁了你來的？」

道信說：「沒人綁我呀。」

僧璨說：「既然沒人綁住你，爲什麼你要求解脫呢？」

道信大悟，但他還是繼續當了九年沙彌，才受具足戒。道信就是四祖。

道信是爲禪宗打開局面的重要人物。其所以能有突破性的發展，主要的原因是道信除了承受了達磨禪，也接受了南方佛學的影響——因爲他在江西住了將近二十年。本來，我國文化在北方的黃河流域，和南方的長江流域，往往表現了不同的精神——北方重實踐而詘玄想，南方則尚玄虛而少篤行。流行於南北長期分裂時的佛學，也有這種傾向，道信則兼有南北之長。而且，他所處的時代，正當隋唐大一統之際，政治上既定於一尊，思想上也趨於調和。道信的智慧，正符合時代的需要。再者，由於他的眼光過人，選擇了南北東西的交會點爲根據地，在湖北黃梅的雙峯山（又名破頭山）經營寺院，廣收門徒，大轉法輪，禪宗就這樣勃興起來了。以前，慧可他們過著雲水生活，來去不定，沒有生根，學者也不容易攝受，也就難怪不能造成聲勢了。道信既然把握機會，在黃梅立寺院、設道場，一住就是三十多年，的確是好好紮下了根，因此，會下有五百多人。他的禪學記錄在〈入道安心要方便門〉，見存《楞伽師資記》中。他除了秉承達磨傳下來的《楞伽經》以外，還兼採南方佛學重要的經典《般若經》。

有一天，道信在路上遇到個小孩，見他骨相奇秀，就問他說：「你姓什麼？」

小孩兒回答說：「我的姓並不是普通的姓。」

道信說：「那是什麼姓呢？」

孩子說：「是佛『性』。」

道信說：「難道你沒有姓嗎？」

孩子說：「『性』本來就是空的嘛！」

道信很器重他，特地派人到孩子家裏，請求他的父母讓他出家。這個小孩就是後來的五祖弘忍。

弘忍既紹祖位，又在黃梅縣北二十五里的憑墓山創立道場，因爲憑墓山在道信的雙峯山（即破頭山）東邊，所以世人稱弘忍所傳爲東山法門。弘忍在道信建立的規模上繼續弘法，他不擇根機普遍傳授，所以受學者多達七百多人，因而東山法門成爲中華禪學的主流，在佛教界有了崇高的地位。而且，弘忍還明確地樹立起教外別傳、不立文字、頓入法界、以心傳心的宗風。代表東山法門的著作是《修心要論》。

當道信宣化的時候，南方有位叫做法融（又作慧融）的和尚，他遍讀大乘經典，卻不拘於文義，是位禪教並重的高僧。有一次，他遇到道信，就跟他印證自己所解的空理，不久就悟解洞明。於是他在潤州（江蘇鎮江縣）的牛頭山形成了禪學的「牛頭宗」。代表牛頭宗禪學的著作是《絕觀論》，其根本精神是「空爲道本」、「無心合道」。牛頭宗雖然因中唐以後傳承中絕而湮沒無聞，但其禪學卻影響了慧能，融匯到曹溪禪學之中。

後來五祖門下分兩派：博學的神秀主張默坐觀靜；單純的慧能主張見性得道。神秀出名較早，且處北方，接近政教中心，所以北派早期勢力較大；慧能起步稍晚，又僻處南方，所以當時聲勢略遜。但慧能滅度後，嗣法者四十三人，各爲一方師，分傳甚盛；尤其是他的弟子神會在天寶初入洛提倡南方宗旨，於是南頓逐漸超越了北漸。加以後來會昌法難，拆了佛寺四千六百多所，招提蘭若四萬多所，經典的損失，諒不在少數，由於南頓禪風著重參話頭、用棒喝，經典的損失，對其影響較小，因此，比較能適應環境，這又是後來南頓大興的另一因素。

神會一支，雖大放異彩於一時，後來卻和慧能門下大部分嗣法者一樣，在唐朝就寥落了。

在慧能門下，只有南嶽懷讓禪師和吉州青原山行思禪師二流，繁衍到後世。懷讓傳江西道一禪師（道一俗姓馬，後人稱他「馬祖」，在禪師中稱俗家姓氏的只有他一人），馬祖道一傳洪州百丈山懷海禪師。懷海門下有兩位大弟子，一位是洪州黃蘗山希運禪師，一位是潭州溈山靈祐禪師。黃蘗希運傳鎮州臨濟院義玄禪師——他就是「臨濟宗」的開山祖。溈山靈祐傳袁州仰山慧寂禪師——「溈仰宗」。至於青原行思的大弟子南嶽石頭希遷禪師，本來是六祖慧能度爲弟子的，但還沒具戒，慧能就圓寂了，勤勉的希遷忽然失去了導師，於是又到青原山跟行思禪師學道，悟道後，在唐玄宗天寶初年行思推薦他到南嶽衡山的南寺去，南寺東邊有塊高大平坦的石頭，希遷就結庵在上面，因此人家都叫他做「石頭和尚」。石頭希遷傳澧州藥山惟儼禪師、和荊州天皇寺道悟禪師。惟儼傳潭州雲巖曇晟禪師。曇晟傳筠州洞山良价禪師，洞山良价傳撫州曹山本寂禪師。崇信傳朗州德山禪院宣鑒禪師。宣鑒傳福州象骨山雪峯的義存禪師。義存下又分兩家：一位是韶州雲門山文偃禪師——「雲門宗」，一位是福州玄沙山師備禪師，師備傳漳州羅漢院桂琛禪師，桂琛傳昇州清涼院文益禪師——由於五代後周給他的謚號是大法眼禪師大智藏大導師，所以這一宗叫「法眼宗」。

現在將禪宗五家列表於下：

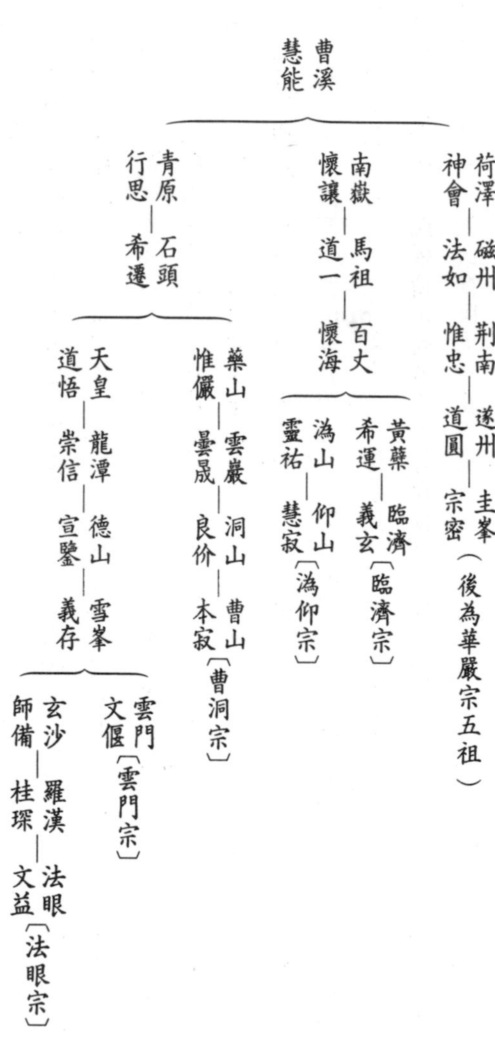

禪分五宗，但其道則一，只是各宗誘導學人，令開佛知見的接引眾生機緣而演化爲各種風趣獨特之門風。大抵：臨濟宗往往用棒用喝，機鋒峻烈，其接化的手段熱烈辛辣，溈仰宗是事理並行，語默不露，明暗交馳，體用雙彰；曹洞宗出語含蓄，正偏相資；雲門宗是簡潔明快、不待躊躇，在片言隻句之間藏無限的旨趣、無盡的鋒芒：法眼宗往往使用最平常的語句而自藏機鋒。總之，他們應機施教，都是採用很新鮮的方法，來觸發學人的靈機。師家接引，有時如山崩電捲，讓人緊張；有時態度風趣，出語幽默，讓人輕鬆；有時言語含蓄，甚至完全沉默，使人懷疑；有時更有其他出人意表的動作言語，令人驚訝。他們的原則都是要學人不要落入舊概念的圈套裏，不要從事推理活動，而以整個完全的人去觀照自性。所以五宗是殊途同歸的，這大概是應了「一花開五葉，結果自然成」的偈語了。

到了宋代除了臨濟一宗，其他都趨於衰微；而臨濟門下，又分出楊岐、黃龍二派。不過曹洞宗綿延到宋末，忽轉隆盛；而臨濟門下黃龍一派傳了幾代也斷絕了，於是又恢復了臨濟的舊稱。元代禪宗頗受喇嘛威脅，禪者散處四方韜光晦迹，於是，心燈光燄，搖搖欲墜。但是，臨濟、曹洞二宗畢竟還是傳下來了。明清兩代禪宗似乎並沒有注入新生命，但臨濟、曹洞仍然不絕如縷流傳到今天，而且還東漸日本，進而受西洋學者的注意。這是禪宗流傳的大致情形。

二、慧能傳略

慧能俗姓盧，本籍是河北范陽（河北涿縣）。可是他的父親盧行瑫在唐高祖武德年間（六一八—六二六年）被流放到嶺南新州（廣東的新興縣），唐太宗貞觀十二年（六三八年）慧能就生於新州，傳說在他初生時就有異僧來爲他取了「慧能」的名字。當時這一帶種族複雜，難免被中原人目爲蠻風獠俗。

他從小就失去了父親，跟寡母過著極清苦的日子。長大以後，靠賣柴來贍養母親，根本沒有讀書識字的機會。

有一次，他在市場賣柴，有個旅客要他送柴到客店去，當他送了柴得了錢，剛走出店門口，聽到有個客人在誦經，當他聽到：「應無所住而生其心。」忽然深受感動。於是他就問那人誦的是什麼經？那人告訴他是《金剛經》。他又問那人經是從那裏得來的？那人說：

「我是從（湖北）蘄州黃梅縣東禪寺來的，五祖弘忍大師在那兒主化，門人有一千多人，我就在東禪寺聽他講這部經的。弘忍大師無論對僧侶俗人，都勸說：只要守著《金剛經》，把握精義，就能見性，直接明白人生的究竟而成佛。」

慧能聽了，滿心歡喜，就急著要去求法，但一想到母親生活無著，又很爲難。幸好有個好心的客人，慷慨拿出十兩銀子給他作爲母親的生活費用，鼓勵他專心到黃梅參拜五祖。

慧能將母親的生活作了妥善的安排後，辭別母親，走了三十幾天，才到黃梅，立刻去參拜五祖。

五祖弘忍問他：「你是那裏人？來這裏做什麼？」

慧能回答：「弟子是嶺南新州的百姓。老遠來到這裏拜你爲師，就是爲了要成佛，並沒有其他的目的。」

弘忍見他誠實質樸，於是考驗他說：「你是嶺南人，根本就是沒有開化的蠻人，怎麼成得了佛？」

慧能立刻回答：「人當然受到空間的限制而有南北的分別，但佛性是超然的，本來就不受環境的影響。我這蠻人的身體也許和你不同，但我們的佛性又有什麼差別呢？」

弘忍也不再說什麼，只叫他跟大家一起做工。慧能老遠趕來，急著要得到明師的指引，於是又問：「弟子自心常生智慧，覺得只要不離自性，即是福田，請問師父教弟子從事什麼好呢？」

弘忍說：「這個南蠻的根性倒也銳利，好了，不必多說。」於是派遣他到碓房工作。

慧能退到後院舂米的作坊，有個行者差他劈柴和踏碓舂米。每天要淨米三石。慧能就這樣辛勤地服務了八個多月。

有一天五祖到碓房，見到慧能，就對他說：

「我知道你的見解很有用，但是耽心別人嫉妒，反而害了你，所以不當眾跟你說破，你曉得嗎？」

慧能回答說：「弟子知道師父的用意，所以不敢走到堂前，免得旁人起疑。」

有一天，五祖召集學生，向他們說：

「你們都過來，我跟你們說：有限的人生最重大的事情，莫過是死生的問題；而你們一天到晚只是追求世上有限的福報，不去設法脫離生死苦海。要知道，要是自性迷失了，有限的福報又怎能救得了你們呢？你們先下去，從內心發現智慧，以證悟自己最根本的絕對的本性，再將所證悟的寫成偈子，給我看看。如果有人悟道，我就把衣鉢傳給他，讓他做第六代祖師。你們快去寫偈子，不要拖延，陷入推理活動就不中用了。能見性的人，一下子就能見性，即使在倉卒間也能見性的。」

門人聽了五祖的吩咐，回去後，就互相討論說：

「我們大家用不著專心用意去做偈子了，神秀上座，現成的就是我們的教授師，必定是他得到衣鉢的，我們胡亂作偈頌，也不過是枉費心力罷了。」

這話一傳開，全寺的僧人都在等著神秀作偈。謙虛的神秀風聞大家的話，覺得很爲難，心想：「大家都不敢作偈，爲的是我是他們的教授師，他們既然不作偈，我總得要作，否則師父怎知道我心中見解的深淺？我作偈的用意，如果是爲了求法，那就對了：要是爲了想繼承爲祖師，那就是惡——因爲這和世俗人爭奪名位有什麼分別？但是我不呈偈，就得不到法。唉！真是爲難。」

神秀作成了偈子，多次想呈上給師父，但總覺得心虛、不自在，四天裏，在弘忍堂前來回走了十三趟，還是不敢呈上。五祖堂前的走廊有堵牆，本來要請位畫家叫盧珍的來畫《楞伽經》變相和五祖血脈圖的。神秀既然不敢將偈子當面呈上，心想：不如就在牆上寫了，讓五祖無意中見到。於是在更深人靜的時候，親自打著燈，將偈子寫在牆上：

「身是菩提樹，心如明鏡臺，時時勤拂拭，勿使惹塵埃。」神秀寫了回到房裏，思潮起伏，坐臥不安，一夜沒睡。天亮以後，五祖見到牆上的偈子，覺得偈子比變相更有作用，他說：「凡是形相，都是虛妄的；還是留下這首偈讓人誦持的好。依著這首偈去修行，可以避免墮落到罪惡中。」於是他吩咐門徒都誦讀這首偈子。

不過到了三更半夜，五祖叫神秀入堂，問他說：

「這首偈是不是你作的？」

神秀回答：「是的。弟子不敢妄想繼承祖位；只盼望和尚慈悲，看看弟子是不是還有一點兒智慧呢？」

五祖坦白地指出：「從你所作的這首偈子看來，你還沒能見性，只是到了門口，還沒有進到門裏。凡人照著你的偈子去修行，可以免於墮落；你憑這種見解要求無上菩提，可就辦不到了。要得到無上菩提，一定要進到門裏——也就是必須見性。」

於是弘忍又吩咐神秀重新體會，再寫一首，看看是否進得了門。可是神秀總是心神恍惚，沒能突破，想了好幾天，終久還是作不成偈子。

正當神秀苦思不得的時候，有個小和尚唱誦著神秀的偈子，打碓坊經過，慧能正好聽到了，便問小和尚念的是什麼偈子？小和尚說：「你這蠻子連這種大事都不曉得……」於是原原本本將事情的經過敘述了一番。

慧能說：「上人！我在這裏踏碓春米八個多月，從沒有走到堂前去過，請帶我到堂前看看那首偈子。」

於是小和尚領著他到偈子前禮拜。慧能又說：

「我認不得字，請讀給我聽聽。」

這時正好有一位江州的別駕叫張日用的在場，他便高聲將神秀的偈子讀給慧能聽。慧能聽了，就對張日用說：

「我也有首偈子，想請別駕替我寫在牆上。」

張日用見他不過是個不識字的小工，很訝異地說：

「你也會作偈子？真是怪事！」

慧能正色告訴別駕說：

「要學無上菩提的人，就不能輕視初學的人，被人看成最下等的人，有的卻懷著極高的智慧；被人看作上上等的人，有的卻毫無見識。如果憑凡俗的價值判斷，隨便看輕別人，那就有無量無邊的罪過了。」

張別駕覺得這個還沒有受戒、不識字的小工說得極有道理，非常欽佩，就說：

「好的，就請你把你的偈子念出來，我替你寫上；要是你能得法，可要先度我啊。」

菩提本無樹，

明鏡亦非臺，
本來無一物，
何處惹塵埃。

偈子寫好了，圍觀的和尚都很驚訝，大夥兒議論著：「真不能以貌取人，怎麼曉得他竟是肉身菩薩。」

五祖見大家騷動，卻脫下鞋子，將偈語擦掉，說：「這首偈子也沒有見到本性。」眾僧覺得祖師說得對，也就散了。

第二天，五祖悄悄到了碓坊。當時慧能正在踏碓舂米，因爲個子瘦小，重量不夠，踏不動碓，所以在腰上綁了塊大石頭。五祖見了，非常感慨，自言自語說：「求道的人，一心爲法，就該像這樣忘了形體的辛勞痛苦吧！」接著，他問慧能：「米舂熟了嗎？」

慧能回答說：「米老早舂熟了，只是還沒有篩而已。」

五祖用杖敲了碓子三下就走了。慧能會意，當夜三更到了方丈，五祖也來不及爲他剃度，立刻爲他說《金剛經》。當弘忍說到「應無所住而生其心」時，慧能忽然大悟，知道宇宙間的一切道理都不離自性，於是對弘忍說；

「原來自性本來就是清淨的！原來自性本來就是不生不滅的！原來自性本來就是一切具足的！原來自性本來就是沒有動搖！原來自性本來就能生萬法的！」

弘忍知道慧能已經了悟本性，便對慧能說：

「如果不能認識本心，向外追求萬法是毫無益處的；要是能認識本心，見到自性，那才是真正的大丈夫，便是天人的導師，也就是佛！」

在更深人靜的夜裏，師徒的心靈完全契合了。於是，五祖毫不猶豫，將頓教的法門和衣鉢都傳給了慧能。要一個不識字，還沒有受戒的年輕俗人負起弘法的重任，五祖說：

「你現在就是第六代祖了，你得好好去做，廣度有情，流布將來，別讓心法斷絕了，請聽我給你的偈子：『有情來下種，因地果還生，無情既無種，無性亦無生』。」

這次傳法是在唐高宗龍朔元年（六六一年），慧能才不過二十四歲。

傳過法衣以後，弘忍恐有爭端，就命慧能連夜離去。由於慧能來東禪寺後，一直都在後院碓房舂米，不認得下山的路，弘忍就親自送他下山。到了渡口，弘忍叫慧能上船，打算親自搖艫渡慧能過江。慧能說：

「請和尚坐著，應當讓弟子來搖艫。」

弘忍說：「還是讓我來渡你。」

慧能說：「迷的時候是師父『度』弟子，弟子悟了以後，弟子就該自『度』。」

弘忍說：「對了！對了！今後的佛法，就靠著你發揚了，要興起佛法，是不容易的事啊。」

渡過了江，師徒分別，慧能向南而行。五祖回到東禪寺，幾天沒上堂。僧人都很奇怪，就去探望他，問他說：「和尚沒有什麼不舒服吧？」弘忍說：「沒有什麼不舒服，只是我已經將衣鉢傳到南方去了。」大家急著問：「傳給了誰？」弘忍回答說：「能者得之。」大家知道傳給了慧能，而且懷疑弘忍的決定是錯的。於是引起了很大的騷動，終於集合了幾百個僧人要去追回衣鉢。有個俗姓陳，名叫慧明的僧人，是當四品將軍出身的，身手矯健，脾氣急躁，領著大夥兒往南直追。追了兩個月，在大庾嶺，慧明首先趕上了慧能。慧能就將衣鉢放在路邊的大石頭上面，自己隱身在草莽中。慧明一見衣鉢，連忙用力去提，沒能提得動，於是趕緊行禮高聲叫喚說：

「行者！行者！我是為了求法而來，不是為了衣鉢。」

這時慧能出現了，端坐在磐石上。慧明立刻行禮說：「希望行者為我說法。」慧能說：

「你既然是為求法而來，那麼，就請先摒除止息一切外緣，斷絕一切思念。我就為你說法。」

慧明照著吩咐靜下心來，然後慧能又說：

「不要想到善，也不要想到惡。好，就在這個時候，你看到自己本來的面目麼？」

慧明猛然大悟。然後他又請益：

「剛才這些奧妙的話語裏存在著奧妙的意義，請問在更深處是不是還有更秘密的意義呢？」

慧能說：

「能跟你說的，就不是秘密；可是，只要你能觀照自己的本來面目，那秘密就和你同在。」

於是慧明更加通曉，感慨地說：「如人飲水，冷暖自知。」然後滿懷著欽服和滿足的心情下山，領著大眾回黃梅去了。爲了表示敬意，他避開慧能的「慧」字，將自己的名號改成「道明」。

慧能回到韶州的曹侯村，也沒有引起村民的注意，只有個儒士叫劉志略的，特別看重他。劉志略的姑姑是個比丘尼，叫無盡藏，時常誦讀《大涅槃經》，慧能一聽，就明白其中義理，有時也就爲無盡藏解說。有一次無盡藏有不認得的字，也拿來請教慧能，慧能說：「字我倒不認得。要問道理就請儘管問。」無盡藏說：「連字都不認得，怎能領會文字所代表的意義呢？」

慧能說：「諸佛的妙理，本來和文字就不相干。」

無盡藏非常驚異，遍告鄉里中的耆宿說：「這裏有位有道之士，我們該請來供養。」村民聽了，全都爭著來瞻仰禮拜。

村子附近的南華山上，有座古寺——叫寶林寺。相傳在梁武帝天監三年（五〇四年），有位西方來的和尚建議在曹溪上源建一梵刹，並且預言一百七十年後，有無上法寶在這裏演化，得道者如林。於是，蓋了座佛寺，梁武帝賜「寶林」爲額。但是到了隋末大亂，寺被焚毀，只留下故基。這時村民就在故基上重建梵宇，請慧能主持。慧能才住了九個多月，就有壞人結黨要害慧能。慧能躲到山裏，壞人還縱火焚燒草木要燒死他，慧能再躲到石洞裏，才逃得性命。

在以後的幾年裏，他究竟做了些什麼，我們無從確知。見於記載，我們只能約略知道他有時雜在獵人隊裏，隨宜說法；當獵人讓他守網時，他常將網裏的野獸放生。獵人都吃肉，他也只好將菜放在肉鍋湯裏煮來吃。

到了唐高宗儀鳳元年（六七六年），慧能三十歲，他覺得時機成熟，該出來弘法了，於是到了廣州法性寺，正遇上印宗法師在講演《涅槃經》。這時，有兩個和尚見到門前的旛子在風上飄揚，因而展開了一場辯論：一個說是風在動，一個說是旛在動。辯論得很激烈。於是慧能向前說：

「不是風動，也不是旛動，而是你們心動。」

此言一出，中止了熱烈的爭論，大家都愣住了。印宗法師立刻請這位旁聽者坐到上席，親自和他討論。當他發現慧能的話都很簡明，但句句都直截了當，不必憑藉推論，便說：「行者一定不是普通人，多年以前我就聽說黃梅的弘忍大師的衣法已經傳到嶺南，行者莫非就是他的傳人？」慧能說：「不敢當，我就是慧能。」印宗法師立刻向他行禮，並且請他將衣鉢拿出來讓大眾見識見識。於是印宗問他：

「弘忍大師傳法，傳授了些什麼秘密法門？」

慧能說：「他並沒有傳授什麼秘密法門，他只提到要見性，沒有涉及禪定、解脫。」

印宗很奇怪，說：「他爲什麼不論禪定解脫呢？」

慧能說：「因爲禪定解脫是二法，不是佛法，佛法是不二的。」

印宗又問；「怎樣才是佛法不二之法呢？」

慧能說：「善根有兩種：一種是常——經常不變的、一種是無常——變動不居的；佛性既不是變的，也不是不變的，不能分割，所以叫做不二——就是絕對的意思。有了善，就有相對的不善；而佛性既不是善，也不是不善，是絕對的，所以叫做不二。凡人將外界的刺激和自己的感受看成相對待的，這是凡人的迷誤：智慧的人明白萬物的本體是絕對的——他們知道善和惡，物質和精神，永恒和短暫這種對待性，是受到思想觀念所累的幻象。只有那超越相對待的本性，才是佛性。」

印宗聽了，滿心歡喜，合掌行禮說：「我講經就粗俗得像瓦礫一般；而你說的道理，卻如真金啊！」

於是他先爲慧能剃髮受戒，然後自己反過來拜他爲師。

大約在受戒後的第二年，慧能回到曹溪，住在寶林寺中，信徒漸增，當地的行政長官——韶州刺史韋據也成爲他的信徒，四方不遠千里而來向他求法、探討人生究竟的人，絡繹不絕。早已享有盛名的神秀大師都還派了弟子志誠南來聽法。慧能沒有辜負五祖的付囑，就在曹溪大轉法輪指引許多弟子，證悟了無上菩提。信徒爲他興建了十三所蘭若。

早先，神秀已經享有盛名，武則天晚年，召他進宮，特賜他坐著轎子上殿，武則天還親自向他跪禮，京城裏的王公士庶對他的崇敬就更不在話下了。可是，謙虛磊落的神秀，並沒有趾高氣揚；反而和另一位大有名聲的師兄弟慧安，誠懇地向武則天和中宗推薦慧能，說他繼承了五祖的衣鉢心印。於是，在唐中宗神龍元年，則天中宗特派內侍薛簡帶著詔書來迎接慧能進京受供養，但慧能卻以老病婉辭了。他就在曹溪弘法了三十六年，唐玄宗即位的第二年——先天二年（十二月改元開元，七一三年）的八月，他對弟子作最後的教訓後就圓寂了，在世七十六歲。

他沒有將衣鉢傳下去，但也因爲不受衣鉢的限制，禪宗南頓更能分頭並弘自由地茁長，蔚爲大宗。

三、慧能的禪學

「見性成佛」，是六祖說法的重心所在。在這裏，首先要說明的是他認爲人人都有佛性，所以人人都可以自悟成佛。

當他從廣東跋涉山川到湖北參拜五祖，告訴五祖他想成佛的時候，五祖考驗他說：「你是嶺南人，那兒蠻風獠俗，你怎能成佛呢？」慧能就回答說：「人雖然有南北之分，佛性可沒有南北之分；我這蠻人的身體跟你和尚不同，可是我們的佛性又有什麼差別呢？」

得道後，韶州刺史韋據請他到州中大梵寺說法，在第二天的說法，他開頭就說：「菩提般若的智慧，世人原來都有的，只是爲了心迷，不能自悟，這才需要智慧的人引導他去見性。可是大家要知道，愚人智人的佛性本來是沒有差別的，只是爲了迷悟不同，所以才有愚智之分。」

在同一天之中，他又說：「不開悟時，就連佛也成了眾生；一念悟時，眾生是佛。」直到滅度前付囑弟子時，他仍然說：「自性如果開悟，眾生是佛；自性如果迷妄，佛也成了眾生。自性平等，眾生是佛；自性邪險，佛是眾生。」

可見在他一生，他都認定人人都有佛性，從不動搖。基於此，他相信人人都可以自悟成佛，別人的引導，也只止於引導而已，成佛還是在自悟。

當他在大梵寺說法時，他諄諄勸誘大眾說；「萬法都在自己心中，爲什麼不從自己心中頓見真如本性呢？」

他又說：「本性就是佛，離開本性，並沒有另外一個佛的。」

韋據曾問慧能：「我常見僧侶信徒念阿彌陀佛，願生西方；請問和尚，這樣就能生西方嗎？」慧能回答：「……你雖是東方人，只要心淨就沒有罪過；縱然是西方人，心不淨也照樣有罪過的。要是東方人造了罪就念佛求生西方；那麼西方人造了罪，他們念佛又能求生哪裏呢？凡愚的人不明自性，不知道自己就有淨土，願生什麼東方西方；開悟的人到處都自在。所以佛說：隨所住處都是安樂的境地。你只要心地沒有不善，西方就在不遠；倘若你心懷不善，念佛也是枉然的。」（按：慧能並無毀謗淨土之意，其重點在於「心淨就沒有罪過」。）

有一次，六祖要爲大眾懺悔，剛一升座，他就開口說：「來！各位善知識，要懺悔就得從自性中興起，在一切時中每一念都要清淨自己的心地，自修自行，見自己法身，見自心佛，自度自戒才行。」

在這次會中他又說：「眾生要各各自度，才是真度。」

當他勸人受三歸戒，提起歸依佛時，他立刻告誡大眾：「說到歸依佛，佛在何處？如果不見佛，憑什麼歸依呢？空口說說只不過是虛妄罷了。各位，你們要各自觀察，不要錯用心，經文分明說『自歸依佛』，並不是說『歸依他佛』，不歸依自佛，就無處可依了。」

人之所以能自度，是因爲人人都有佛性，又因爲人人都有佛性，所以佛性就是自性。因此，人要成佛，就得見性——也就是見自性、本性、自本性（性字有時也用含義相同的心字來代替，可是心字的用法不及性字來得確定。）

說到「見性」的「見」字，不是生心動念去見，因爲有意要去見什麼，此見即是妄，而且反成無明而迷卻自性。也就是說，如果要見性而介入任何技術造作爲工夫，性就不見了。性爲什麼如此呢？性又是什麼東西呢？性是哲學家所謂絕對的本體，是不能言說的，因爲所謂本體、所謂自性，都只是個假名而已，誠如老子所說的：「道可道，非常道；名可名，非常名。」

如果要說不可說，而且從世俗的觀點來說，「性」也許可以說是每人生命的主體，是每人未受一切外緣感染障蔽的本來面目——真我。但這樣說了，到底還如不說。有一回，六祖對大眾說：「有一事物，無頭無尾、無名無字、無背面，大家認識不認識？」神會說：「這是諸佛的本源，也是我神會的佛性。」六祖立刻斥責說：「才跟你說過無名無字，你立刻叫做什麼本源、佛性。」

這一本體、自性、真我之所以不可言說，是因爲「它」是絕對的，超越一切現象，超越一切相對待的二法。但這裏說的超越，並非脫離；因爲它又涵蓋了這一切，自性是非空非有而亦空亦有；非動非靜而攝動攝靜的。總之，他和一切事物不即不離。

由於自性超越現象界，所以它是超越形象的。五祖弘忍說過：「凡所有相，皆是虛妄。」而六祖慧能也說：「般若無形相。」南嶽懷讓也說：「說似一物即不中。」

有一次，慧能在山林裏用清泉洗濯弘忍傳給他的袈裟，有個叫方辯的和尚要求看看那祖師相傳的衣鉢，慧能給他看了，然後問他專攻什麼事業，方辯說他善塑佛像，慧能就叫他塑個像看看。過了幾天，方辯塑成了一尊七寸高的像，栩栩如生，慧能看了笑著說：「你只善於塑性，而不解佛性。」因爲佛性就是本來面目，沒有形相，如能塑造，就不是本來面目了。

自性雖然超越了形象，但也不是什麼都沒有的空。慧能說：「心量廣大，猶如虛空，無有邊畔、亦無方圓大小、亦非青黃赤白、亦無上下長短、亦無瞋無喜、無是無非、無善無惡、無有頭尾。諸佛刹土，盡同虛空。世人妙性本空，無有一法可得，自性真空，亦復如是。」當他說明自性如虛空，既沒有任何範圍、形式、顏色、位置，無從感覺，也不受時間的支配。可是他唯恐聽眾將其體會做什麼都沒有的空白，所以他立刻就接下去說：「莫聞吾說空，便即著空。第一莫著空！若空心靜坐，即著無記空。」他又說：「世界虛空，能含萬物色像：日月星宿、山河大地、泉源溪澗、草木叢林、惡人善人、惡法善法、天堂地獄、一切大海、須彌諸山，總在空中，世人性空，亦復如是。」他又對大眾說：「自性能含萬法是大，萬法在諸人性中。」因此，慧能雖然強調「外離相爲禪。」但他畢竟還要說：「外於相離相，內於空離空」的。因爲，若全著相，即長邪見；若全執空，即長無明。都不是般若智慧，也都沒有見性。一定要心如虛空而能不著空見，方得見性。

自性既然超越形象、離相離空，因此必然也超越了時空。空間概念的形成，是由於事物的填充；時間概念的形成，是由於事物的變遷。康德稱空間爲外感覺，時間爲內感覺。而時間的存在，只是現象的延續，沒有延續的現象，便沒有人能指出時間。我們的祖先早已認識這一情況，所以，他們一說「世界」、一說「宇宙」，都是包括了時間和空間的。然而，在著重分析的哲學家的說法，最初以爲空間的含義是指深（上下）、廣（左右）、袤（前後）三度空間：後來才加上時間，而成深、廣、袤、久四度空間，輓近才又加上心識，變成五度空間。自性既然超越時空，也就是說它是超越常與無常，超越生滅、動靜、來去、內外，乃至於生死的。

在這個物量充塞空間、忙碌占滿時間的世界，我們覺得一切都是變動不居的。昔人還懷「物是人非」、「桃花依舊」的惆悵；現在我們卻是物非人非，而連桃花也不知是何處去了。我們感覺一切都是無常的，找不到一個確實的立足點。因此，我們急著要找一點永恒的事物來依靠，然而，這都是不對的。慧能說：「佛性非常；非無常。」

有個叫志道的和尚，自己讀《涅槃經》，發生極大的困惑，跑去向慧能請教說：「一切眾生應該都有色身和法身二身。色身是會生老病死、是無常的；法身是永恒的，但卻無知無覺。但是經上說生滅都滅了以後，以寂滅爲樂。不曉得到底是哪個身在受樂？要說色身受樂嗎？色身滅時，地水火風四大分散，全然是苦，受苦就不能又說是樂了，要說法身受樂嗎？法身寂滅，沒有感覺，就像草木瓦石一般，還能受什麼樂呢？而且法性是生滅的體，色、受、想、行、識這五蘊是生滅之用——一體有五用。生生滅滅，是經常不變的道理，生就是從體起用，滅就是攝用歸體。如果寂滅了還能更生，那就是有情的眾生，不斷不滅；倘若不讓更生，那只成爲沒有感覺的草木瓦石。這樣一來，一切諸法，都被涅槃（寂滅）所禁伏，連生都不能，還有什麼可樂呢？」慧能說：「你是個佛徒，怎麼學習外道斷常的邪見，用這來議論最上乘的佛法呢？據你的說法，色身以外還另有個法身，這個法身能脫離生滅無常而求於寂滅；你又認爲涅槃常樂有個身來受用。那是執著生死的觀念，沉迷於感官的享受啊。你要知道：一切迷人都誤認色、受、想、行、識五蘊的和合就是自我，又將其餘一切和自我對立起來，認爲是外塵相。喜歡活著，生怕死掉，念念遷流，而不知道自己的感覺和想法都像夢幻般的虛假。冤枉受著輪迴的支配，不得自在；反而將涅槃常樂當作苦相。一天到晚，忙著向外馳求，而不得解脫。佛見眾生如此，而生悲憫，所以才啟示了涅槃真樂。實際上，在剎那之間，是沒有生相和死相的分別的。所以，根本就沒有生滅可以滅，到這地步，寂滅就自然顯現；可是所謂顯現是沒有形量的。這才是常樂此樂，這一常樂，既沒有可受的主體，也沒有不受的主體。那裏有你說的一體五用呢？更何況你還說涅槃禁伏諸法，令其永遠不生，這簡直就是謗佛毀法了。」

於是慧能念了三十二句的偈語，志道聽了他的言說和偈語之後，大徹大悟，滿心歡喜。偈裏有一句是「二邊三際斷。」三際，就是過去、現在、未來。二邊是斷見和常見——斷見是執著人的身心斷滅不續生的妄見，也叫做無見；常見是固執人的身心在過去、現在、未來都常住而沒有間斷的妄見。這兩種極端的見解都是邊見而不契中道。可見慧能的禪學是超越常和無常的。

有個叫智隍的禪師，早先參謁過五祖，自以爲已經證悟了，二十幾年來，都在庵裏坐禪。慧能的弟子玄策雲遊到河北，聽到他的大名，就去造訪，問他說：「你在這裏做什麼？」智隍說：「我在入定。」玄策說：「你說入定，那麼，你是有心『入』呢？還是無心『入』呢？倘若你從無心入，那麼一切無情的草木瓦石，應該都達到定的境界；如果是從有心而入，那麼一切有情含識的眾生，也應該都達到定的境界了。」智隍說：「在我入定的時候，不見有無之心。」玄策說：「不見有無之心應該是常定，那就不該有『出』有『入』；既然有出有入，就不是常定——就生有無之心。」智隍不能反駁，啞口無言了一陣子，才問玄策說；「你是跟誰學的？」玄策說：「我的師父是曹溪六祖。」智隍問：「六祖禪定的工夫是怎樣的？」玄策說：

「我師父所說的：禪是妙湛圓寂，體用如如。色、受、想、行、識本來是空的，色、聲、香、味、觸、法也不是實在的。所以禪是不出不入，不定不亂。禪的特性是流通的，要不執著才能圓寂；……」智隍聽了，半信半疑，於是跋涉山川，直接到嶺南參謁六祖，具述前緣。慧能告訴他說：「玄策說的沒錯，只要你心如虛空而又不執著空的觀念，你就能應用無礙、動靜無心，忘情於凡聖的差別，泯滅了主客的對立，自然性相如如，無時不是禪定了。」智隍大悟。

玄策有一次到永嘉（浙江溫州）去拜訪玄覺禪師。玄覺少習經論，精天台止觀法門；後來因爲有《維摩詰經》而悟見心地，就是沒有印證的機會。於是，玄策陪他到曹溪參謁六祖。玄覺一見六祖，遶著他走了三匝，振動錫杖，也不作禮拜，就迫不及待地要求六祖立刻將人生究竟告訴他。六祖說：「當和尚的應該具備許多禮儀的，大德你是從那裏來的？怎麼對我這般簡慢？」玄覺說：「生死事大，無常迅速。在了解人生究竟以前，我可沒有那麼多閒工夫，顧不了那些禮節了。」六祖說：「爲什麼不體會無生無滅的道理呢？爲什麼不去明白無所謂時間呢？」玄覺立刻明白過來說：「我已經了解本體是不生不滅，也無所謂遲速了。」六祖說：「這就對了。」玄覺這時才從容向六祖禮拜。過了一下子，剛從遠道來的玄覺就要告辭回永嘉去。六祖就考驗他說：「你這就回去，不是太快了嗎？」玄覺回答說：「真我是不變不動的，難道還有什麼快不快嗎？」六祖又問：「那麼是誰知道不變動的道理呢？」玄覺說：「這樣說，就是你自己有了主客對待的分別觀了。」六祖說：「你已經得到『無生』的意思了。」這看來是句稱讚的話，其實仍是在考驗玄覺。於是玄覺說：「既然無生，怎會有意？」六祖說：「既然無意，誰是發生分別觀的主體呢？」玄覺說：「發生分別觀的根源，並非意識。」這時，六祖認爲玄覺已經通過了他的測驗，這才說了一聲：「善哉！」於是挽留玄覺住了一夜再走。當時的人就稱他爲「一宿覺」。

在慧能要滅度的一個月前，他告訴門徒，他將在下個月離開世間。弟子們都很悲哀。慧能告訴他們不必悲哀，說明了「法性本無生滅去來」的道理，然後又念了一首〈真假動靜偈〉，其中有幾句說：「有情即解動，無情即不動；若修不動行，同無情不動。若覓真不動，動上有不動；不動是不動，無情無佛種。能善分別相，第一義不動。但作如此見，即是真如用。報諸學道人：努力須用意，莫於大乘門，卻執生死智。」

以上所舉的許多例證，總是將生死、內外、來去、動靜跟常和無常等混合在一起，其所以如此，是因爲這些都是時空的問題。其中內外、來去、動靜、變化等是時間形式，同時也是空間形式，這是不言而喻的。至於生死，也是一個時空形式，因爲生時必定占有一個空間，而死後軀殼分解，空間形式也就變易了；而由生到死的一段歷程，當然便是時間。因此前揭諸例，往往將看來有分別，實際上相通的問題扯在一起，這是必然的事。所以，慧能到了臨去世的當天，還殷殷誨示門徒說：

要識自本心，見自本性，體會無動無靜、無生無滅、無去無來、無是無非、無住無往的道理。我耽心你們心有迷障，不能體會我的意思，所以在這個時候還要叮嚀你們，要你們能見性。

自性既然沒有形象、沒有範疇、超越時間、超越空間，自然就無所謂主體和客體了。主體是自我的意識；客體是自我以外的一切環境。慧能說法，總是要泯滅主客的對立的。他認爲有了人我對立的觀念，自性就受拘限，使自我和一切隔絕，彷彿中間隔著大山似的，所以他說：「人我是須彌。」因此，必須除去人我之見，才能消滅當中的隔閡，而使自我恢復本然面目內外明徹，所以他又說：「除人我、須彌倒」。要除人我，根本上要無我，「有我罪即生」，更不要說「吾我自大」了。無我，才能夠「能所俱泯，性相如如」（「能」就是主體，「所」是客體）。

有個叫智常的和尚，自幼出家，多年來，一心要見性。有一次，他到洪州白峯山參謁大通和尚，住了三個月，並沒有得到大通的教誨，由於求法心切，一夜，他單獨進入方丈，請求大通和尚垂示心要說：「請問什麼是我的本心本性呢？」大通說：「你見到虛空嗎？」智常說：「見到。」大通說：「你見到虛空有什麼相貌嗎？」智常回答：「虛空沒有形量，那裏會有相貌呢？」大通說：「對了，你的本性就像虛空，什麼也見不到，這就叫正見；也沒有一物可知，這就叫真知。真知真見是見不到青黃長短，只見到本源清淨、覺體圓明。這就叫做見性成佛，也叫做如來知見。」智常聽了，還是沒有覺悟，又去參禮慧能，將這段對答一一說了，請求開示。慧能告訴他，大通的話，還是存了知見，因此不能令他徹悟。當慧能點出了癥結所在，又開示了八句偈語，智常就豁然開悟，也做了首偈，開頭四句是：「無端起知見，著相求菩提，情存一念悟，寧越昔時迷？」有知見就是有主客的對立；因爲有了主客的對立，才有知見的主體，也才有可知可見的對象。一定要能所俱泯，才能體悟到：青青翠竹，盡是法身；鬱鬱黃花，無非般若。

自性既然無知見的主體，也沒有可知見的客體，所謂邏輯，自然也就派不上用場了。因爲邏輯不過是人從腦筋裏整理出來的理路而已，並非事實的本身。然而，人們總以爲決定思想的那些理則是自然的、普遍的。因此以爲在某一文化體系中不含邏輯的，在其他文化體系中必定也不合邏輯。實際上，是不是如此的呢？

亞理斯多德的邏輯是以同一律（A是A）、矛盾律（A不是非A），和排中律（A不能是A又是非A）爲基礎，而爲許多人認爲是不容懷疑的鐵則。然而，在我國或印度的思想中，卻不一定完全同意這種理則。「正言若反」的老子就常說些：「爲無爲，事無事，味無味」，「知不知上，不知知病，夫唯病病，是以不病；聖人不病——以其病病，是以不病」，「上德不德，是以有德」之類的話。莊子也常說這類的話，例如：「物無非彼，物無非是」，「是亦彼也，彼亦是也」；「方生方死，方死方生。方可方不可，方不可方可。因是因非，因非因是」。佛經中更是常見，例如《金剛經》就說：「所謂佛法者，即非佛法」，「如來說三十二相，即是非相，是名三十二相」，「是實相者，即是非相，是故如來說名實相」，「如來說：第一波羅密，即非第一波羅密，是名第一波羅密」，「如來說：一切諸相，即是非相。又說：一切眾生，即非眾生」，「說法者，無法可說，是名說法」這種邏輯，完全與亞理斯多德的邏輯不合。但是，這種邏輯認為「A」與「非A」在作為「X」的表述時，並不互相排斥，這也可以成立。在這裏，不必比較二者的優劣，但人們腦裏的思路是可以不同的，所以邏輯是相對待的二法，不能經由它獲致絕對的一法。

所以，當五祖準備簡擇繼承衣鉢的人，令門徒各作一偈，以為見道深淺的憑據時，就提醒門徒：「思量即不中用。」意思是說，如果陷入推理活動，自性就不見了。慧能繼承祖位後，也告誡過弟子說：「諸大聲聞乃至菩薩皆盡思共度量，不能測佛智。」又云：「諸三乘人不能測佛智者，患在度量也。饒伊盡思共推，轉加懸遠。」任何人——無論是大乘、中乘、小乘都不能用推理的手段去測度佛智（即自性），縱使集結眾智，也還是緣木求魚。

自性超越一切現象界，語言自然是無可表述，因為語言只是一種記號而已（這裏的語言，包括了文字，因為兩者的作用是相通的）。莊子說過：「筌者，所以在魚，得魚而忘筌；蹄者，所以在兔，得兔而忘蹄；言者，所以在意，得意忘言。」〈大乘起信論序〉亦云：「真心寥廓絕言象於筌蹄。」真心真意，跟言象並非一體，言象只是符號而已，就如筌、蹄並非魚、兔一般。

語言是團體制定的契約，也是社會風俗的一組，其本身只是一種記號，記號是人為的，也是後天習成的；而且連記號所能引起的那點作用也全是人爲的、習成的。吳偉士（Rahert S. Woodworth）和馬國士（Donald G. Marguis）合著的《普通心理學》提到：人的手因強力的電震而甩開，是一種自然反應，但是如果在每次電震以前，先示以閃光，這種程序每分鐘重複兩次，過了一個小時，許多接受試驗的大學生都會一見閃光縱無電震，也會產生反應。至於最著名的試驗，是一九〇四年諾貝爾醫學獎得主巴甫洛夫·伊凡·彼德羅維契（Pavlov Ivan Petrovich）的試驗，即在鈴聲響了大約十五秒鐘以後，就餵餓狗食物。幾分鐘後，重複同樣的刺激順序（鈴聲——食物），在幾次重複以後，只要聽到鈴聲，縱無食物，狗就流出口涎了。然則，語言之作爲記號，其作用類此。所以，直接通話，與用鐘聲、鈴聲、鑼、鼓、號角、旗號或電報密碼來傳達消息，其作用都是相同的——都是記號。

由於語言這種記號是人爲的，後天習成的，必定受到時、空，以及生活習慣的支配；因此，今言和古語有別，語族間的語言不同，而不同階層或職業的語言有時也不相通。也就是每種語言都有缺陷。茲舉例如次：

畜牧的人，對於牲口有獨到而精細的識別；對毛色不同的馬，可以有駮、駁、駪、駓、駰、騂、騑、騵、騣、騔、騅、騧、騜、騩、驃、驄、驊……等不同的表述語；對不同年齡的馬又有駉、駭、駒、駣、馴、駘……等表述語。至於馬的種種動作和功用，更有許多表述語。然而，沒有經驗過畜牧生活或沒有努力學習這種語言習慣的人來說，這些表述語只能給予一個「馬」的概念而已。

又如生活在冰天雪地的愛斯基摩人對於地上的雪、下降的雪、漂流的雪、積雪識別精細而有著不同的表述語，這對於生長在熱帶的人來說，簡直就是夏蟲不可以語冰了。

再如彩虹的顏色，利比亞的拔塞語只有寒暖二色，羅得西亞的雪那語看作四色，英國人看作六色，而我們則習慣說虹有七色。其實，虹的彩色，是看你能說多少就有多少的。而人們卻總是以表述語來認定事實。

就以上的例子看來，語言的範圍畢竟是有限的、有缺陷的。然而，語言學家卻指出：我們的思考活動，說不出語言記號的作用；易言之，我們所謂的思想，實際只是內在的組詞活動——有的學者更乾脆說思想就是內在的語言。語言是如此的不實在，而我們卻憑藉它來思考，靠它來建立觀念，透過它來認識世界，體驗生活。我們對語言的執著，就如守財奴對鈔票的執著，也像吉士之用情於媒婆。禪者知道語言不是事實，而他們要見的卻是「本來風光」，於是，有了「不立文字」的說法。

知道語言只不過是事物的記號，不足以表詮至道，這種見地，不是禪宗所獨有，也不是佛教所獨有。老子說過：「知者不言，言者不知。」《論語》亦云：「子曰：予欲無言。子貢曰：子如不言，則小子何述焉？子曰：天何言哉，四時行焉，百物生焉，天何言哉。」但是，最強調這點的，還是禪宗，大約是佛教經典的迻譯，到了這時，已經大備。然而信徒真正得道的可能不多。因爲從印度翻譯過來的佛典，其名相繁雜困人；而信徒又極敬重經典，不敢稍有逾越。於是，學者每在名相的概念裏打轉，脫身不得。因此，禪者就特別強調「不立文字」，而形成一派的宗風。規在，略述慧能對語言文字的看法：

當慧能得了衣法，從黃梅南下，在大庾嶺被慧明趕上的時候，慧能令慧明有所開悟後，慧明還要求慧能說些密法。慧能說：「能對你說的，就不是密法；你要是用智慧返照，就知道密法就在你身邊。」於是慧明說：「如人飲水，冷暖自知。」當他在韶州曹侯村爲無盡藏解說《大涅槃經》的妙義的時侯，無盡藏執卷問字，慧能說：「字即不識，義即請問。」無盡藏說：「字尚不識，焉能會義？」慧能說：「諸佛妙理，非關文字。」在廣州法性寺，論過風旛，印宗請他坐到上席，徵詰奧義，認爲慧能「言簡理當，不由文字。」

在韶州大梵寺開講的時候，他說：「世人終日口念般若，卻不識自性般若，這就好像空口喊著吃，還是填不飽肚子一般。只知道嘴裏說空，萬劫也不得見性，畢竟是沒有益處的。」他又說：「迷人口念，當念之時，有妄有非。」又說：「要用知慧時常觀照，不要憑藉文字。」他爲智通解釋《楞伽經》中的疑義時，就提醒智通要他「莫學馳求者」，又說「但用名言無實性。」

但是佛法本來是佛爲凡夫說的，不是說給佛聽的。而凡夫總是憑感官和外界接觸的，所以語言文字仍不失爲一種重要的傳達工具。因此，釋迦牟尼以來，傳下無數經典，而慧能也用語言爲方便，這是有其不得已之處。可是，歷來聖賢，都只是用語言文字爲津梁：而不容學者執著語言文字，爲其所繫縛。

有個和尚叫做法達，七歲就出家，時常念誦《法華經》，念了三千部，可是儘管嘴裏念得滾瓜爛熟，心中仍然疑難重重，就去請教慧能。慧能不識字，教法達先將《法華經》念一遍給他聽，念到〈譬喻品〉，慧能已經了解其宗旨，於是止住法達，叫他不必再念，然後他扼要地開示了《法華經》的宗旨。而且告訴法達，像他這樣苦苦以念經爲功課，是舍本逐末的。法達聽了，就問慧能說：「這樣說來，只要了解經義，就用不著念經嗎？」慧能說：「經典有什麼罪過，怎會不讓你念？只是迷悟還是在人，讀了經能得到多少益處也全在自己。嘴上誦讀、心裏修行，那就是你在轉經；只在嘴上誦讀、心裏不去修行，就是你被經轉了。」慧能還念了首偈說：「心迷《法華》轉，心悟轉《法華》。……」法達聽了，不覺悲泣，感慨說：「我這些年來實在沒有轉過《法華經》，都是被《法華經》所轉啊。」

語言文字，仍有其功效，但不能執著，所以當慧能開導志道（見前）以後，念了首偈語，最後四句是：「吾今強言說，令汝捨邪見；汝勿隨言解，許汝知少分。」慧能晚年，召集了十大弟子，告訴他們，在他滅度後，他們都要爲一方師的。於是教他們說法，傳授了三科三十六對的方便。然後，他說：「共人言語，外於相離相，內於空離空。若內著相，即長邪見；若全執空，即長無明。執空之人有謗經，直言不用文字。既云不用文字，人亦不合語言；只此語言，便是文字之相。」又云：「直道不立文字，即此『不立』兩字，亦是文字。見人所說，便即謗他，言著文字。汝等須知，自迷猶可，又謗佛經；不要謗經，罪障無數。」可見自性超越語言文字，並不是脫離語言文字，它和語言文字也是不即不離的。

總之，自性是一，也是一切，自性本來清淨，也是本來具足。

那麼要如何才能見性呢？首先就是來個徹底的否定。誠如黃蘗希運說的：

塵勞迥脫事非常，緊把從頭做一場；不是一番寒徹骨，怎得梅花撲鼻香？

然而，爲什麼要見性成佛，必須先從否定入手呢？首先要知道：「佛本爲凡夫說，不爲佛說。」而凡夫跟佛的分別是「前念迷即凡夫，後念悟即佛。」也就是說：要從迷到悟，才必須以否定爲手段。一般人爲什麼是迷的呢？心理學家佛洛姆（Erich Fromm）說得好：「一般人雖自以爲是醒著的，實際上卻是半睡的。半睡的意思是說他跟事實的接觸是十分片面的；他所以爲的事實（他之內的，和他之外的），大部分只是由他的頭腦所構成的一組假象。」

佛家提到六塵（色、聲、香、味、觸、法）、六根（眼、耳、鼻、舌、身、意）和六識（眼耳鼻舌身意對色聲香味觸法發生了別的認識）是假象。關於前五識只是感官受到刺激，寫象於心中而別無比較、推論及追憶等複雜的作用，說它們只是因緣的湊合，並不實在，現代人大約都可以接受。可是「意識」卻是我們最引以自豪，認爲最實在不過的，靠著它，我才成爲我。然而，對「意識」和「無意識」有精到研究的佛洛姆卻說：「意識和無意識是受社會所制約的。凡是能通過社會的三重過濾器（語言、邏輯和禁忌）的情感與思想，我們才能夠覺察。」也可以說，我們的意識往往經過扭曲而變形的，並不是本然的風光。慧能則以譬喻來作說明，他說：「小根之人……亦復如是，元有般若之智，與大智人更無差別，因何聞法，不自開悟？緣邪見障重，煩惱根深，猶如大雲，覆蓋於日，不得風吹，日光不現。」由於我們經常處於外緣內擾的情況，以致所謂的意識，往往只是妄念和邪見而已。因此，必須先放下一切外緣，來個懸崖撒手，才能談到見性。所以慧能說：「如天常清，日月常明，爲浮雲蓋覆，上明下暗，忽遇風吹雲散，上下俱明，萬象皆現。」

說到徹底否定，慧能在黃梅東禪寺做的偈語就是最好的例子——「菩提本無樹，明鏡亦非臺；本來無一物，何處惹塵埃。」不但物非物，連心也非心；從無始以來，本來就無一切事事物物，則又有什麼塵埃可以惹呢？這正是一空一切空。

然而，生命是肯定的，禪也是肯定的。人不能生活在否定之中，禪也不是建立在否定上。所以當五祖見到慧能的偈時，說他也沒有見性，而且用鞋底將它擦掉，而將其再否定。可是，五祖爲什麼還選他做爲繼承人呢？因爲，他雖然還沒有見性，但比神秀的執著識心誤爲真如自性要好得多。易言之，慧能雖未見性，但卻達到要見性的臨界點。所以當夜五祖爲他說《金剛經》，還說不到三分之一，到「應無所住而生其心」一句時，慧能立即大徹大悟，明白一切萬法都不離自性，而對五祖說：「何期自性，本自清淨；何期自性，本不生滅；何期自性，本自具足，本無動搖；何期自性，能使萬法。」立刻得到了高度的肯定。

因此，他的否定，只是在教人不要因見境思境而亂了本性而已。雖然他教人「於相離相」，可是也教人「於空離空」。當時有些禪者主張住心觀靜，他卻說：「住心觀靜，是病非禪。」因爲單是不起妄心，只是否定而已，草木瓦石，也是沒有妄念的。他說：「若只百物不思，念盡除卻，一念絕即死，別處受生，是爲大錯。」又說：「莫百物不思，而於道性窒礙。」所以，他所謂的無念是「於一切境上不染」，而不是「沉守空寂」。凡夫都是在境上起念的，如境美好，就起貪念；境惡逆，就起瞋念。這種依境而起、隨境而轉的念，叫做妄念；才是慧能所要否定的念。他說：「無者、無何事？念者、念何物？無者、離二相諸塵勞。真如是念之體，念是真如之用。性起念，雖即見聞覺知，不染萬境而常自在。」不受境與法支配繫縛，而由真如而起的念才能念念解脫自在。通流無礙。既如此，即須「廣學多聞」、「和光接物」。於是，「於自性中，萬法皆現」，「無我無人，直至菩提」。然後便興起了菩薩救世的悲智精神。

這種由迷妄，而徹底否定，乃至高度肯定的過程，青原惟信禪師有個很生動的譬喻，他說：「二十年前，見山是山，見水是水：二十年後，見山不是山，見水不是水；及大悟時，山還是山，水還是水。」這大概是說二十年前，還沒學道，用分別心來看山看水；在參禪時，但求道心，否定外物，所以山非山，水非水；及大悟以後，心境兩忘，了無執著，得到高度的肯定，呈現了本然的心態。這種本然的心態，禪師們稱之爲「平常心」。

六祖的學風，還有兩項特色，需要稍加說明，就是直指頓入和平易入世。

(1)直指頓入：六祖的學風是著重單刀直入，開悟人人本來具足的心性，令人見性成佛。無論他是直言或反詰，都是使用當時的語言，實在而生動，直指心要，這種作風，自達磨以來，已經開始，只是到了慧能，才完全確定下來。因爲，跟慧能同門的神秀，還是著重漸修的。當時學者就有點弄不清楚，慧能曾解釋說：「法本一宗，人有南北：法即一種，見有遲疾。何名頓漸？人有利鈍，故名頓漸。」若參照慧能平日的言行來看這段話，他似乎並不承認有漸。漸只是還不能見性的遲鈍；要悟，就是豁然頓悟。雖然神會一支的傳人圭峯宗密，爲了調和頓漸而說：「真理即悟而頓圓，妄情息之而漸盡。」一是積極的徹悟，一是消極的改過。但慧能似乎從來就沒有教人要逐漸平息妄情過。因而，後來的禪者全都秉承慧能那直截了當的學風。

(2)平易入世：慧能的禪學，不是艱深的玄理，而是和日常生活打成一片的。

當他在大梵寺說法時，他說：「一切修多羅及諸文字，大小二乘，十二部經，皆因人置，因智慧性，方能建立；若無世人，一切萬法，本自不有。故知萬法本自人興，一切經書，因人說有。」

他又說：「吾有一〈無相頌〉，各須誦取，在家、出家，但依此修。」他的〈無相頌〉有四句說：「佛法在世間，不離世間覺；離世覓菩提，恰如求兔角。」

當他告訴大眾：「若欲修行，在家亦得，不由在寺」時，韋刺史問他：「在家如何修行？願為教授。」慧能用偈頌說：「心平何勞持戒，行直何用修禪。恩別親養父母，義則上下相憐，讓則尊卑和睦，忍則眾惡無喧。若能鑽木出火，淤泥定生紅蓮。苦口的是良藥，逆耳必是忠言。改過必生智慧，護短心內非賢。日用常行饒益，成道非由施錢。菩提只向心覓，何勞向外求玄。聽說依此修行，西方只在目前。」

禪學的弘揚，與慧能的學風大有關係。

四、慧能禪學與中華文化

佛法東漸，逐漸影響中華文化；然而，中華文化也不斷影響佛法。這兩股有同有異的文化互相激盪，進而互相融合。惟其能互相融合，所以才能在中土生根、茁長，而枝繁葉茂、開花結果。

歷代高僧，兼通老莊——如慧遠和鳩摩羅什的門下，就喜歡援老莊（乃至儒墨）以入佛者，比比皆是。他們在文化交流與融合方面，都有著不可磨滅的貢獻。即以達磨傳下來的禪宗而論，二祖慧可，就是「外覽墳索、內通藏典」的人，當他未得法前，原在東海講《周易》，聽眾甚盛，也算得是宿學碩儒；所以當他去追隨不談學問的達磨時，「一時令望」就不免要「咸共非之」了。再如五祖的首座弟子神秀也是深通「《老》《莊》玄旨、《書》《易》大義」的學者（當然他也是精通律論的高僧），到了將近五十歲，才來參禮五祖的。

雖說「冰凍三尺，非一日之寒」，然而，論者都認爲佛學的華化，要到慧能，方告完成。爲什麼要到慧能手頭佛法才完全華化了呢？這大約是由於慧能是一個最樸素的中國人。在他之前許多有學問的大德，其貢獻往往是偏重於概念的溝通，其方法是偏重於比較的、推理的、演繹的。可是慧能卻以他單純的心靈去體會無上菩提，然後用最平實的、也是最生動活潑的語言表現出來，其方法是泯滅差別的，是直觀的、歸納的。他完全拋棄了佛學中煩人的糟粕，直探其精要。目不識丁，是一般人認爲的短處；他卻發自本性以善用其短，於是，短處再也不是短處了。佛法的華化，畢竟是要經由平常的中國人來完成的。

再者，慧能將佛法華化，還不僅將名相華化而已：他根本就將佛法和平常中國人的生活打成一片。因爲，一切學問終究是要跟生活融合爲一的。本來印度的社會結構異於中華，他們階級森嚴，僧侶爲一獨特的階級，我國早期的僧侶，承襲了許多印度的習慣，而與我們的社會不免有些扞格不勝。但慧能的出身是個小樵夫，求法時也以劈柴舂米度日。他顯示了操勞時也能心生智慧，枯坐苦思未必有益的道理。因此，龐居士能在家證悟，在家弘法，而百丈懷海也有一日不作、一日不食的規矩。

至此，禪已完全生活化了，見性成佛可以作爲每個中國人生活的目標。必須如此，佛法才能生根乃至結果。

正因爲慧能的禪學是華化了的禪學，而且，其禪學與一般民眾的生活打成一片；所以，慧能的禪學對中華文化發生深遠的影響，就成爲順理成章，十分自然的事了。

慧能禪學對後世的影響是很深遠的，這裏，只舉其犖犖大者，略加論述：

1　關於禪宗的發揚光大方面

慧能發揮了見性成佛的精義，而且，他以一介平民，證得無上菩提；而其現身說法，又極平實易曉，使得一般村愚鄉婦都敢於發心求悟。再加上慧能的不傳衣鉢，完全讓得法弟子去分頭並弘，於是，他的法嗣成幾何數字式的擴充，正是所謂一燈明而千萬燈明。柳宗元撰〈賜謚大覽禪師碑〉云：「凡言禪，皆本曹溪。」其影響到無數人的精神生活，自不待言。

2 關於禪宗與理學的關係方面

春秋戰國，是我國學術輝煌的時代，九流十家，各逞所長，到了漢以後，儒家定於一尊。然而，儒家學術，自漢迄唐，數百年間，大致不脫章句訓詁的樊籬；但一到兩宋，卻變爲性理的探討。這固然是「注不悖經，疏不悖注」的治學態度與方法，已經發揮到極致，其勢不得不變；然而，禪學的激盪，也是不容抹殺的，所謂「法不孤起，待緣而有。」在這方面，學者討論得很多，這裏不復詞費，只舉幾個例子，說明著名的理學家與禪者往往是有關係的：

《宋史．道學程顥傳》云：「自十五六時，與弟頤，聞汝南周敦頤論學，遂厭科舉之習，慨然有求道之志，泛濫於諸家，出入於老釋者幾十年，返求諸六經而後得之。」

這是從儒家正統的立場來敘述大小二程子求道的過程，已經明白說明理學宗師和佛法是有過一段因緣的；而佛家的記載則更爲明白——

《靈源和尚筆語．答伊川居士第一書》云：「妄承過聽，以知道者見期，雖未一奉目擊之歡，然聞公留心此道甚久，天下大宗師，歷叩殆偏，乃猶以鄙人未見爲不足，不肯歇去耳。」足見程伊川的確於釋門下過很深的工夫。《枯崖和尚漫錄》卷中云：「劉朔齋云：文公朱夫子初問道延平，篋中所攜，惟《孟子》一册、《大慧語錄》一部耳。」可見朱子也是熟讀禪門語錄的。《宋史・儒林陸九淵傳》引九淵之言曰：「學苟知道，六經皆我注腳。」倘陸氏不是直接間接受禪宗見性成佛不立文字這種精神的影響，恐怕就說不出這樣爽快的話來。

雖然，宋代的理學家每每也喜闢異學，但無論他們援佛入儒也好，他們持論闢佛也好，他們之受禪學的影響，是不容否定的。事實上，禪學影響到理學，已是中國學術思想史學者的公論。

3　關於禪學與文字、繪畫的關係方面

禪家不立文字的宗風，又說過「凡所有相，皆是虛妄」的話，似與文學和繪畫無甚關聯。然而，慧能的禪學是要人見性，認識本來面目；這跟藝術之欲表現真實人生的目標竟是相通的。文學本來就不是文字遊戲，也是在求超越語言文字學，達到「不著一字，盡得風流」的境界；至於繪畫也絕不是以形似爲鵠的。蘇東坡云：「論畫以形似，見與兒童鄰；作詩必此詩，定知非詩人。」這代表了我國審美思想的一般意見。因此，禪學與文學、繪畫，

並無基本上的牴觸。反而是禪學的發揚，使人們在審美思想上更能撥除許多不相干的意見，而顯得更加清澈明白。所以唐宋以來的詩論或作品，或多或少不免受到禪學的影響；至於，我國的文人畫，受到禪學的影響，可能還更深。這些，由於預先安排撰寫這篇小文章的時間已經到期，暫不深究。

參考書目

《南宗頓教最上大乘摩訶般若波羅密經六祖慧能大師於韶州大梵寺施法壇經》 唐法海集記，《大正大藏經》。

《六祖大師法寶壇經》 元宗寶編，同右。

（按、以上二經有「慧炬月刊社」出版《六祖壇經流行本敦煌本合刊》本，並附錄辨證論文五篇）。

《金剛般若波羅密經》 姚秦鳩摩羅什譯，《大正大藏經》。

《維摩詰所說經》 姚秦鳩摩羅什譯，《大正大藏經》。

《妙法蓮華經》 姚秦鳩摩羅什譯，《大正大藏經》。

《大般涅槃經》 北涼曇無讖譯，《大正大藏經》。

《楞伽阿跋多羅寶經》 劉宋求那跋羅譯，《大正大藏經》。

《最上乘論》 唐弘忍述，《大正大藏經》。

《宛陵錄》 唐裴休，《大正大藏經》。

《禪源諸詮集都序》 唐宗密，《大正大藏經》。

《宗鏡錄》 宋延壽，《大正大藏經》。
《頓悟入道要門論》 唐慧海，《卍字續藏經》。
《中華傳心地禪門師資承襲圖》 唐裴休問宗密答，《卍字續藏經》。
《宗門十規倫》 唐文益，《卍字續藏經》。
《古尊宿語錄》 宋頤藏主集，《卍字續藏經》。
《續古尊宿語錄》 宋師明集，《卍字續藏經》。
《石霜楚圓禪師語錄》 宋會南重編，《卍字續藏經》。
《潙山靈祐禪師語錄》 明圓信、郭凝之編集，《卍字續藏經》。
《仰山慧寂禪師語錄》 明圓信、郭凝之編集，《卍字續藏經》。
《洞山良价禪師語錄》 明圓信、郭凝之編集，《卍字續藏經》。
《曹山本寂禪師語錄》 明圓信、郭凝之編集，《卍字續藏經》。
《本法眼文益禪師語錄》 明圓信、郭凝之編集，《卍字續藏經》。
《五家宗旨纂要》 清性統編，《卍字續藏經》。
《江西馬祖道一禪師語錄》《禪學大成》。
《臨濟慧照禪師語錄》 唐慧然集，《禪學大成》。
《枯崖漫錄》 宋枯崖圓悟，《禪學大成》。
《靈源和尚筆語》 宋靈源惟清，《禪學大成》。
《禪門寶訓集》 宋淨善，《禪學大成》。

《大慧普覺禪師書》宋慧然錄，《禪學大成》。
《碧巖錄》宋圜悟，《禪學大成》。
《高僧傳初集》梁慧皎，臺灣印經處。
《高僧傳二集》唐道宣，臺灣印經處。
《高僧傳三集》宋贊寧，臺灣印經處。
《景德傳燈錄》宋釋道原，商務《四部叢刊》。
《五燈會元》宋釋普濟，廣文景印。
《神會和尚遺集》唐神會，胡適校，胡適紀念館。
《胡適禪學案》胡適，正中書局。
《中國佛教史》蔣維喬，河洛景印。
《中國禪宗史》印順，慧日講堂。
《禪海蠡測》南懷瑾，作者自行發行。
《藝海微瀾》巴壺天，廣文。
《佛家名相通釋》熊十力，廣文景印。
《佛教各宗大意》黃懺華，焦山智光大師獎學基金會。
《五乘佛法與中華文化》朱鏡宙，世界。
《中國佛教哲學概論》李世傑，臺灣佛教月刊社。
《禪話》周中一，中華佛教居世會。

《中國佛教史論集》 章嘉等，中華文化出版事業委員會。
《佛學大辭典》 丁福保，臺北市華嚴蓮社景印。
《禪學的黃金時代》 吳經熊著，吳怡譯，商務。
《禪佛入門》 日本鈴木大拙，李世傑譯，協志。
《禪與生活》 日本鈴木大拙，劉大悲譯，志文。
《禪學隨筆》 日本鈴木大拙，孟祥森譯，志文。
《禪與心理分析》 日本鈴木大拙，孟祥森譯，美．佛洛姆，志文。
歐陽漸 〈今日之佛法研究〉，《內學年刊》。
〈心學大意〉，《內學年刊》。
蒙文通 〈中國禪學考〉，《內學年刊》。
羅香林 〈曹溪南華寺考訪記〉，中山大學《文史研究所月刊》。
蕭春溥 〈壇經法義之體會〉，《疊翠學報》。
杜松柏 〈宋代理學與禪宗之關係〉，《孔孟學報》。
〈禪學與唐宋詩學〉，國立臺灣師範大學國文研究所博士論文。

法藏

藍吉富 著

目次

法藏

一、思想淵源

在我國的各大佛教思想體系中，華嚴宗是系統龐大、說理玄妙的宗派。依照後世的傳承，被推尊爲該宗第一代祖師的是杜順禪師（西元五五七—六四〇年）。但是，實際上，該宗的真正創始人則是法藏（六四三—七一二年）。

華嚴宗的理論體系雖然包含甚廣，但是該宗義理的主要依據，則是印度大乘佛教中的一部大叢書——《華嚴經》。這部大乘經典的部分內容，從東漢末年起，在我國陸續地有零星的翻譯和研究。從東漢末期到法藏開宗立派爲止，時間大約有四百餘年。經過了四百多年的經文翻譯與理論醞釀，才綻開了華嚴宗這朵思想史上的奇葩。可見這一宗派的思想，確實可當得起「源遠流長」四個字。也由於這個緣故，要了解華嚴宗的開創者法藏的思想淵源，就不能不對《華嚴經》的翻譯與研究歷史稍加追溯。

此外，法藏的思想雖然以《華嚴經》爲主體，但這並不是說他的思想只是《華嚴》一經的融攝與推演而已。事實上，他所開創的華嚴宗哲學，也包含有不少其他經論的義理成分。因此，對於那些《華嚴經》以外的義理體系，本文也擬擇要稍加陳述。筆者希望這種陳述，能使讀者知道這個宗派的形成，是一項匯集多義而成的「眾緣所生法」；而華嚴「宗」哲學也並不全等於華嚴「經」哲學。

依《華嚴經傳記》一書所載，在法藏以前，《華嚴經》的詳略譯本已經有三十幾種。但是其中最重要的，也是卷帙最大的，當推東晉義熙年間佛陀跋多羅所譯的《六十卷華嚴》。佛陀跋多羅譯出這部書之後，《華嚴經》在我國才開始有比較深入的研究。東晉大翻譯家鳩摩羅什的弟子慧觀，以及南齊的劉虬，他們在判教時，都將《華嚴經》判為頓教。而將其他佛經判為漸教法門。這種對於佛教義理的分類，與後代諸師的判教理論雖然並不盡同。但是他們對華嚴義理境界的推崇，則是後代大部分祖師所承認的。

從南北朝中葉開始，我國南北方佛教界對於《華嚴經》的研究，開始蓬勃起來。而且對《華嚴經》的信仰，也逐漸地付諸實踐。依照法藏所編集的《華嚴經傳記》一書所載，有不少人將誦讀《華嚴經》文當作日課，有關誦讀該經所發生的靈異故事也在社會上風傳著。到北魏末期，以《華嚴經》為典範的修持聚會也開始形成。南齊竟陵文宣王開始創立華嚴齋會，隋朝有海玉其人曾組織華嚴眾。與法藏同時的益州（四川）宏法師，也勸信徒每五、六十人結成一個「福社」，以共同諷誦《華嚴經》。此外，依照該經所作的觀法、懺法也逐漸地流行。這種研修《華嚴經》的風潮，乃終於促成了華嚴宗的形成。北周武帝滅佛運動展開時，不少華嚴學者逃難到終南山隱居。遂使該山成為周隋間的《華嚴經》重鎮。法藏之師智儼，是華嚴宗二祖。智儼的華嚴義學是從智正學來的。度化智儼出家的是華嚴宗初祖杜順。這幾位直接間接影響法藏思想的高僧，他們也都是在終南山修行的高僧。因此，法藏的主要思想，可以說是從終南山流衍下來的。

在教義上對法藏思想影響最深的，除了《華嚴經》本身的義理之外，另有地論宗哲學，也是法藏思想的重要根源。地論宗是六世紀初期北魏佛教學者所開創的佛學研究團體。這一學派以研究印度有宗大師世親所撰的《十地經論》爲主。《十地經論》是解釋《華嚴經》第六會之〈十地品〉的著述。將該書譯成中文並開創地論宗的是北天竺的菩提流支，和中天竺的勒那摩提。這兩人所開創的地論學派，由於見解不同，後來分爲兩支。菩提流支師資一系主張阿梨耶識是妄識，與真如不同。由於此系流行於相州（河南省臨漳縣）北方，所以被稱爲北道派。勒那摩提師資一系則主張阿梨耶識是淨識，亦即是法性真如。此系流行於相州南方，因此被稱爲南道派。這兩派之中，北道派早衰。南道派盛行較久，其義理到唐初被新興的華嚴宗所融攝。該宗也由於華嚴宗的興起而告消失於無形。

地論南道派從勒那摩提起，經歷數代法裔，都對《華嚴經》相當重視。法藏的《華嚴經傳記》裏，就載有不少此系學者弘揚華嚴的事蹟。例如勒那摩提、慧光、僧範、曇衍、曇遵、曇遷、慧遠等人都是該書所收之弘揚華嚴的地論學者。其中，以慧光對法藏的影響最大。慧光是精通地論、華嚴與四分律的大師。對華嚴至爲推崇。除了弘講與作注疏之外，並且在判教時，將《華嚴經》判爲「頓漸圓」三教中的圓教。這種判教，後來成爲華嚴宗初祖杜順判教的基礎。對於法藏的判教，當然也有相當重要的間接影響。今人湯用彤先生曾說：「地論學實華嚴宗之古學，華嚴宗實地論師之後裔。」這兩句話可以看出地論學派與華嚴宗之實際開創者法藏之間，確實有相當密切的關係。

除了《華嚴經》與《十地經論》之外，法藏的思想也有不少其他來源。譬如《起信論》、《密嚴經》、《楞伽經》、《十二門論》、《心經》、《法界無差別論》等書，法藏都曾爲作注疏。這些經論，《心經》與《十二門論》屬於性空系統，其餘都屬於真常唯心的思想體系。在印度的大乘佛教思想中，真常唯心系與性空系，在義理上與法相唯識系頗不能相容。而法藏之世，玄奘的法相唯識蓬勃如日麗中天。法藏對玄奘所弘揚的法相唯識學是極其不滿的。因此，他對這些能與玄奘之學相對抗的經論，都曾下過一番功夫，以作爲其弘揚本宗的武器。尤其是《起信論》內涵，是玄奘一系唯識學的思想死敵，又是地論宗思想發展的可能歸趨。法藏曾撰《起信論義記》，爲「《起信論》三疏」中最爲人所重視的注疏，也是後世佛徒研究《起信論》所應讀的著作。因此，法藏思想之可能受到《起信論》的重要影響，也是可以想見的。

二、傳略及事業成果

在中印佛教交流史上，西域（葱嶺東西）諸國占有相當重要的媒介地位。早期來華的西僧，有很多是西域諸國人氏，並不一定是印度人。如安世高是安息人，支婁迦讖是月支人，康僧會是康居人。鳩摩羅什雖然籍屬天竺，但卻生於龜兹，也可以算是半個西域人。舉此數例，可見一斑。而西域諸國所藏的經論，流入我國、譯成華文的也相當多。如于闐與輸入我國的大乘經典即有密切關係。除此之外，也有西域人到中國定居而成爲高僧的，法藏就是其中之一。

法藏俗姓康。是康居國（在新疆北境）人。其高、曾祖曾任康居國宰相。到他的祖父時，才移居到唐朝的首都長安來。法藏就是生長在這大唐帝都裏。他的父親康謐，曾任唐朝政府的左衛中郎將。後來法藏之所以能與唐朝王室相處甚洽，恐怕與他的出身仕宦世家不無關係。

法藏似乎在幼年時對佛教即已產生相當仰慕的心理。因爲在他十六歲時（六五六年），曾到岐州（陝西省鳳翔縣）法門寺的舍利塔前，燃煉一根指頭，以表示他奉獻佛教的虔誠。第二年，他離家到太白山求法。在山上，他潛心研究大乘經典，尤專研《華嚴》。不久，由於聽說母親身體不適，才下山回長安。回京以後，他聽說智儼和尚在雲華寺講授《華嚴經》，風靡佛教界。因此，乃到該寺拜智儼爲師，擬專攻《華嚴》。但是這時候法藏並未出家。

這件事透露出一點他日後治學趨向的消息。此即其思想與玄奘一系的不協調。這時候的長安，玄奘師資是朝野所最推崇的大學派。法相唯識思想也是大唐帝都的第一顯學。法藏生長在這種環境裏，居然不到玄奘師徒那兒去學法，反而捨近求遠地走赴太白山過隱居生活。而在他離山回京之時，也不投玄奘，反而禮智儼爲師。究竟是什麼原因使他如此，由於史料不足，無法確知。也許是他對唯識之學沒興趣，或者是他對玄奘、窺基這些人的作風並不心儀吧？

據贊寧的《宋高僧傳》所載，法藏曾經膺選爲玄奘譯場的翻譯助手。後來因爲在筆受、證義、潤文方面，他與玄奘的意見不合而退出譯場。玄奘逝世於唐高宗麟德元年（六六四年），此時法藏年僅二十一歲。因此，如果《宋高僧傳》所載屬實，則法藏之參加玄奘譯場，可能是在太白山歸來而從學於智儼以後的這段時間。以一個二十歲左右的年輕人，居然膽敢與當代第一名僧爭是非，姑不論其所持意見是否可取，單單這份狂狷之氣就是少有的了。

法藏對其師智儼是相當佩服的。智儼對於自己晚年能收到這位弟子，也頗爲安慰。師徒相處了將近九年，智儼才逝世。在他去世以前，還念念不忘促成法藏出家，以振興華嚴大法。因此曾向幾位佛教界大德推薦，說法藏「注意於華嚴，蓋無師自悟。紹隆遺法，其惟是人。」並希望佛教界人士，對法藏能多加扶持。智儼真是一個了不起的僧教育家。所薰陶出來的弟子，別人不說，單舉法藏和義湘兩人的成就，即足以使人瞠目結舌。法藏是我國華嚴宗的實際開創者。義湘（又作義想）則是新羅華嚴宗初祖。智儼一人門下，即調教出兩個國家的華嚴祖師，此等事例，也是我國所少見的。近人湯用彤先生認爲他的學養比杜順更有資格被推爲華嚴初祖（見湯氏：《往日雜稿》）。果其屬實，則智儼的歷史地位，在我國佛教史上也是相當重要的。

唐高宗咸亨元年（六七〇年），武后（則天）的母親榮國夫人楊氏逝世。武后爲了替她母親作點功德，乃捨宅設太原寺。榮國夫人是唐朝初年佛教的大護法，武后又是當時朝廷炙手可熱的人物，因此，太原寺住持這一人選，是當時佛教界所矚目的。這時候，受智儼臨終時所付託的那些京師大德，就聯名推薦法藏出任。經過武后的認可，法藏乃由唐高宗下勅在太原寺剃渡出家，並詔任該寺住持。這年，法藏是二十八歲。四年以後，唐高宗又降旨命京城十位名僧替法藏授具足戒，並賜號「賢首」。像這麼顯赫的出家與受戒因緣，在中國佛教史上是並不多見的。

出家以後的法藏，表面上看似乎是單純地弘法而已。事實上，其生命內容的充實與光輝，是大都在這下半生造成的。大體而言。其落髮以後的大事，約可分爲四類。即講學、弘法、譯經與著述。玆分別略述如次：

法藏的學問是頗爲早熟的。智儼去世時，法藏才不過二十六、七歲，但是儼公已對他至爲稱美，甚至於說他對華嚴是「無師自悟」，而未曾把他視爲自己調教的結果。因此，法藏之必有過人的智慧，當可想見。其能有日後的成績，也確實不是偶然的。

有學問的人，對社會最可能有的貢獻便是講學。法藏是華嚴學者，開講《華嚴經》的次數自必最多。一生之中，前後共講了三十餘次。因此，當時人都稱他爲「華嚴和尚」。法藏講學時，非常注重方法。當他講解華嚴宗的「無盡緣起」玄理的時候，曾取來十面鏡子，分八方安排，上下方又各置一面，讓鏡子面面相對，而在中間安放一尊佛像，然後燃起一盞燈來照射鏡面。他就利用鏡子的互相映照，以及鏡裏影像的交互含攝來說明重重無盡的道理。當他到宮殿裏爲武則天講學時，也用殿角的金獅子作譬喻，來說明六相十玄的奧旨。其所說內容，後來集成《金獅子章》一卷，也是華嚴宗名著。可見在教育方法上，他確是一個「能近取譬」的學者。講解玄奧的哲學，居然能用種種「道具」來說明，這比起那些被文字句讀困死了的章句小儒，其思想是要活潑多了。

弘法方面，法藏的成就也相當大。東晉高僧道安曾說：「不依國主，則法事不立。」在這方面，法藏可說是絕頂順利的。他曾經先後爲高宗、武則天、中宗、睿宗、玄宗（當爲未即位時）等五人或講學、或授戒。因此被稱爲「五帝門師」。由於與帝王關係密切，因此其弘法效力，要比一般人大。這對於華嚴信仰的提倡，是頗有助力的。法藏弘揚華嚴信仰的方式，除了大力開講該經之外，又盡量勸人諷誦或書寫。此外，又曾應國君的邀請，在皇室的內道場建立華嚴法會，並曾公開祈雨與祈雪。據說都相當靈驗。大體說來，法藏在弘揚佛教一事上，主要的貢獻在於能使當時統治者敬信佛法。因此，所收到的「風動草偃」之效力，也是可以推想得知的。如果說玄奘是唐太宗時佛教與政府之間的媒介，那麼，法藏便是唐高宗以迄睿宗之間，佛教與王室的橋梁。

襄助佛典的翻譯也是法藏一生事業中的重要成績。尤其對《華嚴經》原典的蒐求與補譯，更是不遺餘力。他對東晉佛陀跋多羅所譯的六十卷本是不滿意的，總覺得該本殘缺不全。唐高宗永隆元年（六八〇年），中印度的日照三藏（地婆訶羅）攜來不少梵本經論，其中也有相當於《六十卷華嚴》的梵本。法藏就請他補譯六十卷本的殘缺部分。武則天證聖元年（六九五年），《八十卷華嚴》的梵本從于闐國取回。法藏又奉詔襄助實叉難陀將該本譯成。這是《華嚴經》諸譯本中，卷數最多的一部。譯成之後：法藏發覺八十卷本缺少日照三藏所補譯文中的一部分，因此又取來日照所譯之文，以補八十卷本的不足。

除了匡助《華嚴經》的翻譯之外，法藏所曾助譯完成的佛書計有《密嚴》、《楞伽》、《文殊授記》、《金光明最勝王》、《大寶積》諸經，及《顯識論》等書，前後共計數十部。這些書固然不是由他所主譯，但是襄助之功也不可沒。由此也可以看出他那渴求佛法的熱忱。

在法藏一生所有的事業中，「著述」一項是最能使他永垂不朽的事業。如果缺少了法藏這種水準的著作，《華嚴經》的思想在我國將不會有集大成的發展。而華嚴一宗，也將不會在我國形成。

法藏著述極多，相傳有六十餘種，約百餘卷。《大正藏》即收有二十一部，其中多半是對《華嚴經》的註疏及其思想推演。其中如《華嚴經探玄記》、《華嚴五教章》（華嚴一乘教義分齊章）、《起信論義記》等，都是曠世名著。其《般若心經疏》，也「爲時所貴，天下流行」。有關其著述之主要內容，亦即法藏的主要思想，當於次節再加評述。

唐玄宗先天元年（七一二年），法藏逝世。世壽七十歲。僧臘四十三年。去世之後，華嚴宗哲學繼續由其弟子們弘傳。法藏弟子甚多，較著名的有宏觀、文超、智光、宗一、慧苑、慧英等人。其中以慧苑最爲後人所知。

法藏臨終之前，曾爲新譯的《八十卷華嚴》作略疏，未完成而逝世。慧苑繼承乃師未竟遺志，續註該疏而成《續華嚴經刊定記》。在此一書中，慧苑對於判教的看法及十玄門的理論，都與法藏的看法不同。甚至於就法藏的觀點而有明顯的改革。這種「吾愛吾師，吾尤愛真理」的態度，在我國舊日的傳統社會中，是頗不見容的。時代稍後的澄觀（被推爲華嚴四祖）對他即曾大張撻伐。因此，慧苑在中國佛教史上，一直被認爲是個「背師異流」的「異端」。這種傳承道統的糾葛，當是法藏生前萬萬也想不到的。

三、思想

在中國佛教思想的發展史上，由於法藏所處的時代，其他各種佛學體系多已完成，與華嚴義理有關的典籍也大都已經譯出。所以他能有龐大的佛教思想遺產可資承襲。譬如地論、天台、三論、法相等宗都是在他以前已經成立，而《六十卷華嚴》、《起信論》等重要典籍也都已譯出，各種判教理論也給他提供不少認識全體佛法的參考意見。因此，法藏的思想以容受較多而顯得頗爲龐雜、博大。因此，要在一篇文章裏詳細敘述他的思想，是很困難的。這裏只能扼要地選他幾項具有代表性的學說，略加陳述。

1 判教

判教是大部分中國佛教徒在成立宗派時所最重視的事項之一，又叫做「教相判釋」。意思是指對於所有歷史上的佛教經論作一批判式的整理。其所以必須如此，有兩個原因。其一，在所有的佛書裏，經與經或論與論之間所陳述的義理，常常有由於立場不同或立論歧異而產生的對立之處。在宗派要成立時，祖師們對於這種佛書所顯現的理論衝突，必須給予一妥善的解釋，以便對信徒閱讀佛書時所生的疑惑能予解答。其二，判教者對於這些不同的佛教理論作批判式的整理之時，最重要的是要告訴信徒們那一種理論才是最圓滿的。而且，對各種理論必須劃出不同的地位而給予適當的安置，以便說明既然同樣是佛法爲什麼又有不同的論點。這些判教者如果是某一宗派的弘揚者，那麼，他一定把自己本宗的理論及所尊奉的經典，判在最高地位，以顯揚本宗的價值。這也是判教的重要目的。

法藏的判教爲華嚴宗判教論的核心，其理論亦即所謂的「五教十宗」。五教是對歷代經論之義理境界的高低所作的分類。茲分別敘述如次：

㈠小乘教：又稱爲「愚法二乘教」。這是指《阿含經》及《小乘阿毘達摩論》書（如《發智論》、《俱舍論》等）而言。依法藏的觀點，這種教法是層次最低的，是不能跟大乘義理（尤其是《華嚴經》）比擬的。信仰這種教法的二乘修行者（聲聞、緣覺），對於大乘法門是蒙昧無知、不能信受的。所以這一法門被貶爲愚法二乘教。用現代術語來說，這一層次的教法，是指原始佛教及部派佛教所崇奉的教理而言，也就是南傳佛教徒所信仰的教義。

㈡大乘始教：這是指某些大乘佛書而言。由於其中所含的義理比小乘教高明，但是卻比其他大乘法門要稍遜，因此只能算是大乘教的最低層次。這一類佛書有兩種，一爲相始教，指《解深密經》及法相宗的各種論典而言。另一爲空始教，指《般若經》及《中論》等空宗典籍而言。這兩大類，其實就是印度大乘佛教空、有兩系的思想。也相當於中國佛教中的法相宗與三論宗。

㈢大乘終教：被法藏安排在這一類的，是《楞伽經》、《勝鬘夫人經》、《起信論》、《寶性論》等書。這些書講的是「如來藏緣起論」，屬於印度大乘佛教末期思想的主流——真常唯心論。法藏以爲這一系的義理內容，談「佛性」及「真如隨緣」等教法，要比法相、三論二宗高明，是大乘的終極法門。大乘終教與前面的始教，講的都是循序而進的「漸教」，與下面的頓教法門不同。

㈣頓教：這是指「覺即成佛、迷即眾生」的頓悟法門而言。《維摩詰經》、《思益經》等屬於此教。

㈤圓教：指圓融無礙的華嚴教法而言。

依照法藏的觀點，這五種教法中，當然是《華嚴經》所代表的圓教是最完美、最高級的。因爲這一種教法是佛陀在海印三昧的禪定境界中所說的。在這種境界中所說的教法，最爲真實，最爲廣大周偏。其內容可以涵蓋任何其他經義。反過來說，其他四類的經論所說的法門，都是臨時對病下藥而作的權宜施設，與《華嚴經》之爲佛陀證悟境界所映現的理境，遠不能相擬。法藏的這種批判，並不一定是事實。但卻明顯的表示出他對各種經論價值的等級，有獨特的看法。

五教是法藏對經論所作的判定，而十宗則是偏重教義內容所作的分類，也就是把五教的內容再加細分而成十種。這十種是我法俱有宗、法有我無宗、法無去來宗、現通假實宗、俗妄真實宗、諸法但名宗、一切皆空宗、真德不空宗、相想俱絕宗、圓明具德宗。

五教的分類，較偏重價值的判斷。而十宗的分類則較偏重義理特徵的凸顯。每一宗的名稱，都代表該宗的主要理論特色。譬如我法俱有宗，是指一般世俗的見解，及小乘部派裏犢子部的看法，因爲他們以爲眾生與心物諸法都是有實體的。一切皆空宗是指般若經的闡述空義而言。圓明具德宗是指華嚴教義的性海圓明，具足眾德而言。這十宗之中，前六種是小乘教，後四種是大乘教。

五教的判定，宗派意識較強，不容易被其他宗派的信徒所接受。如天台宗、唯識宗與三論宗的信徒，是一定要反對的。南傳佛教徒更不用說了。就現代學術研究立場來看，十宗的分類較易使人瞭解大小乘教義的特色及理論領域，也比較不會有「誤導」的危險。

除了五教十宗的判釋之外，法藏在其著作中，也另有不同名詞的判教理論。然大體都是名詞及角度不同而起的另一種說明。其理論核心大體還是不出五教十宗的範圍。故本文不再贅述。

2 法界緣起論

緣起理論是佛教哲學的中心思想之一。從原始佛教以迄大乘佛教，隨著教理的演化，緣起學說也逐漸地發展。從最素樸的業感緣起論，演化爲賴耶緣起與如來藏緣起諸說，到華嚴宗的法界無盡緣起理論完成時，佛教的緣起說乃趨於極致。

華嚴宗在唯心論的大前提下，就不同的角度而將宇宙分爲四個層次。其一爲事法界，指宇宙間雜然紛陳的現象界。其二爲理法界，即現象世界所依據的本體界，指真如法性而言。其三爲理事無礙法界，這是指真如法性與現象之交融無礙而言。其四爲事事無礙法界，即

《華嚴經》所提出的理想世界。在這一法界裏，現象與現象間能相互融攝而不相妨礙。一切攝一，一攝一切。

「事事無礙」一詞雖然是後世的華嚴學者（澄觀）所定的名詞，但是這一理境，在法藏的著作中已曾反覆宣說。其所謂的「事融相攝」、「帝網重重」、「事事相在」等詞都與「事事無礙」的道理相通。

在華嚴宗的教義系統裏，事事無礙法界即是一真法界，也是華藏世界。在這種世界裏，宇宙是一個重重無盡、相互緣起的連鎖系統，沒有一件孤立的物或事。在此一緣起大系統中，不論大、小、長、短、一、多，都能互相融攝，而不相妨礙。任何一人一物一事，都是其他任一人物事之所以能存在的條件。因此，宇宙是一個不可分割的全體。各種差別的個體現象，都是組成此一緣起大系統之不可缺少的一部分。關於這種理論，在法藏的著作裏有很多精緻的語句加以描述。這些語句，很清楚的顯現出無盡緣起論的特色。譬如：

一即多，多即一。相即相入，重重成無盡也。（《五教章》）

小無定性，終自遍於十方。大非定形，歷劫交于一世。則知小時正大，芥子納于須彌。大時正小，海水納於毛孔。（《華嚴策林》）

於佛一毛孔中，即有一切佛，一切處，一切時，乃至一切益。如一毛孔，一切遍法界毛孔現，皆亦如是。（《華嚴經旨歸》）

是故大小隨心回轉，得入無礙。（《華嚴義海百門》）

由上引諸語句，可以看出這種理論是超越了世俗之時、空、大、小、善、惡等差別觀念的玄思體系。而最後一句，更點出此一玄思體系所以可能的原因。「隨心回轉」顯示出此一體系是建立在唯心論的基礎上。為了說明這種理論，華嚴宗的第二祖智儼曾有「十玄門」的學說。法藏將智儼的說法加以改革，而成為「新十玄門」。法藏曾經以金師（獅）子為喻，為武則天解說這種道理，今存《大藏經》中的《金師子章》就是當時的紀錄。茲依《五教章》的說法，參考《金師子章》的比喻，略釋如次：

㈠同時具足相應門：這是對於整個事事無礙法界的描述。整個宇宙的全貌，在華嚴宗的禪定境界——海印三昧裏，可以很清楚地映現出來。這種宇宙是完全的、相互依存的、無時空差異的一個完全世界。這一門是事事無礙法界的總說。其次九門是分說。

㈡一多相容不同門：「一」指宇宙的本體一真法界（亦即真心），「多」指各種不同的萬事萬物（亦即現象）。一與多在事事無礙法界裏，是可以互相融攝而不相礙的。但是一與多還是有差別，二者並不是完全相同。就像一隻黃金製成的獅子裏，黃金（一）與獅子形像（多）之間的關係是相互容受的。這一門是說明個體與全體的關係。

㈢諸法相即自在門：由於宇宙萬象都是真心（本體）所顯現，因此現象與現象之間，在本質上並沒有差別，可以相互融攝與吸收。就像金獅子的眼睛、耳朵、鼻子等都是金子做成的，本質毫無差異。從本質上看，它們並沒有分別。因為眼睛也是金子，耳朵、鼻子也都是金子。所以它們能夠「相即」。但是從現象上看，眼睛的外形，到底與耳、鼻不同，所以它們仍有差別相，仍然是「自在」的。

㈣因陀羅網境界門：因陀羅是印度神話中的天帝。相傳他的宮殿裏張著一個寶珠網。網子上結著無數寶珠。每一顆寶珠，都可以像鏡子一樣映現出其他寶珠的影子。甚至於連其他寶珠內所含攝的無量數珠影也可以映現出來。法藏在這一門裏，用這因陀羅網來譬喻現象與現象間之層層無盡的含攝。在事事無礙法界裏，宇宙門之紛然萬法就像因陀羅網一樣地重重無盡的相互含攝著。這一個譬喻。是「相即相入、重重無盡」原理的最佳說明。

㈤微細相容安立門：極短暫的時間（一念），極細小的物質，也可以容納極大的事、物。譬如在一念之中，可以顯現上述各種法門的義理。在一毛孔之中，有無量佛國安住著。這一法門與因陀羅網境界門的境異是，這一門所映現的事物只有一層，不像因陀羅網門之層層涉入、重重無盡。

㈥秘密隱顯俱成門：宇宙間的現象，如果從正面角度或立場去觀察，則此一現象顯現的是正面相狀。而反面相狀則隱覆不彰。反之亦然。但是顯現的與隱覆的都是存在的現象。都是「有」的，並不是此有彼無的。譬如金獅子，從本質的角度來看，它不過是一塊黃金而已。而從形狀來看，它卻又是一隻獅子。事實上黃金與獅子形像是都存在的，是同時俱成的。由於一般凡夫只能看一面，而不能像佛陀那樣能看到全面，因此這種法門對他們而言，是秘密難知的。

㈦諸藏純雜具德門：自本體（理）立場看，一切現象都是純一的。自現象（事）立場看，一切現象又是雜多的。可見理與事之差別只是由立場不同而來，並不是有本質的差異，二者是不相妨礙的。因此，純與雜是可以同時存在的。

(八)十世隔法異成門：這是就不同時間之可以相互融攝而言。是說在一念之間，可以含攝過去、現在、未來（輾轉相乘而成九世，加一念即成十世）等不同階段的時間。因爲一切事項都依心而顯現，心念是可以不受時間限制的，所以一念之間可以顯現出過去現在未來等階段的一切現象。所謂「一夜之夢，翱翔百年」即此之謂。

(九)唯心迴轉善成門：這裏的「心」是指如來藏（自性清淨心）而言。一切事物的種種性質、作用、相狀，其所以不同，都是由如來藏心引起的。所以，只有「心」才是爲善爲惡、成聖成佛的主要關鍵。

(十)託事顯法生解門：有關事事無礙的道理，在一切事法（現象界）上即可以顯示出來。所以，事即是理；理並不須到事以外去求。

十玄門雖然有十項，但事實上，這十項只是對「事事無礙」一原理所作之不同角度的說明而已。十門的排列次序，法藏在本身的不同著作中，有不同的排法。而且，法藏在其《探玄記》裏，將上述十門中的「諸藏純雜具德門」改爲「廣狹自在無礙門」。又將「唯心迴轉善成門」改爲「主伴圓明具德門」。前者意義略同，只是名詞更改而已。後者之「主伴」一門，是說在無盡緣起系統裏，法不孤起。因此，任舉一法，都含有其他相互依存的事物隨之而起。這一法是主，其餘諸法便是伴。可見這一門所說的仍然是法界緣起的性質。

法藏另外還有六相圓融說。在其《五教章》與《金師子章》裏都曾加詮釋。這六相是現象界的六個範疇，即總相，別相，同相，異相，成相，壞相。他在《金師子章》裏，也有譬喻說明。整隻獅子是總相；眼耳鼻等五根是別相；五根都是金子做成的，是同相；眼的外形不同於耳，鼻又不同於眼，這是異相。因緣和合而形成獅子，是成相。因緣不和合，則不成獅子，是壞相。

這六個範疇可以分成兩組，一組是總、同、成三相。另一組是別、異、壞三相。這兩組範疇的概念，雖然在凡夫眼中是相衝突的。但是在成道的佛陀心目中，則是相即相入，圓融無礙的。因此，這六相也是一個緣起的連鎖，任舉一法，都具有六相。如果能證驗這種理境，則一切惑障都可以斷除，而達到「煩惱即菩提，生死即涅槃」的果位境界。

上面所說的無盡緣起理論，法藏又稱之爲「性起」。以別於其他宗派所講的「緣起」。其他宗派的緣起說是就自他、彼此間之相互依存而立論，這種緣起是由無明而引起的。至於法藏所確立的性起法門，則是如來境界上所觀照的宇宙相狀。順著真如法性而生起一切現象，所以叫做性起。法藏在其所著的《華嚴經探玄記》裏說：「不改名性，顯用稱起，即如來之性起。真理名如、名性。顯用名起、名來，即如來爲性起。」由此可知，他所描述的是佛陀的境界。也由此可以發現，相即相入、圓融無礙的現象，本是諸佛與眾生本具的德性。只不過諸佛已經徹悟，而眾生還被無明所覆而已。

各個佛教宗派所提出的理論，都是該宗爲修行者所舖排的修持基礎。法藏的學說，自也不能例外。法藏所提出的龐大理論體系，主要在使世人瞭解宇宙的如實相，然後依之而建立修持的方法，以便步入解脫成佛的大道。他所提出的是兩種止觀法門，即妄盡還源觀與十重唯識觀。

這兩種觀法，便是法藏法界緣起論在宗教實踐上的應用。他認爲依之修行，可以使人證入重重無盡、圓融無礙的佛陀果位境界。

四、思想特徵及歷史地位

法藏思想的特徵，可以用「圓融無礙」四字來表示。他在唯心論的前提下，以一心統攝著四法界。並且以事事無礙的法界緣起論爲核心，而大力強調一多、大小、純雜等等相反概念之可以圓融無礙、不相衝突。一般而言，「理事無礙」的概念是比較容易理解的，這種本體與現象之不一不異的關係，也是印度哲學的著力處。而「事事無礙」的概念則是現象與現象的圓融無礙與相即相入，這道理則距離常識較遠，比較難理解。法藏用真常唯心的原則來消弭現象與現象間的衝突，是中國佛教哲學的一大發展。而將「理」（本體）推到背後，將事與事之關係作爲其佛學思想的主要論證目標，也是其思想的一大特徵。

在論證方法方面，法藏思想有一個從圓融概念所導引出來的特徵，這就是將正反兩種衝突的概念加以消弭與調和。這種辯證式的論證法，在法藏的義理著作中經常出現。而其所強調的「圓融」方式，對後世中國佛教也有相當大的影響。但是這影響，並不一定是好的。因爲「圓融」與「儱侗」的差別，一般人並不容易察覺出來。稍一不愼，便會步入含混儱侗的途徑上去。

由於法藏的玄學體系相當龐雜，所以其論證方法有另外一種特徵，即條目的繁多。如前引的十玄門、六相、五教、十宗、十重唯識觀等即其顯著例子。此外，在其《五教章》及《探玄記》等書裏，也常用很多條目來說明他的思想。譬如緣起因門有六義；十玄緣起又有教義、理事等十門所依。《探玄記》一書，共開列十門來解釋《華嚴經》。每一門往往又有十類、十義、四門、五門等項。在這些數目之中，他最喜歡「十」。在他的論證過程中，幾乎到處都有「十門分別」。這大概是受了《華嚴經》中佛陀常常用「十」來說法的影響吧？

法藏的思想，單就其理論上（解門）來看，是一個典型的玄談體系。其立說真可謂極盡玄妙之能事。其體系之玄妙、精緻，與其理論本質有關。這理論本質便是分析的，重言疊說（Tautology）的，因此才顯得精緻而無瑕疵。這種特徵，是近人牟宗三先生對華嚴宗思想的批評（《佛性與般若》上冊五五四頁）。牟先生的這種批評，很能豁人神智，也點出了法藏思想的主要特徵。

法藏的思想與玄奘的唯識學極不相容。他幾乎可被視爲以反對玄奘爲使命的佛教思想家。在法藏的判教體系內，玄奘的唯識學只是大乘始教，屈居大乘法門的末位。玄奘認爲阿賴耶識是妄識，主張賴耶緣起論；法藏則主張真妄圓融的真心緣起論。玄奘之學與《地論》、《起信論》絕對不能相容。而法藏則將《地論》、《起信論》等思想融匯入自己的理論系統中。玄奘主張的是純印度式的唯識學。法藏的思想則屬於中國式的真常唯心論。

中國人的思想是比較偏向圓融的。因此有圓融特徵的法藏學說興盛之後，不尚圓融的玄奘一系之唯識學即告沒落。由此可見，即使法藏思想不一定是玄奘之學沒落的唯一原因，至少也是其中的重要原因。民國初年，南京支那內學院的歐陽竟無一系，大力提倡玄奘的唯識學。因此對《起信論》及華嚴宗都不表好感。甚至於說「自天台賢首等宗興盛而後，佛法之光愈晦。諸創教者，本未入聖位，所見自有不及西土大士之處」（《唯識抉擇談》卷首）。這種見解，又再度顯現出印度式佛學與中國式佛學的基本衝突。

不論如何，法藏是有一定的歷史地位的。他是華嚴宗的集大成者，也是中國佛教玄學體系的最後建立者。其玄學體系與智顗的天台止觀哲學，爲我國佛教理論體系的雙璧。如果我們承認有所謂的「中國佛教哲學」的話，那麼，他就是中國佛教哲學的重要創建者之一。在佛教思想領域裏，論體系的龐大，後世的佛教思想家是沒有人能與他並駕齊驅的。

參考書目

《中國佛教史》　黃懺華著，臺北，河洛出版社影印本，六十二年，本書第三章第一節、第四節可參考。

《佛教各宗大意》　黃懺華著，臺北，大乘精舍印經會出版，六十六年，此書之華嚴宗部分可參考。

《佛性與般若》　牟宗三著，臺北，學生書局出版，六十六年，此書第二部第六章論華嚴宗部分可參考。

《法藏和尚傳》　新羅崔致遠撰，《大正大藏經》第五十冊，第二〇五四號。

《法界宗五祖略記》（其中有〈法藏傳〉）　清續法輯，新文豐影印《卍續藏經》第一三四冊。

《望月佛教大辭典》　望月信亨主編，日本昭和四十九年第十版。此辭典第五冊四六二五頁「法藏」條，除敘述法藏事蹟外，並開列法藏之著作四十種。研究法藏之有關資料二十一種，至便初學。

Garma C. C. Chang（張澄基）：*The Buddhist Teaching of Totality, The Philosophy of Hwa Yen Buddhism*. The Pennsylvania State University Press University Park London; 2nd Printing, 1974.

慧潤　〈華嚴法界觀法的構造及其特質〉，六十五年《佛光學報》（高雄佛光山）第一期一二六—一六一頁。

韓愈

張特生 著

目　次

韓愈

一、前言

韓愈是唐朝中葉人，因當時文人承襲了自後漢、魏、宋、齊、梁、陳、隋等八個朝代的不良風氣，寫文章講究駢四儷六，只顧詞藻的艷麗，不問內容有無價值，文風非常淫靡，甚至影響到政治和社會風氣。有識之士，漸漸起來反對，其中以韓愈反對最力，他一方面批判當時流行的文體，一方面提倡文章的復古運動，主張模仿夏、商、周三代及兩漢的文體，而且不贊成抄襲他人的文章，「惟陳言之務去」（〈答李翊書〉），因此他的文章是自成一家，當時及後世學他的人很多，卻沒有勝過他的。他不但獨步當時，而且垂範後世，名列唐宋八大家之首。

同時，韓愈主張「文以載道」，他說他作古文，並非因爲古文的句讀不同於現在；乃是因爲懷念古人而不得見，學古人的「道」而兼通其「辭」，通其「辭」正是有志於古人的「道」（〈題歐陽生哀辭後〉）。因此他的文章除了墓誌銘之類的應俗文字外，大部分是爲了闡明儒家仁、義、忠、恕等道理而作的，所以他的文章，也就是他思想的表現。而且由於他對於思想上的主張，相當執著，有時甚至不計後果的挺身而出，大聲疾呼，因此對當時及後世都發生了很大的影響，後世學者不但推崇他在文學上的偉大成就，並承認他在思想上也有相當大的貢獻，宋朝的蘇軾（字子瞻，號東坡）稱讚他「文起八代之衰，道濟天下之溺」，就是這個緣故。

但由於韓愈文章太好，因此後世的人大都注意他的文章，推崇讚美備至，對於他的思想內涵，反而少有注意闡發者。本編的目的，就是在探討韓愈的思想體系、淵源，及其對後世的影響。

二、生平事略

韓愈字退之，河陽人（即河南孟縣人，《舊唐書》說他先世自後魏時居昌黎，遂爲昌黎人，《新唐書》卻說他是鄧州南陽人，究竟是那裏人，朱子校訂的《昌黎先生集傳及附注》也弄不清楚。據韓愈三十九代孫韓思道所著〈文公的家世及生平〉一文說韓愈是河南孟縣人，孟縣古稱河陽，證諸〈祭十二郎文〉有「從嫂歸葬河陽」之語，可見此說相當可靠。至於後人之所以稱他爲昌黎先生，也許是因爲他的先世居昌黎，而且在宋元豐中，又追封他爲昌黎伯的緣故）。韓愈生在唐朝代宗皇帝大曆三年（七六八年），歿於穆宗長慶四年（八二四年），享年五十七歲。他父親仲卿曾做過武昌縣令，政績很好，去職時，縣民刻石頌揚他的德政，最後做到秘書郎，但是韓愈三歲時，父親就去世了，所以他父親對他以後的成長和發展，似乎沒有多大影響。

父親去世後，韓愈由他的堂兄（伯父的兒子）韓會及堂嫂鄭氏夫婦扶養。韓會本來在朝中當起居舍人（記言的史官），大曆十二年，宰相元載犯罪，韓會因爲與他同黨而受牽連，被貶到韶州（廣東曲江）去當刺史，韓愈那時才十一歲，就跟堂兄播遷到南方，不久，堂兄死在任所，萬里他鄉，一門孤寡，困苦之情，可以想見。幸而嫂嫂鄭氏堅毅過人，帶著一家人及韓會的遺體，舟車並用，排除萬難，歸葬中原，後來中原多事，又舉家避到江左（長江下游），遂定居宣州——就是現在的安徽省宣城縣。

韓愈自幼孤苦，幸有嫂嫂鄭氏撫養教育，他在〈祭鄭夫人文〉中說，嫂嫂「視余猶子，誨化諄諄」，足見鄭氏對他非常好。他自己也很有志氣，從小就能自動讀書，不待他人督促，刻苦研讀儒家書籍，每日記誦數千字。及長盡通六經及百家之學。當時文人多崇尚學古，效法揚雄、董仲舒的著作，其中以獨孤及和梁肅二人最爲淵博，儒林推重，韓愈跟他們的門徒們交遊，銳意鑽研，欲振興當代文風。德宗貞元八年（七九二年），他二十五歲，參加考試，中了進士，就依當時文人習慣，把所作的文章送給公卿們看，曾任宰相的鄭餘慶對他大加讚揚，因此變成聞名於時的人物。不久，宰相董晉出任宣武節度使，上表保薦韓愈做他的幕僚——充任觀察推官。董晉去世之後，徐州節度使又請他充任「府推官」。《舊唐書》說他那時發言直率，無所畏避，操行堅正，拙於世務。後來調到中央，擔任四門博士（四門學是當時一種國立學校的名稱，四門博士則是這所學校的一種教職）。德宗貞元十九年（八〇三年），又升爲監察御史。

德宗晚年，政出多門，宰相不專心於政務，京兆尹李實恃寵而驕，爲政暴戾，橫征暴斂，弄得民不聊生。有個唱戲的名叫成輔端，編了一首歌謠來諷刺他，李實就說他誹謗朝政，把他活活打死，韓愈上書批評，並且說明京畿百姓窮困，今年無法徵起的稅捐，請等到明年再徵，皇帝不但不聽，反將韓愈貶到廣東連州的陽山縣去當縣令。這是貞元十九年十二月的事。

韓愈在陽山令任內，對縣民非常愛護，做了許多有益縣民的事，縣民很感戴他，很多人生了孩子，就用他的姓氏來命名。

順宗永貞元年（八〇五年），韓愈調任江陵府（在湖北省江陵縣）法曹參軍，掌理刑事案件的審判工作。

憲宗元和元年（八〇六年），內調爲國子博士（國子學是當時的貴族子弟學校，國子博士則是這種學校最高級教師職位，其下有助教、直講等）。次年，以國子博士兼任東都司官，元和四年（八〇九年），正式改調爲都官員外郎，元和五年（八一〇年）派爲河南令，翌年轉任職方員外郎。因爲華陰縣令柳澗的犯罪案件，韓愈曾上書幫他說話而被牽連，於元和七年（八一二年）再被降調爲國子博士。他因爲才高而累被擯黜，乃作〈進學解〉一篇以自喻。當時執政的人看了這篇文章之後，非常讚賞他的才氣，同情他的遭遇，並認爲他有寫歷史的才能，便改調他爲比部郎中及史館修撰等職，過了一年，又調任考功郎中，知制誥（起草皇帝的制誥）。元和十一年（八一六年）再調升爲中書舍人，這是職掌制定法令的中書省「正五品上」職，地位相當高。但是不久又有人以韓愈過去在江陵的事來毀謗他，因而被降調爲太子右庶子。

元和十二年（八一七年）八月，宰相裴度出任淮西宣慰處置使，兼彰義軍節度使，韓愈擔任他的行軍司馬（軍中副職，負參謀之責），隨軍東征，平定蔡州（河南省汝南縣）吳元濟的叛亂，回朝之後，因功調升爲刑部侍郎，並命他撰〈平淮西碑〉，他在碑文中敘述很多裴度的事蹟，以致引起當時首先進入蔡州捉住吳元濟，功居第一的李愬不滿，李愬的妻子向皇帝控告碑文不實，憲宗就下令把韓愈撰的碑文磨掉，命翰林學士段文昌重撰勒石。

元和十四年（八一九年），憲宗遣使者往鳳翔迎佛骨入宮中，供奉三天，然後送入佛祠，王公士庶，都奔走膜拜，惟恐落後，甚至有人廢業破產，燒頂灼臂，以求供奉。韓愈聽了非常厭惡，乃向皇帝上了一通〈論佛骨表〉，以非常激烈而露骨的文詞，對皇帝和一般人迷信佛教的行爲，抨擊得體無完膚，甚至說東漢明帝以來，信佛的帝王都運祚不長，有的短命，有的餓死，亂亡相繼。憲宗看了極爲震怒，想把他處死。幸虧裴度和崔羣出來幫他辯解，說他直言諫爭，完全出於一片忠誠。另外還有許多皇親國戚及達官貴人幫他求情，乃貶爲潮州（在廣東省潮安縣）刺史。

韓愈到了潮州之後，上表謝皇帝不殺之恩，表中敘述他在潮州生活環境的惡劣，及他自己的體弱多病，而且年才五十，便髮白齒落，恐怕不久於人世，接著說他雖然不通人情，可是對寫文章卻很有心得，可以爲皇帝寫些歌功頌德的文章，並勸皇帝東巡泰山，祭告皇天，自己則希望能參與其事，有所表現，以贖前過。皇帝看了很受感動，向宰相們表示想再用他，但宰相皇甫鎛素來嫌他太直，恐怕他再被重用，就搶先說韓愈終究太狂疏，酌量給他換個地方就好了，皇帝乃調他爲袁州（江西省宜春縣）刺史。

韓愈初到潮州，接事之後，訪問民間疾苦，得知郡西湫水有一條鱷魚，長數丈，常常偷吃附近民家的牲畜，民家所有牲畜差不多都被吃光了，所以當地人都很貧窮，過了幾天，韓愈到現場去視察，隨即命屬員烤了一隻豬和一頭羊，投入水中，並寫了一篇〈祭鱷魚文〉，警告牠儘快在三天到五天之內離開潮州，遷到南邊大海去，否則，他將選壯士用勁弓毒矢射殺牠。事有湊巧，當天晚上，湫中暴風迅雷大作，過了幾天，湫水竟完全乾涸，流到湫西六十里的地方去，從此潮州人再也沒有鱷魚之患了。

袁州人有把子女押給他人做奴隸的陋俗，約定逾期不贖，就永遠沒入債主家裏爲奴。韓愈到了袁州，設法把沒入的人贖回，歸還給他們的父母，共有七百多人，並禁止百姓再把子女押給他人爲奴隸。

元和十五年（八二〇年），穆宗即位，九月召拜韓愈爲國子祭酒（即國子學的首席教師）。不久，又轉調爲兵部侍郎。恰巧，碰上鎮州（在河北省正定縣）發生兵變，兵馬使王庭湊殺了節度使田宏正，自爲節度使。皇帝沒法平亂，只好派韓愈去宣撫。別人都替他擔心，穆宗皇帝派了他之後，亦有些後悔，覺得不該讓他去冒險，告訴他要相機行事，不必一定進入鎮州，但韓愈還是勇往直前，到了鎮州，庭湊命士兵拔刀張弓來迎接他，把他團團圍住，韓愈毫無懼色，大聲訓斥他們，又情辭懇切的曉以大義，喻以利害。庭湊聽了，對他非常敬重，就接受勸告，不與朝廷作對。

韓愈回朝覆命，皇帝非常高興，於長慶二年（八二二年）調他擔任吏部侍郎，翌年轉任京兆尹（首都地方行政首長）兼御史大夫，但因他與御史中丞李紳不和，互相攻訐，各不相讓，皇帝很生氣，把他們兩人的職務一起調動，韓愈調爲兵部侍郎，不久，又復任吏部侍郎。

長慶四年（八二四年）八月，韓愈因病免職，十二月去世，享年五十七歲，皇帝追贈他爲禮部尚書，謚曰文。

《舊唐書．韓愈列傳》說他性情寬大通達，與人交遊，榮枯不變。少年時，與洛陽人孟郊、東郡人張籍爲友，當時他們兩人還默默無聞，韓愈不畏寒暑，爲他們奔走推薦於公卿之間。後來張籍登進士第，做了官，在公餘之暇，他們還是互相談文賦詩，和從前一樣。對於豪門權貴，卻不太理睬。對於後進，則盡力誘導扶助，家中常常留住了十多人，雖然有時連早餐都沒有著落，韓愈還是怡然自得，毫不在意，很多人在他的幫助鼓勵之下，成了知名之士。他一生都以振興名教，弘揚仁義之道爲己任。至於他在文學上的成就，前文已經提到，這裏不再重複。

三、重要著作

據〈昌黎先生集序〉的記載，韓愈去世之後，他的學生李漢收拾整理他的遺文，得到下列各種：

㈠賦四篇
㈡古詩二百一十首
㈢聯句十一篇
㈣律詩一百六十首
㈤雜著六十五篇
㈥書啓序九十六篇
㈦哀辭祭文三十九篇
㈧碑誌七十六篇
㈨雜文四篇
㈩表狀四十七篇

以上共有七百多篇，連目錄合爲四十一卷，稱爲《昌黎先生集》，流傳於世。此外，另有

《註論語》十卷，《順宗實錄》五卷，前者傳於學者之間，後者列爲史書。《舊唐書》說韓愈撰的《順宗實錄》，繁簡不當，敘事拙於取捨，頗爲當代人所批評，穆宗和文宗曾叫史臣添改，但因當時韓愈的女婿李漢官居顯要，史臣們很爲難，乃由韋處厚另撰《順宗實錄》三卷。

在韓愈的著作中，大部分都是文藝性的作品，文筆的優美遠超過思想的內涵。充分表現他的思想內涵的文章，是屬於所謂雜著類的，例如〈原道〉、〈原性〉、〈原毀〉、〈原人〉、〈對禹問〉、〈雜說四首〉、〈讀荀〉、〈讀墨子〉、〈師說〉、〈進學解〉、〈爭臣論〉、〈圬者王承福傳〉、〈伯夷頌〉、〈子產不毀鄉校〉等篇是，此外如表狀類中的〈論佛骨表〉等亦各有相當思想上之價值。

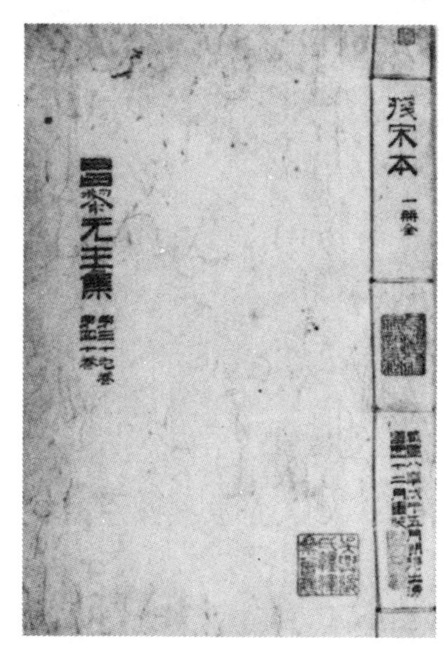

《昌黎先生集》珍本殘卷封面（右）及首頁（左）
（宋刻本，國家圖書館藏）

四、時代背景

1 紛亂的政局

韓愈有生之年，歷經唐朝中葉的代宗、德宗、順宗、憲宗及穆宗五帝，時當承安祿山、史思明相繼作亂之後，藩鎮紛紛割據抗命，帝國分崩離析。雖然憲宗時代的十五年（八〇六—八二〇年）中，中央政府曾經施展鐵腕，用武力征服驕橫抗命的藩鎮，使國家再度統一，因而在唐史上，有中興時期之稱，但基本上，韓愈所處的時代，始終是一個藩鎮跋扈，兵連禍結的時代。這種情況的起因是由於肅宗和代宗，對於許多歸降唐朝的安史部將，不但不加懲罰，反而酬以廣大的地盤和節度使的官位，也不解散他們的軍隊，這無異是對稱兵作亂者的一種鼓勵，因此他們更加驕橫，而且互爲婚姻，相互勾結，與中央抗衡。某一節度使死亡時，便由他的子姪或部眾所推舉的部將繼任其位，客氣一點的，則先稱「留後」，等到中央正式委任狀到達後，再稱節度使，在他們的隸區內，他們可以自由委任官吏，擴充軍隊，徵收賦稅，中央政府不能過問，而他們的親軍衛隊卻又常常發動叛變，驅逐主帥，擁立新主。

大曆十年（七七五年），韓愈八歲時，就有魏博（大名）節度使田承嗣叛變，強奪昭義節度使所轄的一部分地盤，朝廷派兵征伐，不能取勝，承嗣謝罪，朝廷又赦免他，大曆十四年（七七九年），承嗣死亡，其姪田悅擅繼其位，開了藩鎮世襲的惡例。

德宗建中三年（七八二年），韓愈十五歲時，節度使李希烈、朱滔、田悅、李納、王武俊等同反，涇原節度使姚令言的士兵譁變，德宗被逼得倉皇出走，跑到奉天（陝西乾縣）去避難。第二年，朱泚又反。翌年（七八四年），即興元元年，節度使李懷光反，並暗中與朱泚相通，陰謀襲取奉天，德宗聞訊，再逃到梁州（陝西南鄭）。自此以後，叛將們多被部下所殺，取而代之，而且殺人者人恆殺之，如此一代代遞相屠殺，久久不得安寧。

憲宗即位之後，先後平定了劍南（成都）節度使劉闢、夏綏（陝西橫山）留後楊惠琳、鎮海（江蘇鎮江）節度使李錡的叛亂，中央聲威大振。

憲宗元和十年至十二年（八一五—八一七年）討伐淮西（河南汝南）吳元濟之亂，是歷史上有名的戰役，韓愈曾以行軍司馬的身分，隨同主帥出征平亂。

淮西之亂，淄青（益都）節度使李師道暗中出兵助吳元濟，淮西平定後，唐室派李光顏、李愬等統軍進討，元和十四年（八一九年）師道被部將劉悟所殺，淄青遂平。

元和十五年，憲宗死後，穆宗即位，河北諸鎮又相繼叛變。長慶元年（八二一年），成德（正定）舊將王庭湊殺死節度使田弘正，自稱留後，唐室遣兵討伐無功，只好派韓愈去宣撫，這是前面已經說過的。這也是韓愈一生中所經驗的最後一次戰亂。

2 苛暴的官府

在一個戰亂相乘的時代裏，人民的生活本來就夠痛苦的了，再加上德宗在位的二十五年裏，大部分的時間有權奸盧杞、裴延齡、李齊運、李實、韋執誼等當道。據歷史記載，盧杞生來容貌醜陋，心性陰險而有辯才，德宗喜歡他的口辯之才，在建中二年（七八一年）越級提升他爲宰相，他爲了要立威，不惜殘害忠良，凡不依附他的人，必設法置之死地，並採行判度支（主管財政的官員）趙贊所奏的兩種苛捐雜稅，一爲「稅間架」，是一種房屋稅，按照房屋的大小來徵稅，另一種叫做「除陌錢」，民間每一項買賣，都要依金額大小來抽稅，如有逃漏，加重處罰。盧杞還要從中敲詐剝削，中飽私囊，弄得民不聊生，怨聲滿天下。後來雖然在建中四年（七八三年），因爲他排擠名將李懷光，李懷光上表暴露盧杞等的罪惡，德宗才將他和白志貞、趙贊等貶爲遠州司馬。

可是和盧杞同黨的裴延齡又被重用，貞元八年（七九二年），德宗欲用裴延齡爲判度支，宰相陸贄竭力反對。他說：「度支準平萬貨，刻吝則生患，寬假則容姦，延齡誕妄小人，用之恐傷聖鑑。」德宗不聽，還是用了他。德宗明知延齡誕妄，但是因爲他愛說別人的壞話，而德宗又很想知道外面的情況，正是投其所好，所以對延齡特別親厚，朝中羣臣，因爲他得皇帝寵信，大家都怕他，不敢說他不好，只有陸贄敢說，直陳延齡姦詐，數說他的罪惡，德宗聽了很不高興，貞元十年（七九四年）把陸贄貶爲太子賓客，第二年又貶爲忠州別駕（州刺史佐官）。

德宗逃到奉天時，生活很困苦，所以回到長安以後，就想盡方法來聚斂錢財，藩鎮和地方官，多以進奉銀錢來討好皇帝，以求升遷，而他們則以「增斂百姓，或減刻吏祿或販鬻蔬果」等方法來搜括，結果是羊毛出在羊身上，更加重了老百姓的負擔。

更糟糕的是，皇帝宮中需用的物品派宦官（宮中太監充任的官職）主持採購，稱為「宮市」，經常派出好幾百人到市上強買老百姓的物品，以用紅紫顏料染過的舊衣破布，撕成一片片，付給貨主，算作價金，另外還要向他們索取進奉「門戶及腳價錢」，所以名爲「宮市」，實際是強奪民物。有一次，一位農夫用驢載柴上街叫賣，宦官把他的柴取去，還要索取門戶錢，農夫說，我有父母妻子，等著我賣柴買米下鍋，現在柴給了你，沒有付價金，你還不放過我，我也不想活了。就動手毆打那宦官，街吏把農夫捉起來，事情鬧到皇帝知道了，皇帝下令賜那農夫絹十匹，作爲補償，但「宮市」的陋規還是沒有廢除，諫官、御史，以及徐州節度使張建封屢諫無效。

韓愈生活在這樣的政治和社會環境裏，平日所見所聞，自然會對他的思想發生很大的衝擊作用，使他充滿了悲天憫人的情懷和撥亂反正的期望。他所寫的文章，大部分都是有感而發的，例如貞元十一年（七九五年）間，當裴延齡橫行無忌，陸贄等被譖遭貶的時候，諫議大夫陽城只是日夜與客痛飲，一句話不說。年輕氣盛的韓愈，方成進士不久，便作〈爭臣論〉一文，指名諷刺他，文中將言官職責，以及知識分子的責任，剖析得非常透徹，這可以說是他政治思想的一部分。

3 釋道兩教的盛行

唐初，佛道二教都很盛行，太宗比較尊崇道教，這與李唐皇室與老子同姓有關，當時道士、女冠（即女道士）的法定地位，在僧尼之上，但太宗對於佛教不僅未加抑制，而且對於佛經的翻譯，曾經熱心贊助，貞觀十九年（六四五年），僧玄奘自天竺遊學歸來，攜回佛經六百餘部，太宗特在長安設立譯經場，命他譯經，並命房玄齡、許敬宗等，廣召碩學沙門數十名相助。高宗武后時，佛教益盛，武后因爲出身於佛教家庭，特別崇信佛教。後來更利用佛經，作爲稱帝的理論根據，玄宗時，雖曾淘汰僧尼，但民間信仰已深，無法遏止，其後經肅、代、德、順諸帝，佛教愈來愈盛，憲宗是英明有爲的皇帝，但還是命人迎佛骨於鳳翔，留宮中三日，以求福祉。「上有好之者，下必有甚焉者。」當時一般人迷信佛教的情形，就可想而知。

道教在唐朝，大體上是爲皇室所尊奉的，其原因除了皇室與老子同姓外，還因爲唐代皇室多喜服食丹藥，以求長生。而丹藥的煉製，正是道士們的專長，因此很得皇帝的寵信。高宗乾封二年（六六七年），追封老子爲太上玄元皇帝，道教地位益隆。武后臨朝，加意提倡佛教，道教聲勢大減，到玄宗時，又提倡道教。他一度命道士、女冠隸屬於宗正寺，簡直把他們看作皇帝的宗室（家族）。又設崇玄學，置大學士一人，以宰相兼任，並領兩京玄元宮及道院。當時全國道觀共有一千六百八十餘所，公主妃嬪，多入道院爲女冠，受「金仙」、

「玉真」等封號，這是道教的全盛時代，肅、代二宗，因內亂頻仍，對佛道二教雖然無暇提倡，但亦未加抑制，德宗與憲宗，則佛道兼信，一般老百姓亦是一樣。在這種情況之下，韓愈眼看國家多故，而朝野士庶猶不圖振奮，迷信佛道，曠廢正業，難怪他要大聲疾呼的排斥佛老，竭力主張恢復儒家積極的入世精神。

五、思想體系

1 道德論

在韓愈的文章中，最能表現他的中心思想的是〈原道〉一文。雖然後世學者大都認爲韓愈的主要功勞，只是「觝排異端，攘斥佛老」，而且他排斥佛老，亦只是從宗教信仰上加以攻擊，而無理論上的批判，因此，認爲他在儒學的闡揚上，鮮有積極的建樹，但是，如果細加分析，亦會發現他對儒家思想的發展，還是有相當的貢獻。

㈠他給「仁、義、道、德」四個觀念，各下了一個簡潔明瞭的定義。他說：「博愛之謂仁，行而宜之之謂義，由是而之焉之謂道，足乎己無待於外之謂德。」這等於說：⑴「仁」就是博愛大眾；⑵「義」就是適當的行爲；⑶「道」就是通向仁義的道路；⑷「德」就是篤行仁義時，在思想上和行爲上所表現的滿足狀態。

此外，韓愈並且進一步說明：「仁與義爲定名，道與德爲虛位。」「凡吾所謂道德云者，合仁與義言之也。」這就是說，道德不能離開仁義，離開仁義，便無所謂道德。

孔子亦說過：「汎愛眾而親仁。」（《論語・學而第一》）「樊遲問仁，子曰，愛人。」（〈顏淵第十二〉）已經隱含「仁就是博愛」之意。

孔子在道德上，特別注重仁，孟子又加上一個義字，他說：「仁，人之安宅也；義，人之正路也。曠安宅而弗居，舍正路而不由，哀哉。」（〈離婁上〉）孟子又說：「仁者，人也，合而言之，道也。」（〈盡心下〉）由此可見，韓愈的仁義道德觀念，很顯然是淵源於孔孟，但他爲它們各下了一個明確的定義，已是功不可沒，更何況，在道德論的範疇裏，韓愈還有後述各項貢獻。

㈡他肯定了儒家道德觀念的普徧適用性。他在〈原道〉裏說：「凡吾所謂道德云者，合仁與義言之也，天下之公言也，老子之所謂道德云者，去仁與義言之也，一人之私言也。」這就是說，他們竭力維護的仁義道德觀念，是有普徧適用性的，是世界上大多數人所樂於接受的道理，而老子的道德觀念，則是偏激的一家之言，不合大多數人的需要，亦不是一般人所能接受的。

㈢他指出儒家道德觀念在尋常日用之間。他說：「夫所謂先王之教者何也？博愛之謂仁，行而宜之之謂義，由是而之焉之謂道，足乎己無待於外之謂德。其文，《詩》、《書》、《易》、《春秋》；其法，禮、樂、刑、政；其民，士、農、工、賈；其位，君臣、父子、師友、賓主、昆弟、夫婦；其服，麻、絲；其居，宮室；其食，粟、米、果、蔬、魚、肉。其爲道易明，而其爲教易行也。是故以之爲己，則順而祥，以之爲人，則愛而公；以之爲心，則和而平；以之爲天下國家，則無所處而不當。」這是說明，儒家的仁義道德完全表現在國家的禮、樂、刑、政，和一般人的衣、食、住、行等日常生活裏，是最切合國家、社會和人民需要的行為準則。

㈣從經濟觀點排斥佛老。從經濟觀點說，韓愈認為：「古代社會，人民只有士、農、工、商四種，現在卻加上和尚、道士，變成六種。古時，從事教化工作的人，只有儒家，現在加上釋、道兩家，變成三家。因此，一家農民種田，要供給六家人的糧食。做工的人只有一家，使用器具的人卻有六家，經商的人只有一家，賴以通有無，作買賣的卻有六家，難怪現在的百姓都很貧窮，有的甚至鋌而走險，去做強盜小偷。」因此他認為佛老應該排斥。

㈤為破除迷信及衛道而排斥佛老。韓愈對於佛老，並非全然無知，我們甚至可以說他對佛學亦有相當瞭解，並表讚許。例如他在〈與孟尚書書〉中說：「在潮州時，有一老僧，號大顛，頗聰明，識道理，他實在是個能外形骸，以理自勝，不為事物侵亂的人。跟他談談，雖然未必全懂，但大致可以胸中無滯礙，以為難得，因而與他來往。」

又如他在〈送高閑上人序〉中說：「今閑師浮屠（佛）氏，一死生，解外膠，是其為心必泊然無所起，其於世必淡然無所嗜。」這是說高閑上人學佛，能把死與生看成一體，從外界的一切中解脫，心中寧靜淡泊。

韓愈對老子學說的了解，方可從〈原道〉一文中看出。他排斥佛老的理由，除了前面所述的經濟觀點外，還有「破除迷信及衛道」兩個理由，這在〈與孟尚書書〉中，亦說得很明白。

⑴關於破除迷信，他說他與老僧大顛來往，完全因為彼此談得來，並非「崇信其法，求福田利益也」。他認為君子行己立身，自有法度，只要仰俯無愧，積善積惡，是禍是福，聽

其自然，何必捨去聖人之道和先王之法，信仰夷狄之教，以求福利，假如釋氏能給人降禍祟，守道君子亦不必懼怕，何況萬萬沒有這個道理。

(2)關於衛道，他說孟子言拒楊墨，是因爲聖賢之道不明，秦皇焚書坑儒，聖道又遭受極大破壞，漢朝以來，羣儒修補，百孔千瘡，隨亂隨失，其危如一髮引千鈞，這時卻又有人提倡釋老，「鼓天下之衆而從之，釋老之害，過於楊墨，韓愈之賢不及孟子，孟子不能救之於未亡之前，而韓愈乃欲全之於已壞之後」，固然是不自量力，但是假使「其道由愈而粗傳，雖滅死，萬萬無恨。」他決心衛道，甚至願以身殉道的精神，真是躍然紙上。

2 社會進化論

韓愈從社會進化的觀點看，認爲老子的思想是不切實際的，他說：「古代的人所遭遇到的禍害很多，有了聖人之後，才教給人民相生相養之道。作他們的領袖，作他們的導師，把有害的蟲、蛇、禽、獸驅走，讓人民安頓在中國；寒冷時，教他們做衣服；饑餓時，教他們找食物；在樹上構木爲巢，容易掉下來，居住在地面上，容易生病，就教他們做房屋來住。此外還訓練工人製造器具；教人經商，以通有無；發明醫藥，來防治疾病，以免夭亡；定下埋葬、祭祀的禮儀，來培養恩愛的感情；用禮節來定先後次序；用音樂來陶冶性情，宣洩抑鬱；建立政治制度，使人民不敢怠惰，訂定刑罰，以剷除強橫欺壓的行爲；制定符璽印信及斗斛尺寸等度量衡，以爲徵信；因爲有爭奪，所以建造城郭甲兵來防守；爲了怕有禍害到來，就事先加以準備；患難發生時，就設法防堵，可見聖人的作用很大。而老子卻說：『聖人不死，大盜不止，剖斗折衡，而民不爭。』這完全是不經思考的說法。如果古代沒有聖人，恐怕人類早已消滅了，因爲人類沒有羽毛鱗介以抵抗寒熱，也沒有爪牙可以爭取食物。」

這對老子主張「絕聖棄知，無爲而治」的理論，是一種有力的駁斥。雖然孔子對於上古時代的無爲而治，也曾表示讚揚，他說：「無爲而治者，其舜也與！夫何爲哉？恭己正南面而已矣。」（〈衛靈公第十五〉）但他並沒有像老子一樣主張徹底的無爲主義。而韓愈的前述主張，則是從正面提出相反的主張，從社會進化的觀點，來批判無爲主義的不切實際，這也可說是他的社會進化論。

3 道統論

儒家所謂道統，是指歷代聖人傳授和繼承下來的思想體系和傳統，這種相互傳授和繼承的關係，就是道統。韓愈在〈原道〉一文裏，明白指出他所說的「道」，並不是老子和佛家的「道」，而是堯傳給舜，舜傳給禹，禹傳給湯，湯傳給文王、武王和周公，文武周公傳給孔子，孔子傳給孟軻的道，孟軻死了以後，就不得其傳了。荀子和揚雄只選擇的傳了一些不精純的部分，而且語焉不詳，不能算是正統傳人。韓愈的這一段話，把歷代聖人相傳相繼的道統關係表示得非常明確。

孟子也曾說過三段有關道統的話：

孟子在〈盡心章句下〉說：「由堯、舜至於湯，五百有餘歲，若禹，皐陶則見而知之，若湯聞而知之。由湯至於文王，五百有餘歲，若伊尹，萊朱則見而知之，若文王則聞而知之。由文王至於孔子，五百有餘歲，若太公望，散宜生則見而知之，若孔子則聞而知之，由孔子而來至於今，百有餘歲，去聖人之世若此其未遠也，近聖人之居若此其甚也，然而無有乎爾，則亦無有乎爾。」這一段對於道統的流傳說得相當明白，而且特別指出那些人對於道統的體現，曾經親身目睹；那些人是得之隔代流傳，不過這段話裏沒有提到武王和周公，似乎對於道統流傳的敘述並不完全。這就要用他所說另兩段話來補充。

孟子說：「禹惡旨酒而好善言，湯執中，立賢無方。文王視民如傷，望道而未之見，武王不泄邇。不忘遠。周公思兼三王以施四事。其不合者，仰而思之，夜以繼日；幸而得之，坐以待旦。」這就把禹、湯、文、武、周公一起說到了（〈離婁下〉）。

孟子又說：「昔者禹抑洪水而天下平。周公兼夷狄，驅猛獸，而百姓寧。孔子成春秋而亂臣賊子懼。……我亦欲正人心，息邪說，距詖行，放淫辭，以承三聖。」（〈滕文公下〉）這裏孟子已經當仁不讓的把自己也列爲道統傳人。

把以上孟子所說的三段話合起來看，正和韓愈所提的道統源流相一致，不過孟子在儒家道統中的地位，他自己只是表明他的志願，經過韓愈的指認，才算是正式確定。這也可說是韓愈在儒家思想上的貢獻之一，這種對於道統的明白確認，對於後世學者發生了積極的激勵作用，宋明理學的發達，多少亦受了這種道統觀念的影響，張橫渠所說的「爲天地立心，爲生民立命，爲往聖繼絕學，爲萬世開太平」，正是道統觀念的高度發揚。

4 恕道論

據《論語》記載孔子曾對曾子說：「參乎，吾道一以貫之。」可是沒有說明這「一以貫之」的道，究竟內涵如何。據曾子事後解釋是：「夫子之道，忠恕而已矣！」宋朝的朱熹進一步解釋說：「盡己之謂忠，推己之謂恕。」（見朱註《論語．里仁第四》），這和孔子所說：「躬自厚，而薄責於人。」（〈衛靈公第十五〉）——責備自己要嚴，責備他人要薄的道理正相脗合。關於這一點，韓愈在他所寫的〈原毀〉一文中，作了更爲透闢的闡釋。

韓愈寫〈原毀〉的本意在說明：世人多怠惰而善妒忌，「怠惰的人不能修養品德，妒忌的人，怕別人修養好。」所以對別人非常苛刻，喜歡毀謗他人，因此有「事修而謗興，德高而毀來」的現象。他感嘆的說：「嗚呼，士之處此世，而望名譽之光，道德之行，難矣！」

可是韓愈在說明古代的君子如何的「責己重，責人輕」的道理時，卻把忠恕之道闡發得非常淋漓盡致。他說：古代的君子，因爲責己很重，所以不敢怠惰；因爲責人很輕，所以他人樂於爲善，他們往往以舜和周公爲榜樣，早夜苦行力學，希望能達到舜和周公的境界，他們對於別人都只說：「他能有這種德行，就可算是個好人，他有這種知能，就可算是個多才多藝的人了。人家有了一項好處，就不苛求他有第二項，他現在變好了，就不苛責他過去的缺點，只擔心他不能得到爲善的利益。」韓愈這種說法，對於孔子的忠恕之道，實在有發揚光大的作用，使人更易了解、更易實踐。

5 人性論

人性究竟是善是惡，還是善惡混？在儒家思想史上，曾經是個聚訟紛紜的問題，韓愈在〈原性〉一文，提出了他獨到的見解。

他首先提出關於人性問題的正面主張，並根據歷史上的事實加以論證，然後基於人性分析的結果，提出教罰並重的結論：「上之性就學而愈明，下之性畏威而寡罪，是故上者可教，而下者可制也。」

他說：「性是與生俱來的，情是接觸事物後才發生的。性有三品，表現在五項德目上。情亦有三品，表現在七種情緒上。性可以分作上中下三品，上品的性，全是善的；中品的性，是可導而上下的，下品的性，全是惡的。表現人性的五項德目是仁、禮、信、義、智。上品的性，對於那五項德目，能主於一（指仁）而行於四（指禮、信、義、智）。中品的性，對於那五項德目中的第一項不是偏多，便是偏少，對於其餘四項則混雜不清。下品的性，反於一（指仁）而悖於四（指禮、信、義、智）。」

他主張性的品級對於「情」有影響，因此情亦可分爲上中下三品，表現在喜、怒、哀、懼、愛、惡、欲等七種情緒上，上品的情，對於那七種情緒的發動，能夠恰到好處；中品的情，則有過與不及，但還能求得其中；下品的情，大都是放縱狂亂，不能節制。因此，情的品級對於「性」亦有影響。

他接著依據歷史(《國語》、《左傳》等)上所載事實，以叔魚、楊食我及越椒三人初生時的情形證明人性並不是生而皆善，以反駁孟子性善之說；以后稷及文王初生與幼年時的情形，來證明人性並不是生而必惡，以反駁荀子性惡之說；以堯的兒子丹朱，舜的兒子商均，文王的兒子管、蔡，瞽叟的兒子舜，以及鯀的兒子禹來證明人性並不是善惡混，以反駁楊子人性是善惡混的主張。韓愈說來有根有據，雄辯滔滔，所以有人稱讚他這篇〈原性〉，具有萬古獨到的見解。這可算是他在思想上的一大貢獻。

6 宇宙論

儒家學者特重人文思想的闡揚，很少談到人生以外的事，韓愈生平以繼承儒家道統為職志，自然也是一位人文主義者，他的著作大都是討論人生、倫理、道德和政教等問題，關於宇宙和本體方面，只是在討論人生問題時，偶爾涉及，附帶提到，茲列述三點於後：

㈠有神論：關於宇宙的第一個問題，是有神或無神的問題，韓愈在〈原道〉裏說：「郊焉而天神假，廟焉而人鬼饗。」這是說一個人如果能力行仁義，他在冬至日去祭天，天上的神明一定會很高興，他到廟裏去祭祀，祖先的鬼魂也會接受。可見韓愈認為天地之間有神存在，不但有神，而且有鬼。

韓愈還寫了一篇名為〈原鬼〉的文章，專門討論鬼神的有無問題，文中斷言：「無聲與形者，物有之矣，鬼神是也。」這是說，有一種東西是無聲無形的，那就是鬼神，接著他又說：無形無聲是鬼的常態，但是如果人忤悖天心，違反民意，不信於物，有逆倫常，鬼也會變成有形有聲的東西，來降禍於人，在這裏，他是鬼神併舉，他承認有鬼，同時也承認有神。

此外，韓愈在他所寫的其他文章裏，也常提到神。例如〈祭十二郎文〉裏有「吾行負神明，而使汝夭」，並說：「所謂天者誠難測，而神者誠難明矣。」

㈡汎神論：韓愈在潮州時，曾寫過祭神文五首，三篇祭大湖神，一篇祭城隍，一篇祭界石神。在袁州時，也寫了三篇祭神文，一篇祭城隍，兩篇祭仰山之神。另有一篇〈祭湘君夫人文〉。他當京兆尹兼御史大夫時，又寫過一篇〈祭竹林神文〉，一篇〈曲江祭龍文〉。這些祭神文，雖然都是些爲老百姓祈晴、祈雨及謝恩、報德之作，充滿迷信色彩，但由此可見韓愈是多神論的。而且他承認山、水、竹、石都有神祇，簡直可以說是一位汎神論者。

孔子認爲宇宙萬有是由天主宰，他說：「天生德於予，桓魋其如予何？」（〈述而第七〉）「天之未喪斯文也，匡人其如予何？」（〈子罕第九〉）孔子所謂的天就是神，而且孔子也祭神，他說：「祭神如神在。」（〈八佾第三〉）足見孔子也是有神論者，韓愈上承儒家傳統思想，他認爲有神的存在，自無足怪。

㈢三分法的宇宙觀：韓愈在〈原人〉一文中說：「形於上者謂之天，形於下者謂之地，命於其兩間者，謂之人。形於上，日月星辰皆天也，形於下，草木山川皆地也，命於兩間，夷狄禽獸皆人也。」這是說：宇宙是由天、地、人三者構成，其他的一切事物，都可歸納在這個範疇裏，這是種很特殊的說法，淵源於《易．繫辭》所謂：「《易》之爲書，廣大悉備，有天道焉，有人道焉，有地道焉，兼三才而兩之。」（〈繫辭下〉第十章）卻說得更爲具體而肯定，這是韓愈的三分法宇宙觀，宋代張載〈西銘〉所謂：「乾稱父，坤稱母，予茲藐然，乃混然中處。」恐怕也多少受了韓愈這種宇宙觀的影響，進而發展成爲他獨到的「民胞物與」的偉大境界。

7 本體論

韓愈的本體論，和他的宇宙論一樣，也是隱藏在他討論人生的文章裏。在〈原人〉一文中，他說：「天道亂，而日月星辰不得其行，地道亂，而草木山川不得其平，人道亂，而夷狄禽獸不得其情。」他接著又說：天是日月星辰的主宰。主宰如果殘暴不仁，就失去了做主宰的「道」，所以聖人對於萬物都「一視而同仁，篤近而舉遠。」

在〈原人〉這篇文章裏，韓愈強調了三項重要的思想觀點：

第一是強調道的重要性，天有天道，地有地道，人有人道。而且這三種「道」，都不能亂，如果「道」亂了，那麼日月星辰就要失其常軌，而無法運行；草木山川就要失掉平衡，而草枯木壞，山崩川決；夷狄禽獸將得不到情感上的平靜，而多怨憤。可見「道」是非常重要的，這無異說「道」是天地人的主宰，其重要性殆與老子所說的「先天地生」的「道」相同。

第二是把天、地、人三者抽象化和人格化。他主張「天」是日月星辰的共名，同時又是日月星辰的主宰；「地」是草木山川的共名和主宰；「人」是夷狄禽獸的共名和主宰。這即是說一切「形於上」的日月星辰，都屬於「天」的範疇，而「天」本身又是一切「形於上」的實體的主宰；一切「形於下」的草木山川，都屬於地的範疇，而「地」本身又是一切「形於下」的實體的主宰；一切存於「天」和「地」之間的夷狄禽獸，都屬於人的範疇，而「人」又是夷狄禽獸的主宰。

第三是強調一視同仁的重要性。韓愈從天地人三者的大道中，領悟到「去暴存仁」的重要，因此歸結到如何做一個「有道」的統治者的基本原則，那就是對萬事萬物都要「一視同仁」，大公無私，「篤近舉遠」，無所偏愛，也無所遺漏，應該像陽光一樣的普照大地。

由上可見，在韓愈的思想領域裏，宇宙本體和人生的「道理」是通體相連。宇宙的本體是「道」，而道的本質就是「仁」，人生的大道也是「仁」，在「道」和「仁」的融合貫通之下，「天」與「人」就合而爲一了。

8 方法論

韓愈並沒有寫方法論方面的專文，不過從其他的文章，可以看出韓愈也很注重思維方法，例如：

㈠在〈原鬼〉一文中，韓愈以聲、形、氣的有無，來爲天地間的事物分類，他說：有些東西是有形體而無聲音的，例如土和石是；有些東西是有聲音而無形體的，例如風和雷霆是；有些東西是既有聲音，又有形體的，例如人和獸是，有些東西是既無聲又無形的，例如鬼神是。這是一種依據事物的特徵來分類的方法。

㈡在〈原人〉一文中，韓愈主張：日月星辰，是天的一部分，草木山川都是地的一部分，夷狄禽獸都是人的一部分，但是他指出：我們不能說禽獸就是人。我們指著山說，「這是山。」那是可以的。山上有草木禽獸，都可包括在「山」的範圍裏，但我們不能指著山的一株草說，「這就是山。」由此可見韓愈是很重視思維方法的。他這種辯證法則，正與戰國時代公孫龍子「白馬非馬」及「堅白同異」之說，有其一脈相承的密切關係。

㈢韓愈在他所寫的〈進士策問〉十三首中，表現出高度的懷疑精神。對於若干古籍上的記載，他並不全盤接受，照單全收，而是採取一種批判性的懷疑態度，例如〈策問〉第一首說：

「《書經》上說，你如果有重大的疑難，應該先問問你的良心，再跟你的卿和士商量，甚至問問你的老百姓，或者用龜筮卜卦，查查是否順利，來判斷吉凶。」如此看來，聖人欲有所作爲時，莫不與人共謀同議。

「可是《易經．繫辭上傳》第八章卻說：君主不能保密，則將失去他的大臣；臣下不能保密，則將喪失他的生命；處理事情不能保密，就會影響它的成功。《春秋》上也有譏諷晉文公洩漏機密的文詞。如此又好像遇事不該與他人共謀，而應該單獨運用思考。《書》與《易》及《春秋》，都是經書，聖人立言，應該是非常謹慎用心的，而文字記載又是如此的互相矛盾，實在叫人不能無疑。以上兩說，究竟誰是誰非？還是各有所指呢？」

又如他在〈策問〉第十一首說：孔子稱：「堯舜垂衣裳而天下理。」又說：「無爲而天下理者，其舜也歟！」這就是說堯舜是「無爲而治」的。可是《尚書》的〈堯典〉、〈舜典〉中明明記載：堯舜曾經「親九族，平章百姓，協和萬邦。」並且測定日月星辰的運行時間，憂愁洪水的禍患；舜亦曾經愼五典（建立五倫觀念——即君臣、父子、夫婦、長幼、朋友），敘百揆（興辦百事），賓四門（接待四方諸侯），齊七政（測定日月及金木水火土五星的運行度數及其遲速順逆），還要祭告上帝、天、地、四時及山川之神，劃分十二州並封祭各州「州山」，疏濬其河流。堯舜二帝都應該是非常繁忙的，又怎能說他們是「無爲而治」呢？韓愈在這裏充分表現了他的懷疑精神。

9　政治思想

㈠賢人政治：韓愈所推崇的歷代道統傳人——自堯、舜、禹、湯、文、武，以至周公、孔子，都是典型的賢人政治家，雖然孔子僅做過短時期的魯國司寇，但他攝行宰相職務期間，誅少正卯，魯國大治，已經充分表現了賢人政治家的風範。所以，我們從韓愈的道統觀念中，亦已可以看出他是主張賢人政治的。

韓愈在他所寫的〈對禹問〉一文中，更明白的表示了賢人政治的主張，他以對話體的筆法展示他的見解：

或問：「有人說堯舜把天下傳給賢者，禹把天下傳給兒子對嗎？」

答：「對的。」

問：「那麼禹的賢明不及堯和舜嗎？」

答：「不對，堯舜傳賢，是欲天下得其所。禹傳給兒子，是擔心後世爲爭天下而發生暴亂。堯舜的利民很大，禹的憂民很深。」

問：「那麼堯舜爲什麼不憂後世呢？」

答：「舜如堯一般的賢能，所以堯傳位給舜，禹如舜一般的賢能，所以舜傳位給禹，得其人而傳位給他，這是堯舜的作法；沒有賢人可傳，又恐怕引起禍患，所以不傳位給他人，這是禹的作法。」

以上這段對話的基本觀念，就是皇帝應該把天下交給賢人來治理，找不到賢人時，迫不得已，才交給兒子去治理，以免引起爭端。歸根結柢，還是強調了賢人政治的理想。

(二)人才觀念：關於人才的培養和運用，韓愈亦有獨到的見解，他在〈雜說〉四首之四內說：

世界上有伯樂（春秋秦穆公時代的一位善於觀察馬的人，本名孫陽），然後有千里馬，千里馬常有，而伯樂不常有，故雖有名馬，只屈辱在奴隸們的手下，死在馬廐裏，千里馬之能，不能見稱於世。能跑一千里的馬，每頓也許要吃一石粟米，餵馬的人不知道牠能跑一千里，未能好好餵飽牠。牠雖然有千里之能，但是吃不飽，力不足，才能也就顯不出來，要求牠和常馬一樣的表現，亦不可得，又怎麼能叫牠跑一千里呢？驅策的方法不對，又不把牠餵飽，馬鳴時，你又不了解牠的意思，卻拿著馬鞭嘆說：「天下沒有好馬！」其實是因為你不懂馬。

這段話對於發掘人才、培養人才，和正確運用人才的重要，說得十分透徹中肯，韓愈寫這篇文章時，也許有些懷才不遇的牢騷，但卻透露了他的人才觀念，這和他的賢人政治的理想，亦有密切關係。

㈢君臣之義：君臣是五倫之一，君臣之義爲儒家思想中的重要部分，對於君臣之間，應如何各守分際，各盡職責，做得恰到好處，向來是學者熱烈研討的課題。韓愈以儒家道統傳人自命，自然亦會注意到這個問題，他有兩篇文章是以君臣之義爲主旨的，一篇是〈伯夷頌〉，一篇是〈爭臣論〉。

韓愈在〈伯夷頌〉裏說：「殷朝敗亡，周代興起的時候，微子是位賢人，他抱著殷朝的祭器逃走；武王、周公是聖人，率領天下賢士、諸侯去攻打紂王，從沒有人說他們不對，惟獨伯夷、叔齊說不可以。殷被滅亡之後，天下歸於周室，只有他們兩位恥食周朝的糧食，寧肯餓死。他們這樣做，並不是有所求，乃是『信道篤而自知明』的緣故。」

韓愈在這裏所謂「道」，是指君臣之道，他在這篇文章的末尾說：

雖然，微二子，亂臣賊子接跡於後世矣。

這就點明了嚴守君臣之義的重要，這種嚴格的君臣觀念，在今天民主時代看起來，誠然令人不敢苟同，但在君主封建時代，爲了維持政治重心的穩定及人民和平安定的生活，確有其一定的價值。

韓愈在〈爭臣論〉一文裏，又爲「臣道」樹立了兩個標準。一個標準是「有官守者，不得其職則去；有言責者，不得其言則去。」這是說擔任政府官職的人，如果不能貫徹他的政策，盡到他的職守，就該辭職不幹；擔任諫議大夫之類的言官，如果不能盡到他的言責，也應該辭職，否則，便是尸位素餐，有失爲臣之道。

另一個標準是：入朝規諫君王，出來不讓別人知道，這是大臣宰相的事；至於諫官，則應該直言敢諫，並且要使四方後代，知道朝廷有直言骨鯁之臣，天子有從諫如流之美，庶幾乎隱居巖穴的人，聞而仰慕，束帶結髮，願意進入朝中來陳述意見，使君主成爲堯舜一樣的賢君，把偉大的盛名流傳於無窮。

以上兩點，除了說明爲人臣者應該負責盡職之外，並強調了言官的重要，言官直言敢諫，才能使君主像堯舜一樣的賢明。這種說法，不但在君主時代是正確的，即使在民主時代的今天，就一般公務員對於國家的責任而言，仍然有其相當的價值。

㈣重視輿論：韓愈寫了一篇〈子產不毀鄉校頌〉，讚美鄭子產不毀去國人用以聚集論政的鄉校，鄭國因而大治，他說：

我懷念古代鄭國的子產，他以禮治國，國人起初不能安然接受，跑到各鄉的學校裏去批評時政，人多嘴雜，議論紛紛。因此有人對子產說：「把鄉校毀去，議論自止。」子產回答說：「議論多不但沒有什麼可怕，反倒可以促成政治的進步，而且這也不算『多言』，只不過表示各人的意見，好的意見我應該實行，不好的事我該避免。是非善惡，我根據眾人的意見來判斷。河川不可用提防攔堵，言論不可勉強消弭。人民的嘴巴堵塞了，上面的官吏便會變成聾子，國家就有傾覆的危險。」

韓愈又說：周朝初興的時候，供養老年人，請他們建言國政，周朝衰落時，厲王暴虐，派人監視批評他的人，成敗之跡，顯而易見。

由此可知韓愈深切瞭解輿論的重要，他主張政府應該容忍一個言論自由的開放社會，因爲只有在一個開放的社會裏，下情才能上達，政府才能瞭解人民真正的需要，政府才能建立在一個堅實穩固的基礎上。

10　教育思想

韓愈的教育思想，表現在他所寫的〈師說〉和〈進學解〉兩篇文章裏，他的主要觀點有三：

㈠教育的目的在傳道、受業、解惑：韓愈在〈師說〉裏說：教師的功能是傳道、受業、解惑，教師是教育機構的核心，因此，韓愈所說的教師的功能，亦即是教育的功能和目的。

根據韓愈在〈原道〉一文的主張，所謂傳道，當然是傳儒家歷聖相傳的仁義之道；所謂受業，指的是專門技能或學問的傳授，這可以從〈師說〉中所提「聖人無常師，孔子師郯子、萇弘、師襄、老聃」看出來，因爲郯子知道古代少昊氏以鳥名官之故，萇弘是位音樂家；師襄是位善鼓琴的樂師；老聃懂禮，孔子就分別向他們學習那些專門技能和學問。所謂解惑，是指解答人生和「道」、「業」等各方面的疑惑。

一個人如能從教育中，接受歷聖相傳的大道，學得一些專門知能，又能對人生和道、業等各方面的疑難問題，得到相當圓滿的解答，教育的目的自然可算圓滿達成。

㈡教師的資格：因爲韓愈主張教師的功能和教育的目的是傳道、受業、解惑，因此他主張教師的資格應該是「聞道」或「術業有專攻」，至於年齡大小，身分貴賤，都無關緊要。他說：「生乎吾前，其聞道也，固先乎吾，吾從而師之。生乎吾後，其聞道也，亦先乎吾，吾從而師之，吾師道也。……是故無貴無賤，無長無少，道之所存，師之所存也。」

韓愈更進一步強調「弟子不必不如師，師不必賢於弟子，聞道有先後，術業有專攻，如是而已。」這在當時，確實是一種很進步的看法，這種境界，直到現在還有人無法達到。

㈢培養不急功近利的人才：〈進學解〉一文，雖然是韓愈自說自話，自我解嘲的文章，卻亦透露出他對教育應該培育何種人才的看法。他說：

「諸生業患不能精，無患有司之不明；行患不能成，無患有司之不公。」這是教導學生要專心向學，力求精進，忠於所事，力求有成，不可急功近利，擔心執政當局的不明不公。並舉出孟軻和荀卿的一生行事，來勉勵學生。他說：「由於孟軻好辯，孔子之道才益加明白，不過孟軻自己奔走天下，終不見用。荀卿守正，弘揚了他的偉大理想，卻被人讒害，逃到楚國，死在蘭陵。但是這兩位儒者，講的話成爲經典，他們的一舉一動，足爲他人法式，他們是出類拔萃的進入了聖人的境界。」這是韓愈對孟、荀二氏的最高讚美，亦表露了他對教育應培養何種人才的看法。

11 國防思想

前面說過，韓愈所處的時代，是個藩鎮跋扈，兵連禍結的時代，他自己曾親身參與過兩次重大的平亂行動，一次是出征淮西，一次是宣撫王庭湊。他處在這樣的一個時代裏，自然會想到國防的重要。

韓愈的國防思想，主要表現在他所作〈守戒〉一文裏，他的基本觀點有二：

㈠有備無患：韓愈首先以譬喻的方式說：

> 把住宅建在山上的人，知道猛獸的為害，必定設置高高的藩籬，並在籬外設陷穽；把住宅建在都市的人，知道有穿窬的小偷，必定建起高高的垣墻，並在住宅內加上堅固的門鎖，這是野人鄙夫都懂的道理。可是有些通都大邑，介於倔強的藩鎮之間，卻不知道加強守備，……因為他們認為不必要，所以不做，這是天下最大的禍患，材力不足次之。因為如果認為守備不必要，則敵人來了亦不會知道；而材力不足的人，因為能夠事先注意守備，反倒可以遠離禍患。……那些倔強的藩鎮，惟恐天下不亂，時時在伺機攻擊我們，比之猛獸及穿窬的小偷要厲害得多，我們怎麼可以不加強戒備。

㈡得人：韓愈在〈守戒〉一文中，反覆說明「戒備」的重要之後，提出「如之何而備之」的問題，他的答案是「在得人」。所謂「得人」究何所指，韓愈在〈守戒〉一文中，並未進一步加以說明，但在〈祭田橫墓〉文中有一段話，可以用來作「得人」一語的註釋，韓愈在祭文中說：

當秦代敗亂的時候，得一士就可以稱王，為何你——田橫有五百人，結果還要自殺，是否你的人都非賢能之士，抑或是因為天命有一定的歸向呢？

由上可見韓愈所謂得人，當係指得賢能之士而言，可見他的國防思想著重在得賢能之士，以爲守備之資。換言之，他的國防思想是以人才主義爲支柱的。

12 人生哲學

韓愈的人生哲學，在他的道德論、道統論與宇宙論中，已可見其端倪，基本上，是仁民愛物，積極進取的。而在他所著〈圬者王承福傳〉及〈答李翊書〉兩文中，更有明確的表白，在〈圬者王承福傳〉（以下簡稱〈圬文〉）裏，韓愈表明了兩個觀點：

㈠分工的社會，盡責的人生：在〈圬文〉中，韓愈藉圬者（即泥水匠）王承福的口氣說：「粟，是耕稼所產生的；布和帛，必須養蠶績麻才能造成；其他養生的物品，亦都要靠人力才能做好；我們都依賴那些物品生活。但人不可能事事都自己做，因此應該各盡其能，互相依賴。君王是治理我們的，百官承王命而化育百姓。任務各有大小，他們的功能正和器皿一樣。我們吃了一份糧食，如果怠惰工作，必有天殃。……用力的人，可以靠勉強努力來表現功績；用心的人，卻很難靠勉強努力，而變得有智慧。因此用力者使於人，用心者使人」。這種說法，和孟子在〈滕文公章句上〉中〈有爲神農之言〉一章所說的：「或勞心，或勞力，勞心者治人；勞力者治於人。」內涵完全一樣。不過韓愈更強調了人應該各盡其責的重要。由此可見韓愈的人生觀是基於分工合作的社會觀，他所看到的，是一個分工合作的社會，他所倡導的是一個負責盡職的人生。

㈡兼善天下：在〈圬文〉中，韓愈雖然贊許王承福守分負責的人生態度，卻不贊成王承福所說：「妻與子，皆養於我者也，吾能薄而功小，不有之可也。」認爲他「不肯一動其心，以畜其妻子」，是一種獨善其身的楊朱之徒，這種人不肯「勞心以爲人」，是不足爲訓的。這正反映出韓愈是主張兼善天下的。關於這一點，在〈答李翊書〉中，說得更明白：

> 待他人來用的人，像器具一樣，用與捨，由他人決定。君子卻不然，……有人用他，就對人施展他的抱負，不用他，就傳給他的學生，並且寫成文章，傳給後世作法則。

13　文學思想

在韓愈的文章中，討論文學理論的地方很多，歸納言之，他的文學思想，除了反對駢體，提倡古文之外，還有下列三要點：

㈠文以載道：韓愈在〈題歐陽生哀辭後〉一文中說：「愈之為古文，豈獨取其句讀不類於今者耶？思古人而不得見，學古道則欲兼通其辭，通其辭者，本志乎古道者也。」他在〈送陳秀才彤序〉中亦說：「蓋學術所以為道，文所以為理耳，苟行事得其宜，出言通其要，雖不吾面，吾將信其富於文學也。」

由此可知，韓愈為學作文，都是為「道」（或理），他寫古文是為學習古人之道，因為欲學古道，才兼通古文，道是主，文是從，文學是為「道」而存在。這在以衛道者自居的韓愈來說，毋寧是極其自然的事。惟其如此，所以後世批評的人認為韓愈的散文，雖然寫作技巧，已臻化境，但終嫌道統觀念太重，這是缺點之一（見易君左編著《中國文學史》二二〇頁）。

韓愈在〈答李翊書〉中，談到他學作古文的經過時說：「雖然，不可以不養也，行之乎仁義之途，游之乎詩書之源，無迷其途，無絕其源，終吾身而已矣。」他所謂的「仁義之途」和「詩書之源」，仍然是指「道」而言。

㈡內容重於形式：韓愈在〈答尉遲生書〉中說：「夫所謂文者，必有諸其中，是故君子慎其實。實之美惡，其發也不揜，本深而末茂，形大而聲宏。」這裏所謂「中」和「實」，係指文章作者的內在學養體驗和情感而言，文章的美惡，決定在作者的思想、學識和情操是否充實完美，有了充實的學養和高尚的情操，自然可以寫出好的文章來，這顯然是內容重於形式的說法。

在〈進學解〉中，亦有所謂「閎其中而肆其外」的說法，這是說，文章的內容充實，文章的形式就可以自由奔放，暢所欲言，這也是強調內容的重要。這和他反對偏重形式華麗的駢文，在文學理論上是一貫的。

㈢陳言務去，辭必己出：在〈答李翊書〉中，韓愈提出「惟陳言之務去」的原則。在所著〈南陽樊紹述墓誌銘〉中，他又提出「惟古於詞必己出」及「文從字順各識職」的原則。簡單的說，就是寫文章要用自己的詞句，表達自己的思想，不可抄襲或剽竊他人的作品，而行文遣字，尤當力求字字妥貼，恰到好處，各稱其職。以上韓愈所提倡的各項為文原則，影響後世的文風非常深遠，這是大家公認的事實。

六、結語

由以上各節看來，韓愈的思想，雖然在基調上不脫儒家窠臼，但絕不能說他只是剽襲前人，他自己也有相當的貢獻，下列三點，尤其值得稱道。

㈠確認了儒家歷代相承的道統觀念，對於後世學者發生積極的激勵作用，使宋明以下，產生了許多以繼往開來爲己任的偉大思想家。

㈡〈原性〉一文中對人性問題，作了更精細的分析，更科學化的闡明，比之孟子的性善說、荀子的性惡論、楊子的善惡混說，更接近真理。

㈢在文學思想上，他倡導的古文運動，主張「惟陳言之務去」，「文從字順各識職」，幾被後世文人奉爲金科玉律。

韓愈寫文章，又特重氣勢，他在〈答李翊書〉中說：「氣，水也，言，浮物也，水大而物之浮者大小畢浮，氣之與言猶是也，氣盛則言之長短與聲之高下者皆宜。」因此，他寫出來的文章，議論則識見飆發，「如長江大河，渾浩流轉，魚黿蛟龍，萬怪惶惑」（蘇明允〈上歐陽書〉中論韓文語）；抒情則情真語摯，熱情奔放，猶如河決江傾，一瀉千里，寫作技巧臻於化境。他的作品，被後世競相傳誦，他的文學思想亦因而流傳千古。

即使認爲韓愈對儒家思想少有積極建樹的人，亦不否認韓愈提倡的古文運動，頗有功於後世（黃公偉著《中國哲學史》二六四頁）。其實古文運動本身，就包含了極濃厚的思想因素，尤其是韓愈所提倡的古文，是以載道、衛道爲主旨的。古文的復興，帶動了儒家思想的復興，後人接受及尊崇古文，亦附帶接受並尊崇儒家思想，使其因韓愈光芒四射的文采而更發揚光大，韓愈對儒家思想，實在有其不朽的貢獻，至少他已盡到了繼往開來的責任。

韓愈去世二百餘年後，歐陽文忠公（修）在所寫〈記舊本韓文後〉一文中說，在他那個時代，韓愈的文章，經過他和尹師魯等推崇提倡後，「天下學者，亦漸趨於古，而韓文遂行於世，至於今，蓋三十餘年矣，學者非韓不學也，可謂盛矣。」足見其影響之深遠。瞭解了這一層之後，我們再來讀蘇文忠公（軾）所著的〈潮州韓文公廟碑〉，就不會認爲蘇軾對韓愈的讚美是過分的。蘇軾說：

「韓文公起布衣，談笑而麾之，天下靡然從公，復歸於正，蓋三百年於此矣。文起八代之衰，而道濟天下之溺，忠犯人主之怒（指諫迎佛骨），而勇奪三軍之帥（指平定王庭湊之亂），豈非參天地，關盛衰，浩然而獨存者乎？」因此蘇軾推崇韓文公是一位「匹夫而爲百世師，一言而爲天下法」的偉人，他「有以參天地之化，關盛衰之運」，其「生也有自來，其逝也有所爲」。我們確信韓愈的思想將隨他的文章而永垂不朽。

附錄

韓愈創作年表

（錄自莊適等《選註韓愈文》）

紀年	重要著作時期		作者事略
	時期可確定者	時期不能確定者	
代宗 大曆三年戊申			愈生
大曆十四年己未			年十二，隨兄會居韶嶺。
德宗 貞元二年丙寅			年十九，始至京師。
貞元八年壬申			年二十五，登進士第。
貞元九年癸酉	應科目時與人書		

紀年	重要著作時期：時期可確定者	重要著作時期：時期不能確定者	作者事略
貞元十年甲戌	〈李元賓墓誌〉	〈祭鄭夫人文〉一云是年作，一云翌年作。	歸河陽省墓，復還京。
貞元十一年乙亥	〈答崔立之書〉，〈祭田橫墓文〉，〈畫記〉。		
貞元十二年丙子			佐董晉於汴
貞元十五年己卯		〈與馮宿論文書〉爲是年以前作	董晉卒，愈從喪至洛陽，依張建封於徐，冬朝正於京。
貞元十六年庚辰	〈與孟東野書〉	〈送竇從事序〉一云是年作，一云翌年作。	張建封卒，去徐居洛。
貞元十七年辛巳	〈薦侯喜狀〉，〈送李愿歸盤谷序〉。	〈祭十二郎文〉一云是年作，一云貞元十九年作。	除四門博士
貞元十八年壬午	〈獨孤申叔哀辭〉，〈與崔羣書〉。	〈歐陽生哀辭〉當爲是年以前作	
貞元十九年癸未	〈與陳給事書〉，〈誚風伯〉，〈送孟東野序〉。		拜監察御史，十二月貶陽山令。

貞元二十年甲申	〈燕喜亭記〉，〈答竇秀才書〉	〈原道〉、〈原性〉、〈原毀〉、〈對禹問〉、〈雜說〉、〈讀荀〉、〈讀儀禮〉、〈獲麟解〉、〈書說〉、〈諱辯〉等篇，皆是年以前作。〈燕喜亭記〉及〈送區册序〉，一云是年作，一云翌年作。	
貞元二十一年乙酉	〈五箴〉，〈送廖道士序〉。		
順宗 永貞元年乙酉		〈祭郴州李使君文〉一云是年作，一云翌年作。	自陽山令遷江陵法曹參軍
憲宗 元和元年丙戌			年三十九，自江陵召拜國子博士。
元和二年丁亥	〈張中丞傳後敘〉		以國子博士分司東都
元和四年己丑	〈送幽州李端公序〉		行尚書郎，官員外郎，分司東都。
元和五年庚寅	〈員外郎孔君墓誌銘〉		爲河南令
元和六年辛卯	〈送窮文〉，〈復讎狀〉，〈送溫處士赴河陽軍序〉。		轉職方員外郎

紀年	重要著作時期		作者事略
	時期可確定者	時期不能確定者	
元和七年壬辰		〈進學解〉一云是年作，一云翌年作。	下遷國子博士
元和八年癸巳			爲比部郎中，史館修撰。
元和九年甲午	〈試大理評事王君墓誌銘〉		爲考功郎中，史館修撰，轉知制誥。
元和十年乙未	〈藍田縣丞廳壁記〉，〈與鄂州柳中丞書〉二首。		
元和十一年丙申			拜中書舍人，降太子右庶子。
元和十二年丁酉	〈祭河南張員外文〉	〈平淮西碑〉一云是年作，一云翌年作。	充彰義軍行軍司馬，從裴度東征，回京遷刑部侍郎。
元和十四年己亥	〈論佛骨表〉，〈祭鱷魚文〉，〈潮州祭神文〉。	〈毛穎傳〉當爲元和元年至是年中所作	貶潮州刺史，尋赦移袁州。
元和十五年庚子	〈南海神廟碑〉，〈祭柳子厚文〉，〈柳子厚墓誌銘〉，〈與孟尚書書〉。		穆宗即位，九月召爲國子祭酒。

穆宗 長慶元年辛丑	〈庫部郎中鄭君墓誌銘〉		行祭酒事，遷兵部侍郎。
長慶二年壬寅	〈祭侯主簿文〉	〈羅池廟碑〉一云是年作，一云翌年作。	遷吏部侍郎
長慶三年癸卯	〈送鄭尚書序〉，〈許國公神道碑銘〉。		爲京兆尹兼御史大夫，轉兵部侍郎，尋仍改吏部侍郎。
長慶四年甲辰	〈送楊少尹序〉，〈幽州節度判官清河張君墓誌銘〉。	〈殿中少監馬君墓誌〉當爲近數年作	八月以疾免，十二月愈卒。

參考書目

《新唐書·韓愈列傳》　宋祁撰。
《舊唐書·韓愈列傳》　劉昫等修。
《歷代御批通鑑輯覽》　清高宗敕撰，新興書局在臺灣印行。
《韓昌黎全集》　即李漢編《昌黎先生集》，中華書局據東雅堂本校刊印行。
《韓愈文》　莊適、臧勵龢選註，臺灣商務印書館《人人文庫》。
《中國文學史》　易君左編著，臺北，海燕出版社，五十五年出版。
《中國文學史》　葉慶炳著，文化彩色印書館，六十二年五版。
《中國哲學史》　黃公偉著，帕米爾書店，六十年再版。
《四書》　朱熹集註，臺北書局，四十七年印行。
《易程傳》、《易本義》　楊家駱主編，世界書局，六十一年三版。
《中國通史》　傅樂成著，夏德儀校訂，大中國圖書公司，六十二年七版。

羅隱

楊樹藩 著

目次

羅隱

一、身世

羅隱字昭諫，本名橫。餘杭人，一說為新城人，生於唐文宗太和七年（西元八三三年），卒於後梁太祖開平三年（九〇九年）。據《舊五代史》本傳所記，羅氏「詩名于天下，尤長於詠史」，如此說來，他真是一個才氣縱橫的人。不過羅氏雖有文才，然其恃才傲物，多所譏諷，因此竟為公卿所惡，故在京師舉進士留七載而不第，自然憤懣不平。他於懿宗咸通八年所著《讒書》卷五〈序陸生東游〉一篇中，曾吐露一段心聲：「於數百人中，不得禮部侍郎意（按：唐制，禮部掌貢舉，知貢舉之官員，有論才取捨之權），由是知余者弔余以色，不知余者，啞余以聲。媿負徬徨，撲浣無所。」觀此段文字記載，可以想見羅氏當時心情之沮喪。羅氏本屬於「才子」一型的人，難道他毫無自我檢討嗎？他檢討過，他在《讒書》卷五〈答賀蘭友書〉中，曾提到自己的坎坷遭遇：「僕少而羈窘，自出山二十年。所向推沮，未嘗有一得幸於人。故同進者，忌僕之名，同志者，忌僕之道。」至於他說：「未嘗有一得幸於人」這句話，或暗藏苦衷。〈羅隱傳〉曾記：「（隱）大為唐宰相鄭畋、李蔚所知，隱雖負文稱，然貌古而陋。畋女幼有文性，嘗覽隱詩卷，諷誦不已，畋疑其女有慕才之意，一日隱至第，鄭女垂簾而窺之，自是絕不詠其詩。」想此事當為羅氏所知，彼必自歎因貌醜而失一紅顏知己，其自卑之心必也油然而生。所以說其「未嘗有一得幸於人」一語，未嘗不有幾分慚愧之情。若從《五代史補》所記：「隱以貌陋，恐為相術所棄」一語觀之，羅氏確有自卑慚愧之感。不過，羅氏才華甚高，憑其才華足以掩蔽其相貌之古陋。他亦如是想，以解脫其內心之累。在他〈答賀蘭友書〉中。曾寫著：「僕之所學者，不徒以競科級於今之人，蓋將以窺昔賢之行止，望作者之堂奧，期以方寸廣聖人之道。可則垂於後代。不可則庶幾致身於無愧之地。」就心理方面說，這是一種昇華。

從羅氏的仕途來說，史家記載，詳略不一，先看《五代史補》一段有趣的記述：「羅隱在科場恃才傲物，尤為公卿所惡，故六舉（或云七舉）不第。時長安有羅尊師者，深于相術，隱以貌陋恐為相術所棄，每與尊師接談，常自大以沮之，及其累遭黜落，不得已始往問焉。尊師笑曰：貧道知之久矣，但以吾子決在第，未可與語。今日之事，貧道敢有所隱乎？且吾子之于一第也，貧道觀之，雖首冠羣英，亦不過簿、尉（按：唐制，簿是縣主簿，尉是縣尉，皆為最低的九品官，進士中第後，多初任此官。）爾。若能罷舉（不走科舉之路）東歸霸國以求用，則必富且貴矣，兩途吾子宜自擇之。隱懵然不知所措者數日，鄰居有賣飯媼，見隱驚曰：何辭色之沮喪如此？莫有不快之事否？隱謂知之。因盡以尊師之言告之。媼歎曰：秀才何自迷甚焉！且天下皆知羅隱，何須一第然後為得哉？不如急取富貴，則老婆之願也。隱聞之釋然，遂歸錢塘，時錢鏐方得兩浙。置之幕府，使典軍中書檄，其後官給事中。」但〈羅隱傳〉所載，謂羅氏於唐僖宗「廣明中，因亂歸鄉里，節度使錢鏐辟爲從事，（梁太祖）開平初，太祖以右諫議大夫徵不至，魏博節度使羅紹威密表推薦，乃授給事中。」兩項記載，並無大出入，前者所謂「幕府」，當指「從事」一職而言，前者所謂其後官「給事中」，與後者所謂乃授「給事中」相同，只是略其中間一段過程而已。惟據《澗泉日記》云：「唐（僖宗）光啓三年，吳越王表奏爲錢塘令，遷著作郎，辟掌書記，（昭宗）天祐三年（按天祐只有一年），充判官，梁開平二年授給事中，三年遷發運使，是年卒，葬於定山鄉。」照此記載說來，羅氏先做了錢塘縣令，再遷中央祕書省著作郎（按：爲從五品）繼辟爲地方節度使之「掌書記」，掌書記比「從事」地位爲高，後充「判官」，判官一職在節度使幕中比「掌書記」爲高，其後梁祖授「給事中」，這時羅氏已進入中央掌了封駁奏章制詔之要職。最後遷爲「發運使」，這時羅氏已做了當時重要的錢穀官員了。照此看來，羅氏縱未曾一第進士，其仕途亦不算太差了。

談到羅氏的著述。有《讒書》五卷，編入《拜經樓叢書》，有《兩同書》，今編入《正光文史叢書．續百川學海》。有人說羅氏又有《淮海寓言》及《甲乙集》，但未之所見。即今人談羅隱者，亦未曾引過前述兩書，故本文所用資料，只有《兩同書》及《讒書》而已。

二、天道

中國古代思想家，無論儒、道、墨、法，可以說無不談「天」，或同或異，各有所宗。羅氏在他的著述中，也常言「天」。大體說來，他認為「天」是一個有意志的主宰，在正常情形下，天是普施恩澤的。譬如他說：「有覆於下者如天，載於上者如地，而百姓不之知。有恩信及一物，教化及一夫，民則歸之。」（《讒書·本農》）天既然是一個有意志的主宰，視情節的不一，天可以使「神」作不同的安排。所以他說：「以敬事天，則神降」。反之「以慢事天，則神欺」（《兩同書·敬慢》）。「神降」人必得福，「神欺」人必得禍。如此說來，人的禍福都操於「天神」，所以「宿命論」的思想，成為羅氏的自然歸趨。且看他所說「水旱兵革，天之數也」（《讒書·書馬嵬驛》）一語，這種思想已直接表露於外了。

羅氏既奠立他的「天命」觀，於是人間的禍福窮通，無不由於天命。然而有些同樣品格的人，何以有窮通之不同呢？羅氏認為這是權位的關係。他說：「周公之生也，天下理。仲尼之生也，天下亂。周公聖人也，仲尼亦聖人也。豈聖人出，天下有濟不濟者乎？夫周公席文武之教，居叔父之尊，而天又以聖人之道屬之，是以位勝其道，天下不得不理也。仲尼之生也，源流梗絕，周室衰替，而天以聖人之道屬於旅人。是位不勝其道，天下不得不亂也。」（《讒書．聖人理亂》）由此看來，周公、孔子人格相同。天道同屬，所以有窮通之不同，則在於「權位」之有無。至於「權位」之有無。是否亦應歸諸宿命？羅氏在此並未作進一步的說明。不過，羅氏在他方面又提出一個「機」的觀念來。依羅氏的說法，「機」是「天道」之變。正常的原則，是「天道」，反常的現象是「機」。「天道」是常道，「機」是變象。變象雖不能持久。但屬不可免的。且看他說：「善而福，不善而災，天之道也。用則行，不用則否，人之道也。天道之反，有水旱殘賊之事，人道之反，有詭譎權詐之事，是人者謂之機也。機者，蓋天道、人道一變耳，非所以悠久也。苟天無機也，則當善而福，不善而災，安得飢夷齊而飽盜跖？苟人無機也；則當用則行，不用則否。又何必拜陽貨而劫衛使？是聖人之變合於其天者，不得已而有也，故曰機。」（《讒書．天機》）在前段引文中，羅氏曾提到「天之道」，或「天道」等辭句。乍觀之，天道似乎無何區分，其實在羅氏的心目中，「天」與「道」是有區分的。他認為「天」的層級比「道」來得高。且「天」可以運用「道」。譬如他說：「道所以達天下，亦所以窮天下，雖昆蟲草木皆被之矣。故天知道不能自作，然後授之以時，時也者機也（按：此機，為時機，非前言之機變。）在天為四氣，在地為五行，在人為寵辱憂懼通阨之數。」（《讒書．道不在人》）若單就此點來說，羅氏言天道之區分，恰與老子所言者相反。老子認為「道」的層級比「天」高，所以老子說：「有物混成，先天地生，寂兮寥兮，獨立而不改，周行而不殆，可以為天下母，吾不知其名，字之曰道。」這已明白說明了「道」在「天」之上。然而羅氏乃當時之才子，兼通儒道諸書，何以其主張竟與老子相反呢？蓋老氏重原始自然之發展，其程序是由「無」至「有」，故認為無形之「道」，生有形之「天」。羅氏重社會人事之現象，以現象之運作爲「道」，現象之運作出於有意志的主宰，主宰爲「天」，故認爲「天」在「道」之上，非其故意改老氏之學說也。

羅氏既認爲「天」使「道」運作成一切現象，「道」雖不易視睹，但看到宇宙一切現象，便可體會「道」的存在。「道」固可以體會，然終不可見。所見到的是一切現象的變化與發展。「道」既難見，「天」心更難窺知。倘「天」欲使人知其存心，應如之何而後可呢？羅氏認爲「天」必須把人民所需者充分供給，如此人民感恩，「天」亦表其成功。所以他說：「天之於萬物，必職於下以成功。」（《讒書．龍之靈》）就如同「龍」之爲人所欽敬，因爲它能給人民以「水」是一樣的道理。正因爲羅氏對「天」有這種看法，所以他把「天」給人民以「雨澤」，與君主給人民以「渥恩」，同等觀之。因此他說：「天之有雨澤，猶陛下之有渥恩。」（《讒書．請追癸巳日詔疏》）就這點來說，以「天德」喻「君道」，許多儒士大都如此，非徒羅氏爲然也。不過，羅氏除言「天」之外，偶云「上帝」之稱，他所談的上帝，也是一位最高的主宰，可能是「天」的另一稱呼，或爲天的神格化。譬如他說：「上帝既剖混沌氏，以支節爲山岳，以腸胃爲江河，一旦慮其掀然而興，則下無生類矣。於是孕銅鐵於山岳，滓魚鹽於江河。」（《讒書．蒙叟遺意》）觀上文所謂「混沌氏」一語，蓋採莊子之言。《莊子．應帝王》曾有「中央之帝爲渾沌」之語，本來「渾沌」非真有其人，不過爲寓言而已。羅氏所謂「混沌氏」亦爲一種比喻。所比者則統括大地山川河嶽，及生物乃至無生物等。由此看來，「混沌氏」不過爲「地」的總稱。上帝既能剖解「混沌氏」以爲萬類，那末不異上天有創造萬類之能力。可見羅氏心目中之「天」，確屬一萬能而有意志的主宰了。

三、人生

羅氏除談「天道」之外，他也講了許多人生問題。講人生首要講「生命」，惟羅氏則把「生命」一詞，分別詮釋。他認爲「生」是宇宙的自然法則。不可抑損。所以他說：「大德曰生。」（《兩同書·厚薄》）人既生也，不能無生之理，羅氏則稱此「生之理」爲「命」。此「命」在生存中最爲重要，所以他又說：「至貴唯命。」（同上）生與命，抽象而細微，必須假形質而發展，此形質則來自父母。所以他又說：「稟精神於天地，託質氣於父母。」（同上）人既生存於天地之間。有「質」有「氣」，質爲血肉，氣爲精神，以血肉調養精神，以精神支配血肉，兩相需用，方能生氣勃勃，充實生活。苟調養之不得其法，支配之不合其道，則必產生弊病，他以松柏爲喻說：「松柏者有凌雲之操也，若壅之以糞壤，沃之以鹹流，則不及崇朝已見其憔悴矣。」（同上）反之，調養之得法，支配之得宜，雖軟弱之軀，亦必有所煥發。他又以冰雪爲喻說：「冰雪者無逾時之堅也，若藏之於陰井，庇之於幽峯，則苟涉盛夏，未聞其消解也。」（同上）他以松柏及冰雪比喻之後，又曾總結一語：「夫人者異乎松柏永矣，養之失其所，安可以不朽乎？」反之，「養之得其道，則安可以不延乎？」（同上）觀上文所述，羅氏甚重養生。以中國傳統的觀念來說，養生莫過於寡慾，羅氏亦不例外，他說：「故性命之分，誠有限也，嗜慾之心，固無窮也。以有限之性命，逐無窮之嗜慾，亦安可不困苦哉？」（同上）至於追求無窮之嗜慾，不僅困苦，而且傷神勞形，易於促壽。他又說：「夫神大用則竭，形大用則勞，神形俱困，而求長生者未之聞也。」（同上）

羅氏對於世道人心的看法，不表樂觀，總是以爲缺乏一定準則，無法適應。他曾借漢代的禰正平、晉代的阮嗣宗二人的際遇爲例，表示他的看法：「禰正平、阮嗣宗，生於漢晉間，其爲當時禮法家惋者多矣。然二子豈天使爲之哉？夫漢之衰也，君若客旅，臣若豹虎；晉之弊也，風流蘊藉，雍容閒暇。苟二子氣下於物，則謂之非才；氣高於人，則謂之陵我。是人難事也。張口掉舌，則謂之訕謗；俛首避事，則謂之詭隨，是時難事也。」（《讒書．敘二狂生》）世事既無法確定標準，人心更難逆料，他感慨的說：「地有山川，其險可見，天有冬夏，其時可知。至於凡人之心，杳然無所，素王以之不測，帝堯猶以爲難。」（《兩同書．得失》）人心既無定向，真假虛實，難以琢磨，所以他說：「夫人者姦宄無端，真僞匪一。或貌恭而心慢，或言親而行違，或賤廉而貴貪，或貧貞而富黷，或慾大而求變，或位高而自疑，或見利而忘恩，或逃刑而構隙，此則蓍筮不足決，鬼神不能定。」（同上）羅氏基於以上種種人事現象，最後一言斷定：「人心者難知也」（同上）。一個人處在這種人心叵測的環境中，爲了自保，不得不施策謀。可是你謀人，人亦謀你。人謀不如你者，你得逞其謀。人謀高於你者，你將蒙其害。羅氏有感於此，他借蜘蛛結網之事，發抒他的心境。曰：「秋蟲蜘蛛也，致身網羅間。實腹亦網羅間。愚感其理有得喪，因以言賦之曰：『物之小兮，迎網而斃。物之大兮，兼網而逝。而網也者，繩其小而不繩其大。吾不知爾身之危兮，腹之餒兮』！」（《讒書．秋蟲賦》）人類社會，固然紛紜襍沓，難道真的善消而惡長嗎？羅氏認爲「善」「惡」的觀念是儼然存在而劃分的。縱有善念而無善行，則無法表現「善」。反之，有惡念再加以惡行，才可以變爲惡。所以他說：「善不能自善，人善之，然後爲善。惡不能自惡，人惡之，然後爲惡。善惡之成，蓋視其所適而已。用其正也，則君子，用其不正也，則小人。君子小人寧有面貌哉？比干之生也，與人無異，費無極之生也，亦與人無異。比干之言爲諫諍，無極之言爲毀佞。所出者皆言也，比干之言，非不善也，以不用，故善不能自善。無極之言非不惡也，以可入，故惡得而爲惡。」（《讒書．善惡須人》）照羅氏所言，善惡不過是一概念，概念本身，無何影響，倘依善念而行始爲善；照惡念而行則爲惡。然而，善惡之概念由誰來擬定？羅氏主張宜由「君子」擬定，倘善惡之內涵一旦擬定，不僅是非昭彰，且能警世厲俗。所以他說：「蓋君子有其位，則執大柄以定是非；無其位，則著私書而疏善惡，斯所以警當世而誡將來也。」（《讒書．重序》）羅氏既云：賢良儁才之君子，有位執柄才能「定是非」，顯而易見，「是非」是指法制而言。所以健全之法制，非君子在位，不足以定。反之，君子不得其位，縱見法制紊亂，是非顚倒。此時在野之君子，也只好忍氣吞聲。從下面一段話，可以窺知其心境。他說：「故勇可持虎，虎不至，則不如怯。力能扛鼎，鼎不見，則不如羸。噫！栖栖而死者何人？養浩然之氣者誰氏？」（《讒書．君子之位》）羅氏這段話，有老子「君子得其時則駕」之意。那末賢良之君子，處於紛沓之社會，應抱何種態度呢？羅氏認爲第一，鎭定將事；從下面一段故事，可以窺察羅氏的這種心境：「乘槎者既出君平之門，有問者曰：彼河之流，彼天之高；宛宛轉轉，昏昏浩浩，有怪有靈，時顛時倒；而子浮泛其間，能不手足之駭，神魂之掉者乎？對曰：是槎也，吾三年熟其往來矣。所慮者吾之壽命不知也。不虞槎之不安，而不反人間也。及乘之，波浪激射雲日，氣候黯然而昏，燿然而晝，乍揭而傍，乍蕩而驟，或落如沉，或觸如鬥，茫茫乎不知槎之所從者不一也。吾心未嘗爲之動，心一動，則手足不能制矣。不在洪流槁木之爲患也，苟人能安其所據而不自亂者。吾未見其顛越，不必槎。」（《讒書．槎客喻》）第二，清靜篤實：從下面一段故事，便可推知羅氏的這種思想：「荆刑人淫祀者舊矣，有巫頗聞於鄉閭，其初爲人祀也。筵席尋常，歌迎舞將，祈疾者健起，祈歲者豐穰。其後爲人祈也，羊豬鮮肥，清酤滿卮；祈疾者得死，祈歲者得飢。里人怠焉，而思之未得。適有言者曰：吾昔游其家也，其家無甚累，故爲人祀，誠必罄乎中。而福亦應乎外，其祚必散之。其後男女蕃息焉，衣食廣大焉，故爲人祀，誠不得罄於中，而神亦不歆乎其外，其胙且入其家。是人非前聖而後愚，蓋牽於心不暇及人耳。以一巫用心尚爾，況異於是者乎？」（《讒書．荆巫》）第三，守道不渝：羅氏認爲「天道」有「機」，此「機」在天、地、人三界中，表現的樣象不同。表現於天爲「四氣」；表現於地爲「五行」；表現於人爲寵辱與窮通。表現於天地者，不必言矣。表現於人者，不論寵辱窮通，皆應以正道守之。能守之以正道，雖「窮」，終有「通」之一日，而且更要忍耐待時，時至，正道自然昌明。他說：「天知道不能自作，然後授之以時，時也者機也。在天爲四氣，在地爲五行，在人爲寵辱、憂懼、通阨之數。故窮不可以去道，文王拘也，王於周。道不可以無時，仲尼毀也，垂其教。」（《讒書．道不在人》）

羅氏在上述三點之中，特別重視守「道」，既重視了「道」，自然會推及於「德」，尤其羅氏重道尊德，不分身分，縱然地位尊顯，苟無道德，雖尊顯也等於虛有其表，不足稱道。於是他說：「萬物之中，唯人爲貴。人不自理，必有所尊，亦以明聖之才而居億兆之上也。是故時之所賢者，則貴之以爲君長；才不應代者，則賤之以爲黎庶。然處君長之位，非不貴矣。雖蒞力有餘而無德可稱，則其貴不足貴也。居庶黎之內，非不賤矣，雖貧弱不足而有道可採，則其賤未爲賤也。」（《兩同書．貴賤》）他更爲了人應修德進道，特別強調要不患不憂，那就是：「不患無位，而患德之不修也；不憂其賤，而憂道之不篤也。」（同上）

四、社會

羅氏除論「天道」、「人生」之外。他也涉及到人類的社會問題。首先談談羅氏所認定的社會原始形態。他以為人類的社會，最初和禽獸無異，社會的進步，是靠賢智之人制禮作樂，興仁教義。譬如他說：「遠古之代，人心混沌，不殊於草木，取類於羽毛。後代聖人。乃道之以禮樂，教之以仁義，然後君臣貴賤之制，坦然有章矣。」(《兩同書．敬慢》)雖然說人類社會的進化，由於賢智之士的興禮樂，教仁義，但是這種安祥的環境不能持久。是什麼原因呢？羅氏認為都由於人心貪狠姦險所致。下面一段話，充分表露他的這種看法：「堯之庭有神羊以觸不正者，後人圖形像，必使頭角怪異，以表神物。噫！堯之羊亦由今之羊也，但以上世淳朴未去故，雖人與獸，皆得相指令。及淳朴消壞，則羊有貪狠性，人有刲割心。有貪狠性，則崇軒大廈，不能駐其足矣。有刲割心，則雖邪與佞，不敢舉其角矣。是以堯之羊亦由今之羊也，貪狠搖其至性，刀几制其初心，故不能觸阿諛矣。」(《讒書．題神羊圖》)

羅氏假神羊的故事，發抒了他對社會人心的看法。我們對他的看法，總結一句，就是：今不如古。而且他這種「今不如古」的觀點，更引伸到政治社會方面，於是他以為「唐虞氏以傳授得天下」，頗有誠朴遜退之風；繼之「商湯氏以鳴條誓放桀於南巢，揖遜既異，渾朴亦壞」（《讒書·伊尹有言》）。這話並非羅氏認爲湯放桀之不宜，而是説明世風不古。羅氏讀到漢光武與嚴子陵的故事，他感覺一個人本應該「富貴不易節」，「窮達無所欺」（《讒書·刻嚴陵釣臺》）。可是他看到唐末的社會，風俗的偷薄，勢位之相尚，又發出無限之感慨！「今之世，風俗偷薄，祿位相尚。朝爲一旅人，暮爲九品官，而骨肉親戚，已有差等矣，況故人乎？嗚呼！往者不可見，來者未可期，已而已而。」（同上）

且由於風俗偷薄，人皆重視現實。只看到現社會之實利，想不到造物者之大恩。只顧到眼前小益之建立，而忽略社會醇風之創化。因而他説：「有覆於下者如天，載於上者如地，而百姓不之知。有恩信及一物，教化及一夫，民則歸之。其猶旱歲與豐年也，豐年之民，不知甘雨柔風之力，不知生育長養之仁，而曰：我耕作以時，倉廩以實。旱歲之民，則野枯苗縮，然後決川以灌之，是一川之仁，深於四時也明矣。所以鄭國哭子產三月，而魯人不敬仲尼。」（《讒書·農本》）也正因爲人都重視目前之實利，所以對其實利之得失有關者，無不求全責備，與其實利無關者，任其敗壞，視若無睹。他曾以「珪璧」與「瓦礫」爲例，説明他對社會人心的看法：「珪璧之與瓦礫其爲等差，不俟言而知之矣。然珪璧者，雖絲粟玷纇，人必見之，以其爲有用之累也。爲瓦礫者，雖阜積甃盈，人不疵其質者，知其不能傷無用之性也。是以有用者，絲粟之過，得以爲跡；無用者，具體之惡。不以爲非。」（《讒書·襍説》）社會上的人，固然都注重切身利益，看來似乎皆屬一丘之貉，其實仍有珠目之分。而良窳各異的。羅氏對社會人心，雖然有些消極的看法，但是他就這點也承認的。譬如他説：「父子兄弟，非不親矣，其心未必同。君臣朋友非不疎矣，其心未必異。故瞽叟愚，而重華聖，盜跖貪，而柳下廉。」（《兩同書．異同》）如此說來，社會上固有壞人，但也不乏好人。不過羅氏認爲好人壞人襍錯於社會中間，一時難以分辨。他說：「有面同而心不同者，有外異而內不異者，有始同而終異者，有初異而末同者，有彼不同我，而我與之同者，有彼不異我，而我與之異者。何以明之？昔陳平面向呂后，而心歸劉氏；程嬰外逆孫臼，而內存趙孤。」（同上）夫正、邪、貞、奸，既一時難辨，爲求自身不墮於漩渦，當如之何而後可？羅氏認爲應「徐視而審聽，高居而遠望。」然後斟酌情況「隨時之宜，唯變所適。」此際，「因其可同，而與之同矣。因其可異，而與之異矣。」（皆同上）羅氏雖說測量人的好壞，要「徐視審聽」，「高居遠望」，然視聽的標準如何？居望的重點安在？就這點他在《兩同書．真僞》中說了兩句話：「愚靖者類直，智狂者類賢。」這可以說是他觀察社會人心的所得。

人類的趨利避害，乃是天性，無可厚非。然而全體社會之利害，與個人之利害，兩相比較，孰重孰輕？就此說來，羅氏注重全體社會之公利公害，從下面一段話，便可窺知：「虎豹之爲害也，則焚山不顧野人之菽粟。蛟蜃之爲害也，則絕流不顧漁人之釣網。其所全者大，而所去者小也。順大道而行者，救天下者也。盡規矩而進者。全禮義者也。」（《讒書．辨害》）羅氏既重全體社會之公利，所以他對國家政治也非常關心。他認爲國家之存在，有賴乎文武兩道，各有其用。如：「國家之理亂，在乎文武之道也。」談到作用，他說：「文以致理，武以定亂。」又說：「防亂，在乎用武，勸理，在乎用文。」（《兩同書．理亂》）他對「文」「武」兩道的內容，曾加以界定。他說：「文者，道之以德，德在乎內誠，不在乎誇飾者也。武者，示之以威，威在乎自全，不在乎強名也。」（同上）爲甚麼「文」，「不在乎誇飾」？「武」，「不在乎強名」？羅氏就此引了兩則史實以證：「始皇築長城，修戰伐，勞役起伏，人不堪命，遂使陳涉之流，坐乘其弊，禍起於強名也。王莽稱靈臺，興禮樂，賦斂無度，人不聊生，遂使聖公之徒，行收其利，敗始於虛飾也。」（同上）文，既不在乎「虛飾」，蓋因虛飾，不免傷財，所以最好政尚「簡易」。武，既不在乎「強名」，蓋因強名，不免勞民，所以最好政尚「恬淡」。故而羅氏曾謂：「文者亦人有章，必存乎簡易，簡易則易從。」「武者示人有備，必在乎恬淡，恬淡則自守恆，以逸而待勞。」（同上）可見羅氏論政，有相當之道家色彩也。

五、君主

羅氏長於唐代末葉，天子大權，不落於宦官，就墮於藩鎮。這種現象，在性格耿介的羅隱看來，自然心中憤懣，於是他假自然現象，說明君主大權不可旁落。彼謂：「風雨雪霜，天地之權也。山川藪澤，鬼神之所伏也。故風雨不時，則歲有飢饉。雪霜不時，則人有疾病。然後禱山川藪澤以致之，則風雨雪霜，果爲鬼神所有也明矣。得非天之高不可以周理，而寄之山川？地之厚不可以自運，而憑之鬼神？苟祭祀不時，則飢饉作，報應不至，則疾病生。是鬼神用天地之權，而風雨雪霜爲牛羊之本矣。復何歲時爲？復何人民爲？是以大道不旁出，懼其弄也，大政不聞下，懼其偷也，夫欲何言！」（《讒書．風雨對》）羅氏更以爲君主的大權，不僅不可落於那些不肖小人之手，就是賢人君子也不可隨意假之以權。譬如他說：「逐長路者，必在於駿馬之力，理天下者，必求於賢臣之用。然駿馬苟馴，由不可以無轡也。賢臣雖任，終不可以失權也。」（《兩同書．得失》）羅氏因深恐君權旁落，一方防宵小之竊弄，一方防大臣之擅專。然而竊弄與擅專，往往在君主不自覺之中，即入於他人之手，待君主察知，爲時已遲，惟有受其掌握宰割。因此他特別提醒君主，防姦不可輕忽，縱髮爪之細物，不爲櫛鑢，都可爲害，何況那些宵小權臣呢？他說：「且夫毛髮植於頭也，日以櫛之。爪甲冠於指也，月以鑢之。爪之不鑢，長則不便於使也。髮之不櫛，久則彌成於亂也。夫爪甲毛髮者。近在己躬，本無情識，苟不以理，猶爲之難，況於臣下，非同體之物，人心有遷之慮？」（《兩同書·得失》）君主防姦，這是鞏固政權之要務。但是要有發現姦宄的心理準備。如「田常以仁義而簒齊國」（《兩同書·理亂》），這就是臣得行義而主失位的道理，君主不可疏虞。倘君主一旦發現險象，萬萬不可姑息。馬上整飭，以期消弭禍亂。羅氏曾說：「有理不能無其亂，唯人主自制也。是牧馬者先去其害，驅羊者亟鞭其後。後之不鞭，羊之所失也。害之不去，馬之所亡也。」（同上）就這點羅氏更舉史實以證之。他說：「魯不能去三家之害，國之所叛也；晉不能鞭六卿之後，地之所分也。」（同上）總而言之，就是「人主不可失其柄」。然則，君主防臣下的姦宄行爲，這是必需的。倘若防之過度，不免使臣下無所措手足。最好防、放得宜，寬、峻適中。這種尺度，甚麼樣的君主才能辦得到？羅氏認爲非聖人不可。如彼謂：「夫御馬者，其轡煩，則其馬蹀而不進。其轡縱，則其馬驕而好逸。使夫縱不至逸，煩而每進者，唯造父之所能也。夫御臣者。其權峻，則其臣懼而不安；其權寬，則其臣慢而好亂。使夫寬而不至亂，峻而能安者，唯聖人之所明也。」（《兩同書·得失》）

前面所說的，都是關於防姦的事。姦宄無法竊權，政柄才能操諸於君主之手。不過，防姦乃屬消極的手段，最重要的還是積極的發掘賢良儁才而任使之，所以羅氏曾說：「主上不能獨化也，必資賢輔。物心不爲易治也，方俟甄議。」（《兩同書·真僞》）「甄議」的結果，「使夫小人退野，君子居朝。」能做到這個地步，「然後可爲得矣」（同上）。夫進君子，退小人，這是君主選用官員的原則，有原則，不能不講求辦法。首先要知道：好人壞人所謂善、惡、賢、鄙。不一定大眾讚美者就是好人，也不一定君主所親信者就是賢人。就此點羅氏分析說：「真僞之際，有數術焉，不可不察也。何者？夫眾之所譽者，不可必謂其善也。眾之所毀者，不可必謂其惡也。我之所親者，不可必謂其賢也。我之所疎者，不可必謂其鄙也。」（《兩同書．真僞》）我們看羅氏這種說法，蓋師孔子所謂「眾好之必察焉，眾惡之必察焉」之遺意。眾好，眾惡，既不可悉信，又如之何而後可？羅氏主張要君主「詳省己慮」，「考著以究徵」。也就是說對一個人的道德才華，要從顯明處看，從表現處察。如此，其才之高下，德之賢否？不難知悉。所以羅氏舉例說：「良馬騐之於馳驟，則駑駿可分」，「柔刃徵之於斷割，則利鈍可見。」（同上）從這個比喻看來，羅氏認爲測知一個人的賢否？重在從工作中考驗，不靠讚譽。於是他又說：「故先王之用人也，遠使之而觀其忠節，近使之而察其敬勤，令之以謀，可識其知慮，煩之以務，足見其材能。褋之以居，視以貞濫，委之以利，詳以貪廉。」（同上）

以上所講的，是君主擇人任使之道。此外，羅氏又提出君主應有的修養。第一，他認爲君主要知養生。他說：「且夫居九五之尊，此天下之至貴也。有億兆之眾，此天下之至富也。苟以養生之不存，則五臟四支，猶非我有，而況身形之外，安可有乎？」（《兩同書．厚薄》）他更舉出兩個不知養生國主的遭遇：「昔信陵、孝惠，爲縱長夜之娛，淫酒色之樂」，最後不免「夭折之痛」（同上）。然則，如何養生呢？羅氏主張寡嗜慾，保精神，牢守頤養要訣，如此便可長享天下了。所以他說：「爲人主者，誠能內寶神氣，外損嗜慾，念馳聘之誠，宗頤養之言，永保神仙之壽，常爲聖明之主，豈不休哉！」（同上）第二，他要君主有仁德的心地。他說：「《易》曰：聖人之大寶曰位，何以守位？曰仁。苟無其仁，亦何能守位乎？是以古之人君，乾乾而夕惕，豈徒爲名而已哉？實恐墜聖人之大寶，辱先王之餘慶也。」（《兩同書・貴賤》）這是說明君主「守位以仁」的。他又說：「人主之所以稱尊者，以其有德也。苟無其德，則何以異于萬物乎？是故明君者，納陛軫慮，旰食興懷，勞十起而無疲，聽八音而受諫，蓋有由矣。」（同上）這是說明君主「稱尊以德」的。羅氏更以爲君主有「德」，最爲貴。蓋以有德之君，必能行「仁」的緣故。假如君主無德可稱，簡直不如平民。於是他又說：「是故時之所賢者，則貴之以爲君長，才不應代者，賤之以爲黎庶。然處君長之位，非不貴矣，雖蕴力有餘，而無德可稱，則其貴不足貴也。居黎庶之內，非不賤矣，雖貧弱不足，而有道可採，則其賤未爲賤也。」（同上）羅氏又恐君務「力」而不重「德」，輕「道」而蔑視「仁」，所以他又說：「德者兆庶之所賴也，力者一夫之所持也。矜一夫之用，故不可得其強，乘兆庶之恩，故不可得其弱。是以紂能索鐵，天下懼之如虎狼，堯不勝衣，天下親之如父母。然虎狼雖使人懼之，豈可言虎狼強於人耶？父母能令子親之，豈可言父母弱於子耶？則強弱之理固亦明矣。是以古之明君道濟天下，知衆心不可以力制，大名不可以暴成，故盛德以自修，柔仁以禦下。」（《兩同書・強弱》）最後羅氏鄙視那些不務「德」而任「力」的君主所遭受的下場，嘆息的說：「嗟乎！古之暴君，驕酷天下，捨德而任力，忘己而責人。壯可行舟，不能自制之嗜慾，材堪舉鼎，不足自全其性靈，至今社稷爲墟，宗廟無主，永爲後代所笑。」（同上）第三，他要君主以敬待天下。他說：「以敬理國則人和。」反之，「以慢理國則人殆」。又說：「上之不敬，則不足以御臣。」（《兩同書·敬慢》）看一個君主的作爲，或敬或慢，就可以測知這個君主是「明主」抑是「昧主」。因兩者之待士方式迥然不同。羅氏說：「明主之於天下也，設壇授將，側席求賢。」（同上）「昧主之於天下也，披裳接士，露髮朝人。視賢良若草芥，比黎庶爲豕畜。」（同上）何以有些君主對士人慢而不敬呢？難道說對士人敬，就算失掉自己的身分嗎？對士人慢，才算提高自己的地位嗎？其實不然。能「敬」，表示禮賢，能禮賢，表示君主的德厚量雅，天下皆親之。不僅不損失身分，反而提高自己的威望。苟「慢」，表示賤賢，倘賤賢，表示君主的德薄量狹，天下皆去之。如此，不僅不能提高自己的地位，反而損失自己的器度。這樣說來，君主令人親之好呢？還是令人去之好呢？不待辯而自明矣。所以羅氏又說：「故敬一人，則千萬人悅，慢一人，則千萬人怨。」（同上）因此羅氏特別提醒君主，切勿不察敬慢之理，致爲天下之人所失望。他說：「人主者，天下之表也。行書國策，言記史官。有一善，若慶雲之浮輝，天下之所欣賀。有一惡，若朝日之帶蝕，天下之所傷嗟！」（同上）第四，他要君主力行節儉。羅氏以爲節儉之道，大有益於君主，反之奢侈之習，對君主大有損失。他說：「蓋人君有損益也，然則，益莫大於主儉，損莫大於君奢。儉奢之間，乃損益之本也。」（《兩同書·損益》）然而，儉、奢兩者，何以對君主的損益甚大呢？羅氏從道家的觀點加以說明，他以爲君主「儉」，則欲求少，欲求少，百姓不煩勞，完成無爲而化的環境。主尚「奢」，則欲求多，欲求多，百姓多煩勞，造成天下多事的環境。所以他力求君主崇尚儉德。他說：「日月者，天下之至明也，然猶有不及之處。爾其儉主之理，則天下無爲，天下無為，則萬姓受其賜，其於日月亦已大矣。豺狼者，天下之至害也，然猶有不傷之所。爾其奢君之理，則天下多事，天下多事，則萬姓受其毒。其於豺狼亦已甚矣。是故古先聖君，務修儉德。」（同上）他以日月之明，豺狼之害，比喻儉奢之理後，更明顯的指出君主崇儉之要務。那就是：「捨難得之貨，掊無用之器，薄賦飲，省傜役，損一人之愛好，益萬人之性命。」（同上）羅氏曠覽史冊，他讚美那些自勵崇儉君主之所為，譬如他舉「子高讓禹」的故事說：「伯成子高讓禹者，非所以小黃屋之尊也。夫安九州之大，據兆民之上，身得意遂，動適在我，鮮有不以荒怠自放者。子高且欲狹禹之心，而謹其取也故讓之，厥後有卑宮菲食之政。」（《讒書．子高之讓》）他同時也惋惜因奢靡而損傷一代英主之名者。他說：「孝武承富庶之後，聽左右之說，窮游觀之靡，乃東封焉。蓋所以祈其身，而不祈其民。」然後「逾遼越海，勞師弊俗，以至於百姓困窮」，深「為英主之不幸」（《讒書．漢武山呼》）。羅氏更厭惡隋煬帝窮奢極欲，興建迷樓。他說這樓：「旁不通於日月，外不見乎天地，然後朝奏於此，寢食於此，君王欲左右有粉黛，君王欲左右有鄭衛。」他又帶有諷刺的口吻問：「不知隋煬迷於樓乎？迷於人乎？」最後他沉重的說：「若迷於樓，則樓本土木，亦無親屬，縱有所迷，不爽君德。吾意隋煬帝非迷於樓，而人迷煬帝於此。」（《讒書．迷樓賦》）

在本章之末，尚欲說明一點。羅氏生當君主世襲制度之世，父死子繼，為政治之正軌。然其盛讚唐虞揖讓天下，力辯丹、商二人並非不肖，乃唐虞二帝為立公天下之楷模，假不肖之名而廢除丹、商。羅氏這種推測，是否屬實？乃另一問題，但不失為羅氏對公天下嚮往之心意。他說：「理天下者，必曰陶唐氏，必曰有虞氏。嗣天下者，必曰無若丹朱，無若商均。是唐、虞爲聖君，丹、商爲不肖矣。天下知丹、商之不肖。而不知丹、商之爲不肖不在於丹、商也！不知陶、虞用丹、商於不肖也。夫陶唐之理，大無不周，幽無不照，遠無不被。苟不能肖其子，而天下可以肖乎？自家而國者，又如是乎？蓋陶唐欲推大器於公共，故先以不肖之名廢之，然後俾家不自我而家，子不自我而子。不在丹、商之肖與不肖矣，不欲丹、商之蒙不肖之名於後也，其肖也，我既廢之矣。其不肖也，不淩逼於人。是陶、虞之心，示後代以公共。仲尼不泄其旨者，將以正陶、虞之教耳。」（《讒書・丹商非不肖》）

六、臣民

羅氏之學，深受儒道兩家思想的影響，道家雖重「無爲」之治，但無反君臣之義的主張。儒家重有爲，在政治上尤重君臣大義，所以羅氏對於臣道的看法，仍本乎忠於君國爲鵠的。從他讚賞屈原的忠節故事一點，便可窺知他的心意。他說：「原出自楚，而又仕懷王朝，雖放逐江湖間，未必有腹江湖意。及發憔悴，述〈離騷〉，非所以顧望逗留，抑由禮樂去楚，不得悲吟歎息。夫禮樂不在朝廷，則在山野，苟有合乎道者，則楚之政未亡，楚之靈未去。原在朝有秉忠履直之過，是上無禮矣。在野有揚波歠醨之歎，是下無禮矣。朝無禮樂則證諸野，野無禮樂，則楚之政不歸，楚之靈不食。原忠臣也，楚存與存，楚亡與亡。」（《讒書．三閭大夫意》）羅氏固注重人臣應盡忠節，然而，他又體會到往古忠臣之言行，當時多不爲君主所接納。反之邪臣之言論，卻爲君主所樂聞。等到君主知忠臣之言爲忠言的時候，大勢已經不可挽回了。他舉吳王的一段故事說：吳王「築臺於姑蘇之左，俾參政事者，以聽百姓之疾苦焉，以察四方之兵革焉，一之日視之以伍員，未三四級，且奏曰：王之民飢矣！王之兵疲矣！王之國危矣！夫差不悅。俾嚭以代焉，畢九層而不奏，且倡曰：四國畏王，百姓歌王，彼員者欺王。員曰：彼徒欲其身之亟高，固不暇爲王視也，亦不爲百姓謀也。臣豈欺乎？王賜員死，而嚭用事，明年越入吳。」（《讒書．吳宮遺事》）由此可知，藥固苦口，確癒疾之良藥也，言誠逆耳，乃治國之忠言也。試問：爲甚麼許多君主，都樂聞佞言，而惡聽忠言呢？因佞言與忠言，其本質不同。對君主來說，凡忠言之本質，皆爲「損己之私而利公勤事」；佞言之本質，皆爲「利己之私，而損公怠事」。昧主多顧目前之「己利」，不知目前之「己利」，正是他時之「國害」。明主則不貪目前之「己利」，而希求他日之「國利」。所以說昧主與明主之分，一言以蔽之，就看他是利現在抑利將來，利一己抑利人羣？以爲定。夫遇到「昧主」，做臣子的固無法直言極諫，但遇到「明主」，則必須以「敬」事之。羅氏曾說：「下之不敬，則不足以奉君。」（《兩同書．敬慢》）以「敬」事君，是忠節的先決條件，臣子對君上，苟心存不敬，無法求其有忠貞的表現。可能羅氏有這種想法，則以祿山之行，爲大不敬，故終有叛亂之舉。看他對此事之痛切表情，深知羅氏乃一忠貞之士。他說：「天寶中，逆胡用事，鑾輿西幸，貴妃死於馬嵬驛。臣在草野間，得本朝書讀，未嘗不恨，生不得批虜頷以快天子意。」（《讒書．書馬嵬驛》）正因他以爲做臣子的應有敬君之美德，所以反對那些諉過於君的臣宰們。他以伊尹苛求其君，不反責諸己爲例，發抒其敬事的胸懷。他說：「唐虞氏以傳授得天下，而猶用和仲、稷卨以醞釀風俗，堙洪水，服四罪，然後垂衣裳而已，百姓飲食而已，亦時之未漓，非天獨生唐虞之能理也。及商湯氏以鳴條誓放桀於南巢，揖遜既異，渾朴亦壞。伊尹放太甲立太甲，則臣有權始於是矣。而曰：恥君之不及堯舜，嗚呼！商湯氏之取，非唐虞氏之取也；商湯氏之時，非唐虞氏之時也；商湯氏之百姓，非唐虞氏之百姓也；商湯氏之臣，非唐虞氏之和仲、稷卨也。伊尹不恥其身不及和仲、稷卨，而恥君之不見堯舜，在致君之誠則極矣，而勵己之事何如耳。惜哉！」（《讒書．伊尹有言》）伊尹廢立太甲，羅氏認爲這是臣宰握權之始。自此臣下弄權之事，不絕於後。所以他說：「君者舟也，臣者水也。水能浮舟，亦能覆舟。臣能輔君，亦能危君。」（《兩同書．得失》）那末，甚麼樣的君主，才能爲臣下所樂於輔佐呢？這自然是「明君」了。明君唯一的條件，是要容納諫諍。凡臣下言己之過，要優容而悔改。這樣，就是羅氏所說：「聞惡而遷善，永爲有道之君。」（《兩同書．愛憎》）不過，君主除具備這種識量之外，進一步使得臣下各個公忠體國，那要有一套好的文官制度。使任使得宜，爵祿合理。否則，不足以期羣臣之拱衛。就這點羅氏曾說：「祿於道，任於位，權也。食於智，爵於用，職也。祿不在道，任不在位，雖聖人不能闡至明；智不得食，用不及爵，雖忠烈不能蹈湯火。」（《讒書．君子之位》）

羅氏長於唐代末葉，他又是曠覽羣書之士，往代多少易姓換朝之事，他必盡悉始末。他固力主臣宰應盡忠於君主，然奪權取代之事，勢所難免。羅氏主張萬一臣下取得統治者之位，應該下順民心。他說：「盜亦人也，冠履焉，衣服焉，其所以異者，退遜之心，正廉之節，不常其性耳。視玉帛而取之者，則曰：牽於寒餓。視家國而取之者，則曰：救彼塗炭。牽於寒餓者，無得而言矣，救彼塗炭者，則宜以百姓心爲心。」（《讒書．英雄之言》）然則，百姓之心，是何心呢？簡而言之，不外「休養生息」，要使百姓能「休養生息」，君主就應先作到「捨難得之貨，捨無用之器，薄賦斂，省傜役，損一人之愛好，益萬人之性命」（《兩同書．損益》）。然後才能「得天下歡娛」，於是「各悅其生矣」（同上）。假如君主違反百姓之心，「志在奢淫，瑤臺象床，錦衣玉食，購難得之貨，斲無用之器，厚賦斂，煩傜役，益一人之愛好，損萬人之生命」（同上），如此，則民不畏死，就算君主以嚴刑峻法加到人民的身上，他們也不怕，照樣叛亂。所以羅氏警告說：「人安者，天子所以得其安也；人亂者，天子所以罹其亂也。人主欲其己安，而不念其人安；恐其人亂，而不思其己亂，此不可謂其智也。」（同上）

七、餘論

從羅氏的所學看來，除儒書經史之外，對老莊之學，亦頗有所習。譬如他在《兩同書》中說「理之終以爲亂」一語，就受老氏之影響。老氏以爲天道物理，終則有始，由「正」必然入「反」。所以老氏有「反者道之動」之名言。羅氏也認爲世道總是「治理」入於「亂離」。如果以「理」爲「正」，「亂」爲「反」的話，那末「正」終會入於「反」的。因此他看問題，不免有消極遜退之處。至於他主張君主崇儉，希望君主「捨難得之貨，捨無用之器」，皆出於老氏「不貴難得之貨，使民不爲盜」的思想要旨。羅氏常借奇想之故事，說明其心境。譬如他說：「上帝既剖混沌氏，以支節爲山岳，以腸胃爲江河。一旦慮其掀然而興，則下無生類矣。於是孕銅鐵於山岳，滓魚鹽於江河，俾後人攻取之，且將以苦混沌之靈，而致其必不起也。嗚呼！混沌則不起矣，而人力殫焉。」（《讒書．蒙叟遺意》）這段話，影射君上興工無時，致使人民乏力。其筆法與《莊子．應帝王》：「南海之帝爲儵，北海之帝爲忽，中央之帝爲渾沌。儵與忽時相與遇於渾沌之地。渾沌待之甚善。儵與忽謀報渾沌之德，曰：人皆有七竅，以視聽食息，此獨無有。嘗試鑿之，日鑿一竅，七日而渾沌死。」一段話極爲相同。莊子這段話的用意，乃是不要強人同己。否則，我生未必遂，而物性先敗。

羅、莊二人都用「混沌」爲名，再爲穿插枝節，以表自己的心意。心意固不同，然其表達的方式是一樣的。由此點看來，我們説羅氏襲莊子之法，總不爲過吧！羅氏的文思，蓋受道家思維方式的影響，動輒講古刺今，曲意諷譏，這可能是他屢試不第的主因吧！

參考書目

《讒書》 羅隱撰，《百部叢書集成》——《拜經樓叢書》。
《兩同書》 羅隱撰，《續百川學海》——《正光文史叢書》。
《舊五代史》 薛居正撰，藝文印書館。
《中國政治思想史》 王雲五著，商務印書館。
《中國政治思想史》 薩孟武著，三民書局。
《中國政治思想史》 蕭公權著，中華文化出版事業委員會。

杜光庭

鄭素春 著

目 次

杜光庭

一、早年

唐末著名道士杜光庭（西元八五〇—九三三年），字賓聖，或稱賓至，道號東瀛子。他的出生和家世不可考。從有關的史料得知：今長安東南幾公里地，舊稱京兆杜陵，這裏很可能是杜光庭原籍地，後來移居處州縉雲（今浙江省）。

從一些地方志書如：《處州府志》、《麗水縣志》所得到的線索，杜光庭早年曾居當地少微山的紫虛觀修鍊。在《縉雲縣志》中則記載他曾寓居縉雲縣的仙都山。事實上，杜光庭的童年正當宣宗（八四六—八五九年）統治下，中國南方疾病和災患頻仍，政府因爲苛捐雜稅，而引起人民反抗的時期。他成長於盜賊四起，兵荒馬亂之中，很可能自幼過著流動遷徙的生活，寄身山野道觀。唐代士人裴庭裕撰的《東觀奏記》裏，記載大中四年（八五〇年）宣州（在安徽省）康全泰之亂事。自亂起以後，一唱百喝，立刻匯聚成一股龐大的勢力。

在《舊唐書》卷十八寫著：包括宣州的康全泰一幫人外，還有洪州賊毛合攻掠郡縣，於大中十二年（八五八年）被討平。不久，浙江的裘甫（？—八六〇年）也接著起來造反。杜光庭於所著《道教靈驗記》卷七中，回憶說：草寇裘甫起自農畝，嘯聚凶徒，官吏奔駭。朝廷詔命陳、許、鄭、滑、淮、浙、徐與泗等州（今安徽、浙江和江蘇省）之軍討賊，歷時十月乃平之。

懿宗咸通十一年（八七〇年），一陣季節性的狂風使得海水倒灌，江、浙沿海地區氾濫成災，疾疫流行。杜光庭記錄災情說：咸通庚寅（八七〇年），海風翻浪，漂浸江、浙，陷害居人。明、越、蘇、杭四州，尤其厲害。水災既退以後，因爲發生疫疾，所染患的疾病之家，十口人中存活者不到一、二。以至於無人可以收屍掩埋，居民投棄屍體於水，浮氾江河之中，生出蛆蟲，污穢惡臭積累月（見《道教靈驗記》卷五）。當時官府不能對人民慘重的災情，提供有效的救濟。這種情形一直持續、醞釀，而衍生出唐末大規模的亂事，使杜光庭走向後來面臨國朝淪喪，不可抗拒的命運。

杜光庭自述青年時期，就讀於上庠國子監（約等於現在的國立大學），由於那兒的書很多，因此可以遍覽羣書。他爲學的次第，首先是讀天文、神仙之書，其次覽經、史、子、集，也就是經典、歷史、諸子哲學以及文學集成等書。每月三十天中，以五日輪流不息。一日誦經書，二日覽子、史，三日學爲文，四日記故事，五日修閑養志，如此持續了五、七年之後，於是經書和歷史備熟。

杜光庭是一個性簡而氣清的人。志趣超邁，以博極羣書，成爲其時著名的儒生。但是當朝的皇帝懿宗（八五九—八七三年在位）本人爲狂熱的佛教信徒，而且佛教勢力處於武宗毀佛（於八四五年）後的復甦狀態，杜光庭對於神仙之說的愛好，顯然不能迎合朝廷的需求。當他應九經舉試，未能及第，於是就奮然入道，事天台山（在浙江省）道士應夷節（八一〇—八九四年）。（有關杜光庭傳記，見於陳葆光編的《三洞羣仙錄》卷十五。另外，亦見於元趙道一編《歷世真仙體道通鑑》卷四十；以及清吳任臣撰《十國春秋》卷四七。）

二、師承法脈

杜光庭的師父應夷節自幼出家，參訪多師，遊歷龍虎（在江西省）、天台等名山，受正一紫虛都功等籙，而後復受昇玄上清迴車畢道、紫文素帶藉地騰天符，以及上清大法。在天台山，他所拜的師父是馮惟良。

馮惟良來自南嶽衡山（在河南省），屬於上清派茅山宗道士，精通上清大洞秘法。由馮惟良上溯仙派源流：自東晉、南北朝時期陸修靜（四〇六—四七七年）始，傳孫游嶽（？—四八九年），再傳陶弘景（四五六—五三六年）。由陶弘景成立上清派茅山宗以後，師徒相傳歷經隋和唐代，傳王遠知、潘師正、司馬承禎（六四七—七三五年）等人。然後司馬承禎至南嶽衡山，授《三洞秘籙》於薛季昌（？—七五九年），薛季昌傳田虛應（？—八一一年），田虛應傳馮惟良、陳寡言和徐靈府。馮惟良和陳、徐共三人，後來到浙江省天台山，並傳法於應夷節、葉藏質和沈觀外。

前述這些道士的傳記，分別見於《歷世真仙體道通鑑》卷二四、卷二五和卷四十。王遠知、潘師正與司馬承禎三人正史有傳，見《舊唐書》卷一九二和《新唐書》卷一九六。由他們建構起一法脈傳承圖如左：

圖一：道士法脈傳承圖

廬山道士：陸修靜——孫游嶽

茅山道士：陶弘景——王遠知——潘師正——司馬承禎

衡山道士：薛季昌——田虛應——馮惟良、陳寡言、徐靈府

天台道士：馮惟良—應夷節—杜光庭

祖師陸修靜出身吳興（在浙江省）世家，爲三國時東吳丞相陸凱的後代。他年少業儒，後學道仙山。於南朝宋文帝元嘉三十年（四五三年），去京師建康（今江蘇南京）賣藥，受到朝廷禮遇，王太后向他執門弟子之禮。不久南遊，於宋孝武帝大明五年（四六一年）在浙江省廬山下建簡寂觀修道。宋明帝即位之初年（四六五年），朝廷再三延請，他都不赴。於泰始四年（四六八年），陸修靜方才應聘至京師。皇帝親自向他問道，並且在京師北郊構築崇玄館請他居住。陸修靜對道教的主要貢獻是：搜求道書，整理經典，首創《三洞經書目錄》。此外，他也和北魏寇謙之（三六五—四四八年）一樣爲整頓道教而建立教規、教儀，提出新的教會組織形式。

陸修靜傳徒孫游嶽，在廬山時授之以三洞經法及楊羲（三三〇—?年）、許翽（三四一—三七〇年）二真人墨跡。孫游嶽於齊武帝（四八二—四九三年在位）永明二年（四八四

年），應詔居京師興世館。後來他將經法和楊、許兩位真人的墨跡傳給陶弘景。

陶弘景是丹陽（今南京市內）人，出身醫學世家。他原爲官於南朝齊武帝，永明十年（四九二年），三十六歲時，呈表辭去官職，往句曲的句容山修道（即今江蘇省的茅山），自號華陽隱居。他除了拜陸修靜的弟子孫游嶽爲師，受道教符圖經法以外，還得到東晉上清派道士楊羲等人的手稿十餘卷，以之作成《真誥》二十卷。他是在梁武帝時（五〇二—五四九年在位），受到皇帝的重視，向他諮詢治國與修身之道，號稱「山中宰相」。他一生致力於道教醫學與道教歷史的研究和著書，而且初步地建立了道教的神仙譜系。

陶弘景將道法傳王遠知。隋煬帝（六〇四—六一七年在位）對王遠知頗爲敬重，經常詔他入宮中，躬薦松水以祈福慶，王遠知卻寧可返回茅山。唐太宗李世民尚未登基之前，曾經拜訪他。他宣告天命，預卜秦王李世民將爲嗣君。《舊唐書》卷一九二記載：唐高祖武德中（六一八—六二六年），太宗李世民平王世充之後，與房玄齡微服往謁王遠知，遠知迎接說：「此中有聖人，莫非是秦王？」太宗因此以實相告。遠知曰：「你將要作太平天子，願自珍惜。」李世民即帝位後，優寵王遠知，於貞觀九年（六三五年），在茅山建置太平觀給他居住。

王遠知的傳人潘師正（約卒於六八二年），奉師命居嵩陽（在河南省）修真，唐高宗（六四九—六八三年在位）曾召見他，後來在其故廬作崇唐觀和奉天宮。

潘師正的傳人司馬承禎，於唐睿宗（六八四—六九〇年和七一〇—七一二年在位）景雲二年（七一一年）居皇帝爲他在天台山所建的桐柏觀。司馬承禎遊南嶽衡山時傳法於薛季昌，再傳田虛應，三傳馮惟良。

馮惟良於憲宗年間（八〇六—八二〇年在位）重修天台山的桐柏觀居住，與當代詩人元稹（七七七—八二九年）爲友，憲宗詔見而不赴。他傳法於應夷節、葉藏質和沈觀外。葉藏質居住天台山玉霄宮，以符法治病聞名。他和應夷節共修爲友，杜光庭除了向自己的師父學習外，也時常向葉藏質請教。

應夷節本人參訪多師，熟習《老子》、《莊子》、《文子》、《列子》和《周易》等書。他在天台山桐柏觀的西側別置道元壇，由於登壇作法數有感應，因而得到公卿大夫的信奉。

根據前述杜光庭歷代先師的事蹟顯示，他所師承的法脈淵遠流長，累積了豐富的道教經典、齋科醮儀和法術符籙。元劉大彬編著《茅山志》記載，陸修靜曾經著作齋戒儀範百餘卷；陶弘景的著作涉及儒家經典、天文、曆算、地理、醫學和藥學，多達八十餘種。他們的道脈傳統，自東晉、南朝陸修靜、陶弘景，到隋末唐初王遠知、唐中期潘師正和司馬承禎，以至唐末應夷節等人，均結交達官顯貴，受到帝王的崇奉，與政治發生密切的關係。

三、宮廷時期

杜光庭的師父應夷節，替人治病祈福，結交了不少名門貴族。杜光庭追隨其師左右，自然地與官府也會有所接觸。但是他之所以能受時人矚目，主要在於其辭章之文采粲然。他時常說：「道法科教自漢天師張道陵暨陸修靜以來，歲月綿長邈遠，文章將要廢墜。」祖師陸修靜在南朝時編纂道書，一直是杜光庭心目中學習的對象，於是他參與道法和科教的考證和編撰。他的文章受到當時宰相鄭畋（八二五—八八三年）的欣賞，而推薦至朝廷。此外，在長安還有一位潘尊師，道術甚高，深得僖宗所雅重，也時時爲杜光庭進言。因此僖宗（八七四—八八九年在位）召見他，賜予紫服和象簡，使之擔任麟德殿文章應制的職務。

僖宗朝廷中有一股奉道的潮流，如大臣劉瞻、李蔚、崔彥昭和鄭畋等人。杜光庭在《道教靈驗記》卷三中，採摭當時的見聞，錄有幾則上述諸人信道感應的經驗，分別如下：

第一則：相國劉瞻被貶謫到交阯，道過江陵真符玉芝觀，是夕舟中夢元始天尊預告其將再居相位，而後得道。

第二則：相國李蔚擁旌汴州（開封）兼太清宮使。一夕，夢見自己野步郊外看到天尊塑像敗壞。翌日發現是當地玉芝觀情景，於是捐貲廣加崇飾。

第三則：相國崔彥昭在受任北都安邑留守之前，曾夢見到安邑濳丘臺觀，天尊指引古殿荒蕪。他上任後，布施薪俸，興修殿宇。

第四則：鄭畋在登相位之前，曾於寧州真寧縣通聖觀前許願異日官達，必事修繕。後來果居尊位，少有空暇而忘卻前願。一夕，夢遊洞府與羣仙嬉遊，忽聞使者傳訊說：「太上有命，羣仙當返回上清。」鄭畋欲同行，一仙人回首笑著說：「等你完畢真寧之願，方可來此。」於是他憶起前願，重修通聖觀。

前面幾則記事中的主角，在《舊唐書》、《新唐書》中都有傳記。第一位劉瞻，在懿宗時擔任同平章事、集賢院大學士。咸通十一年（八七〇年），因為懿宗嚴懲用藥治療同昌公主無效的兩個醫官，逮捕其宗族數百人。劉瞻進諫醫官的罪不至此，因此觸怒皇帝，被貶謫至江陵、荊南等地。僖宗時，再被任命為宰相。第二位李蔚，在懿宗朝擔任京兆尹、太常卿，曾切諫皇帝不可迷惑於浮屠（佛教），後被出調淮南。懿宗虔誠地信奉佛教，經常在宮中宴請萬僧，自為贊唄。後又迎佛骨，竭盡宮中財富，以致民間疾苦，唐末動亂四起。僖宗乾符初（八七四年），李蔚擢升為宰相，後來卒於河東節度使任內，皇帝詔令歸葬其骨骸。第三位崔彥昭乃僖宗朝的賢相，當其秉政，改革朝廷賄賂朋比的現象，後來以疾卒。第四位鄭畋，在懿宗朝時，宰相劉瞻提拔為翰林學士。後來劉瞻以諫言迕意被罷官，鄭畋因為是宰相人馬而坐罪，被貶為梧州刺史。僖宗立，才又擢升至相位。

從杜光庭所錄的事蹟，可以知道他當時往來政治人物之一斑。僖宗以前，因為懿宗崇尚佛教，濫用府庫之資，導致朝廷財政困難，國本動搖。劉瞻、鄭畋等人雖然以批評矯正時弊被貶職，但是他們畢竟出身世族名門，不幾年，又在僖宗朝立足。而且上述幾位官員捐產布施，建設道教觀院，明顯的皆有奉道的傾向。

僖宗乾符二年（八七五年），曾經發生乾旱。杜光庭在所撰《道教靈驗記》卷十四記載：乙未年（八七五年）三月不雨，到了五月，所在名山大川的祈祭，也未能致效。司空平章事鄭畋乃建言選兩組高行道士各七人，於內殿置金籙道場七日，請皇帝拈香祈禱。並於天下名山青城、峨嵋、茅山、天台、羅浮、五嶽等一十八處，降賜詞文，各修道場七日。後大雨，是歲豐收。

杜光庭出入宮廷內院，主持皇家的祠事供奉。並且以博學多聞，著述頗豐而享有盛名，成爲當時的道門領袖。時人推崇讚美說：「學海千尋，辭林萬葉，扶宗立教，海內一人而已。」他在進入宮廷以前，最初參與的整理道書之工作，可能是由其叔祖陳寡言所主持的。《歷世真仙體道通鑑》卷四十記載：「道士陳寡言隱居玉霄峯……天台科法，有闕遺者，拾而補之。」杜光庭的另外一位叔祖徐靈府則著作《天台山記》一書。他們所做的是搜集天台的科儀與道法，而後整理並補充之。

杜光庭擔任文章應制時，撰寫了許多的表、章和醮詞，收入後人所輯的《廣成集》十七卷。乾符四年（八七七年）三月，由於凶旱連年，饑荒頻仍，再度掀起人民起事反動的浪潮。以王仙芝爲首的盜賊，自號草軍，大寇河南、山南。同月，黃巢聚萬人攻陷鄆州，從此亂事迭起。廣明元年（八八〇年）正當黃巢之亂戰事最爲緊急的時期，福州、廣東已被起事者占領，洛陽也跟著不保。直到中和元年（八八一年）初，京師長安淪陷，杜光庭追隨僖宗逃亡，其路線先是溯過渭水，向西北走咸陽，路經鳳翔，南下興元（漢中），然後到成都（在四川省）。這個時候，杜光庭編的作品《太上黃籙齋儀》完成，於廣明元年（八八〇年）八月作序。作品中杜光庭傳達太上老君的意旨，要護衛皇帝，可是並不能阻止亂民的繼續前進。

杜光庭在所撰《道教靈驗記》卷三記載：盩厔縣（在陝西省）樓觀，乃周大夫尹喜舊宅。唐高祖起義兵於河東（在山西省）時，觀之所在地有赤光達六、七晝夜。廣明庚子年（八八〇年），寇犯長安，觀中有光如前。待僖宗車駕至鳳翔，盩厔將淪陷，觀中復有光景非常，靈跡顯異，因此避難的士庶眾多，人莫敢犯。

史書所記載的實際情形是：僖宗昏昧，政事取決於宦官田令孜。黃巢犯廣州時，一度有意罷兵。田令孜欲使宰相盧攜建功，下令繼續攻打。待賊陷東都洛陽時，皇帝聽田令孜的僭言西幸，丟下宰相、御史中丞和京兆尹不顧。到了咸陽，軍士十餘人高呼皇帝留在秦中（陝西省），以便號召民心。僖宗不同意，於是又直接南行抵達秦嶺南邊的興元，到成都。杜光庭的作品《混元圖》於中和元年出現。

僖宗狼狽出京，當時戰事慘烈，死傷慘重。杜光庭在所撰《道教靈驗記》卷三〈東川置太一觀驗〉中，描述戰爭屠戮之眾，哀鴻遍野。文章寫著：「中和年（八八一－八八四年），皇帝駐蹕全蜀（四川省），上京（在洛陽）已經淪陷。其時東川節度使楊師立稱兵內侮，於是朝廷命成都大將高仁厚率諸軍討平。兩軍交鋒勦戮，或乘勝誅除，殺傷甚眾。屍骨多棄置草莽溝隍，東川一帶夜晚常聞鬼哭之音，妖怪呼嘯於途。高仁厚節制安撫當地，在建構太一萬勝觀後，夜哭之聲才停止。等到塑造玄元（太上老君）和太一神像後，高仁厚夜夢烏雲覆蓋山頂，不久變成五色祥雲，男女老幼陰魂隨煙霧騰躍散去。」

在僖宗駐留於蜀時，當地的青城山便成爲皇帝祭禱，請求庇護的聖山。《道教靈驗記》卷十四〈僖宗封青城醮驗〉，是中和元年皇帝到了成都後，命杜光庭於中元節（農曆七月十五日）至青城山（在成都西北的灌縣），祭祀希夷真君甯封子。他在文中記載：「青城山乃古昔黃帝拜訪龍師真人甯先生，受《龍蹻經》而學得駕御飛雲之道的地方。僖宗詔命內臣、縣令與光庭詣山修醮，封山神爲五嶽丈人、希夷真君。這時，縣境乾旱，醮畢之夜，風雨大至，穀物乃豐收。」

此外，同書卷十四〈僖宗青城齋醮驗〉：在中和元年八月，有大星流出虛、危（二十八星宿中的兩顆），此星乃是象徵觸犯清廟、歷墳墓哭泣之星。朝廷於是派令道士於青城山丈人觀和宗玄觀修醮，宗玄觀啓壇之夕，出現種種祥異，神鐘不擊自響，聖燈遍山，作虹、橋、花木之狀，金蛇現於壇上。

從中和元年（八八一年）開始，杜光庭過著顛沛流離的生活，中和三年（八八三年），京城收復。四年（八八四年），黃巢被討平。次年，即光啓元年（八八五年）三月，他隨從僖宗車駕還京。他的另一部作品《歷代崇道記》作序於中和四年十二月（此時爲八八五年元月），因此這一作品的手稿當完成於成都，而在長安出版。

杜光庭在《道教靈驗記》卷十一〈玄武樓北真文驗〉中記載：「光啓初（八八五年），大駕還京，重新修飾宮城。所司於玄武樓北，夜見白光。挖掘八、九尺，得青石函四尺見方。內有靈寶黑帝北方真文石刻板，題隸書篆字：『黑帝玄老君鎮宮城符命』。這個石刻是唐高宗時所埋藏的鎮宮之文，長安收復，顯示出神靈的保祐。」

然而在長期的亂事之後，造成的是朝廷經濟枯竭，以及各地軍閥的坐大。不論是李唐皇朝的先祖老子，也是道教之始祖太上老君玄元皇帝的庇祐，或是北方黑帝之鎮守宮城，或是五嶽上司、青城山丈人的護持，這時候的李家天下再也不能維持其有效的統治。僖宗一年後，於光啓二年（八八六年）再次因爲不斷的亂事而被迫再度出京，逃亡到鳳翔，走陳倉、興元等地。

唐末天下大亂，君臣將領各懷異志，正是一個天綱泯滅、人倫斷絕的時代，勝者爲王，敗者爲寇，生死存亡每繫於一念之間。在這時節，「忠君愛國」成爲一個更值得稱頌的美德。杜光庭在所著《錄異記》卷三，以「忠」爲題寫說：「光啓二年（八八六年）正月，河東兵士入京師。僖宗車駕巡幸陳倉，大臣牛叢被入京軍帥帶往河東。河東晉王禮遇牛公。但是牛叢告諭晉王以忠孝之道，君臣之禮。同年六月，蕭遘、裴徹立襄王於長安，號稱監國。有謠言傳聞襄王正位，僖宗已死。牛叢誤信傳言，失聲號呼，嘔血而絕。」

當時宦官矯造皇令，把持政權，是導致唐末方鎮之禍的最大原因。根據《新唐書》、《舊唐書》之中，田令孜、王重榮、蕭遘、牛叢等人的傳記，前文中杜光庭記載故事的實況是這樣子的：宦官田令孜欲取有河中（在山西省）鹽池之富，就派命自己兼任兩池榷鹽使，與據有其地的太傅王重榮起衝突。王重榮於是與河東晉王李克用聯合，擊潰隸屬於田令孜的神策軍。神策軍返京大掠，河東軍追至，於是僖宗出走，經陳倉，暫時停駐鳳翔。諸節度使共同彈劾田令孜生事，離間大臣。宰相蕭遘便和裴徹計謀，召擁有大兵的朱玫來鳳翔，欲剷除田令孜等人。田令孜於是挾質皇帝，走至興元。朱玫後來威逼宰相蕭遘起草，册立嗣襄王。

前段故事中的主角牛叢，是唐敬宗時（八二四—八二六年在位）宰相牛僧孺之子。河東兵士入京時，擔任吏部尚書。因爲他是名門弟子，頗具聲望，而受到晉王李克用的禮遇。嗣襄王立，客死太原。諸雄混戰之際，均打著忠於王室的旗號，這時只有牛叢這樣的死烈之士的忠、奸立辨，堪稱忠臣。正史記載蕭遘本來胸負大節，以佐助帝王自任，因爲招徠朱玫扶植僞帝，等到僖宗還京後被朝廷賜死。

四、隱居青城山

光啓三年（八八七年），僖宗返回長安。但是杜光庭則於同年，永遠地離開了李唐朝廷，往居青城山白雲溪畔。他以後的許多作品是在前蜀王建（九〇七—九一八年在位）的統治下陸續編輯撰寫而成，如：《洞天福地嶽瀆名山記》，昭宗天復元年（九〇一年）九月序；《道德經廣聖義》，同年十月序；以及其他諸作，如《神仙感遇傳》作於唐哀帝天祐元年（九〇四年）後；《道教靈驗記》作於天祐二年（九〇五年）後；《錄異記》成於九二一至九二五年間；《墉城集仙錄》作於九一三年以後；此外《道德真經玄德纂疏序》作於九二〇年……等。

杜光庭之所以於光啓三年離開僖宗，隱居青城山，據說和他於前一年隨同皇帝車駕至興元，並且遊經西縣（今勉縣，在陝西省）時之巧遇術士陳七子有關。陳七子原名休復，是個氣質瀟灑的異人。看見杜光庭時，他蹲下身來用手披開滿地的榛葉、掘地穴，取出一瓢酒來，遞給杜説：「我以此酒換你的五臟。」他語中的五臟，指的是人體內的心、肝、脾、肺和腎等臟腑。陳七子用仙漿玉液要來交換杜光庭的五臟，有勸諭他應當洗脫凡俗之意。杜光庭聽了之後若有所悟，加上反覆思量國難未靖，於是上表陳述離去的決心。

詳究當時的政治情況，黃巢雖然被平滅了，王業卻已經蕩然無存。乘亂坐大的朱全忠、李克用等軍閥擁有大兵，朝廷勢將無法抵擋這些藩鎮的割據。即使爲國盡忠效命的大臣也多不得志，杜光庭的提拔者鄭畋，在僖宗乾符元年至六年（八七四—八七九年）間擔任宰相，因爲和同居宰相之位的盧攜在朝廷爭吵，而被免職。當黃巢向長安逼進時，他留守抵禦賊兵，使僖宗一行人得以脫離險境，於是再拜相位。光啓元年（八八五年）大亂平復，僖宗將還都長安，鄭畋爲了避免其他將領有嫌隙，使他們能戮力朝廷，護送皇帝還京，因而請罷政事。再兩年後卒。

杜光庭離開朝廷是因爲李唐王朝已經陷入軍閥割據的分裂局面。唐昭宗時（八八八—九〇四年在位），雖然力圖強兵，以及有相國孔緯、張濬（？—九〇二年）等力主出師滅藩，但是攻伐李克用未成，而且昭宗被朱全忠所挾持，於天復四年（九〇四年）被弒，後三年嗣君哀帝（九〇四—九〇七年在位）亡國。

杜光庭隱居青城山時，正當王建（八四七—九一八年）圖謀奄有蜀地之際。王建是許州人，出身民家，先世爲作餅的師傅。他少年無賴，常做些屠牛盜驢之事。王仙芝、黃巢亂事，他投軍建功而後被十軍觀察使田令孜認作義子，擢升至諸衛將軍。

光啓元年（八八五年），王建隨僖宗車駕返長安，率領神策軍宿衛。不久，就因爲河中（在山西省）王重榮與田令孜爭鹽池，來犯京師，他護駕皇帝再次出奔。次年三月，倉皇逃命至當塗驛，在著火的棧道上，王建控馬抱著僖宗冒險衝過熊熊火焰，夜晚僖宗枕於王建的膝上睡覺，不覺流涕。王建是個具有雄圖大志，知道取捨的人。他因爲曾經擔任皇家宿衛長的關係，與帝王家族有共同患難的感情，加之以他衡量領兵必須以朝廷爲號召，因此一直打著忠於王室的旗號，擴張自己的勢力。昭宗新立之年（八八八年），朝廷意圖削滅跋扈的藩鎮，王建請求協助韋昭度討伐西川節度使陳敬瑄，到大順二年（八九一年）時，據有西川之地。他又思併吞東川，於是連年征討，乾寧四年（八九七年），併有兩川，全蜀盡入其囊中。光化三年（九〇〇年）封爵瑯琊王。昭宗被朱全忠挾持到洛陽時，帝以御札告難於王建，蜀兵行至興平，遇汴兵，不得前進而撤回。昭宗被弒後，掌書記韋莊爲王建謀畫稱帝，在天復七年（九〇七年）建國號大蜀。

唐亂，人士多依兩川以避難。王建雖起於軍伍，爲人饒智多略，善待才士，因而所用的皆唐代的名臣世族。杜光庭就在同時爲王建所延攬，擔任皇子元膺之師。王建誇耀說：「古昔漢代孝惠帝有商山四皓幾位長老，不如我有一位杜先生就足夠了。」杜光庭不樂居宮中，於是推薦名儒許寂和徐簡夫兩人任事東宮。皇儲元膺是王建的次子，目視不正，而稟性殘忍，頗多才藝。元膺不常與許寂等交談，卻經常與樂工羣小嬉戲無度。後來因殺害王建寵臣唐道襲，被衛士所殺。關於元膺，有一段神話在鄉間流傳說：梓橦縣供奉蛇神的張惡子廟，在元膺被誅之夕，司祝者忽然夢到被神責怪道：「我久留成都，今始方歸，爲何祠宇荒穢如此。」因此蜀人相傳元膺是廟裏的蛇精。

杜光庭憑藉著得到蜀帝與其他大臣的敬奉，雖然和元膺性不相投，卻仍然能時常參與政事。他有兩個俗家弟子：一是徐光溥（卒於約九四八年），拜師時僅在十五、六歲的志學之年，後來在後蜀的統治下，擔任相國。一是張格，即唐昭宗時左僕射張濬之子。張濬以詭譎多術聞名，協助皇帝討伐李克用不成而被免官。朱全忠謀篡，深忌張濬爲他人謀畫，於是派人擊殺其家族。張格在父親的安排下往奔成都，以才術高明，見用於前蜀王建。武成元年（九〇八年），拜爲宰相。然而張格自認未能通達世故現實，而杜光庭望重德高，因此張格經常向杜光庭稟告政局，諮詢意見。時人褒譽杜光庭：「非僅止善於辭藻，而且有經國之大才。」

杜光庭以道行文學著稱，當時能在文藝上與之並齊者，大概只有掌書記韋莊。韋莊亦京兆杜陵人，唐臣韋見素之後。他的個性疏曠，能詩，以艷語見長。昭宗遇弒，朱全忠請哀使來告，韋莊起草回書說：「吾蒙主上恩有年矣，衣襟之上，宸翰如新。墨詔之中，淚痕猶在。犬馬尚能報主，而況人之臣子乎？」文中所謂「淚痕猶在」，指的是僖宗往年趴在王建的膝上哭泣之事。他有美姬善文翰，被皇帝奪去。韋莊作辭說：「空相憶，無計得傳消息。天上嫦娥人不識，寄書何處覓。新睡覺來無力，不忍把伊書跡。滿院落花春寂寂，斷腸芳草碧。」這位仕女聽了，不食而死。武成三年（九一〇年），他以吏部尚書、同平章事卒於任。他的弟弟，學士韋藹編其文爲《浣花集》五卷，請杜光庭作序，杜光庭答以：「相國富有文辭，若集中不刪落小悼、浮豔等詩，不敢聞命。」而終未作序。

杜光庭與韋莊交情如何，未見載於史書。不過他不願意爲浮豔的詩詞作序，卻是把持自己道士端正的原則。其時蜀地富庶，在高祖王建主政下，諸皇子均未經創業的艱苦，驕矜自滿，只知尋歡作樂。嗣君王衍（九一八—九二五年在位），頗多才藝，擅長豔麗靡爛之詞，後來則以沉迷聲色亡國。

前蜀永平三年（九一三年），朝廷任用杜光庭爲金紫光祿大夫、左諫議大夫，封蔡國公，進號「廣成先生」。天漢元年（九一七年），杜光庭擢升爲戶部侍郎。這年，有大禿鶖鳥盤旋，城隍溝池開白蓮花，爲不祥之兆。朝廷詔令封神、祀黃帝和地祇。六月，導江縣令黃璟上奏：「天大雷雨，江神忽成巨堰，以阻擋大水。羣臣入賀。」杜光庭進賀牋以：「迴山轉石，巨堰俄成。浸涌頓減於京江，奔蹙盡移於硤路。仰由聖感，仍假英威。見天地之合符，睹神明之致祐。編於簡策，冠彼古今，叨奉獎私，宏增抃躍。」

天時地理的變化，似乎預警著帝位的轉移。高祖王建苦於痾疾，於次年（九一八年）卒。據說，宰相張格受徐賢妃的賄賂，而協助册立其子王衍。王建之死，似乎爲張格和賢妃所毒害。後主王衍立，奢縱無度，沉迷聲色，多不親臨政事。權柄掌握於王宗弼，張格不久便遭貶謫。杜光庭推薦至朝廷的吏部侍郎許寂，這時也因爲坐張格黨被貶官，許寂批評張格才高而識短，終自取禍。

從杜光庭沒有因爲執政者的替換而被黜這件事，可以揣測他並未參與謀害王建。隨著朝廷的崇道，反而使他在王衍朝廷的地位更爲提高。王衍崇尚道教與母徐氏、順聖皇太后的家族有關，據說相士曾對王衍的外祖父徐耕預言說：「青城山王氣徹天下，不十年有真人承運，你的兩個女兒當作皇妃及太后。」因此王衍經常周覽名勝如丈人觀、金華宮諸地，所費不貲。居青城山時，宮人的衣服皆畫雲霞，飄然望之若仙。

杜光庭在《錄異記》卷六中寫：「乾德三年（九二一年），井監使馬全章夢見紫衣道流告知東漢時張天師指出的陵州焰陽洞。此洞閉塞多年，若能開發護持，可以福利邦國。」朝廷於是派人開闢焰陽洞。五年（九二三年），蜀帝王衍受道籙於苑中，以杜光庭爲傳真天師、崇真館大學士。

乾德五年（九二三年），天空出現彗星，長丈餘。皇帝詔命置道場，以答天變。大臣諫言：「百姓怨氣上徹於天，故彗星見。此乃亡國之兆，非祈禳可消。」次年，也就是亡國之前一年，王衍還著道士服，與頭戴金蓮花冠的妃嬪遊宴怡神亭，祈禱於青城山，歷丈人觀、元都觀，朝拜上清宮設醮祈福。這時的天府之國仍然人物富盛，但是君臣驕盈，黷貨無厭，士卒全無鬥志。咸康元年（九二五年）稱臣亡於後唐。

後唐莊宗長興四年（九三三年），杜光庭對門人說夢見自己朝見上帝，恐不久於人世。等到他所居的道宮興建完成之後，有一天，他披上法服、登堂，端坐而逝，享壽八十四。顏貌如生，人以爲尸解。葬青城山清都觀。

杜光庭生平的見解言論，散見於其豐富的著述。其中，〈序毛仙翁〉一文（見《十國春秋》卷四十七）作於通正元年（九一六年），是一篇成熟的作品。以短短三百餘言，表達了他修行體道的一套完整的概念。玆錄於下：

世之得道者，鍊陰而全陽，陰滓都盡，陽華獨存，故能上賓於天，與道冥合。則黃帝駕龍而騰躍，子喬控鶴而飛翔；赤松乘雨而飄颻，列寇御風而上下，史簡昭著，又何疑焉。嘗試論之。真一既判，元精肇分，清氣為人，謂之三才。皆稟於妙無，成於妙有。人之生也，參天而立地，與氣為一。天地所以長存者，無為也。人之所以生化者，有為也。情以動之，智以役之，是非以感之，喜怒以戰之，取捨以弊之，馭努以勞之。氣耗於內，神疲於外，氣竭而形衰，形凋而神逝，以至於死矣。故曰：委和而生，乘順而死，率以為常也。修道之士，黜嗜欲，隳聰明，凝然無心，淡然無味，收視反聽，萬慮都冥。然後虛室生白，胎合自然。觀化之初，窮物之始，浩然動息，與道為一。則恣心所之，從心所欲，是非不能亂，勢利不能誘，寒暑不能變，生死不能干。指顧乎八極之外，逍遙乎六虛之表。無所不察，無所不知，目能洞視，耳能洞聽，亦能視聽，不由乎耳目。何者?神鑒於未然，智通於無他也。毛先生則其人矣。

杜光庭行文所描述的毛先生，其實也就是他本人的寫照。

五、杜光庭的著作與編纂的書目

關於杜光庭的著作與編纂的書目，法國傅飛嵐先生（Franciscus VERELLEN）曾作詳細的考證與整理分類。茲依文章性質分類整理如下：

第一、神蹟

1.《錄異記》，八卷，成於九二一—九二三年間，《正統道藏》（以下簡稱《道藏》）洞玄部，記傳類，恭字號。

2.《道教靈驗記》，十五卷，成於九〇五年後，《道藏》洞玄部，記傳類，常字號。

3.《神仙感遇傳》，五卷，成於九〇四年後，《道藏》洞玄部，記傳類，恭字號。

4.《虯髯客傳》，一卷，在《太平廣記》，卷一九三，新校本頁一四四五—一四四八；亦見《宋藝文》，卷五，頁五二二三。

5.《豪客傳》，一卷，在《合刻三志》，明末版本，第二冊。

第二、神仙傳記

1.《仙傳拾遺》，四十卷，在《崇文總目》，卷九，亦見《道藏闕經目錄》。

2.《墉城集仙錄》，六卷，成於九一三年後，《道藏》洞神部，譜籙類，竭字號。

3.《緱氏嶺會真王氏神仙傳》，五卷，約於九二三年刊行，在《祕書省續編到四庫闕書目》，卷二，亦見《通志略》，卷五。

4.《混元圖》，十卷，在《崇文總目》，卷十，亦見《道藏闕經目錄》。

5.《釋老君聖唐册號》，一卷，在《全唐文》，卷九四四，頁一○一一三。

6.《聖祖歷代應見圖》，三卷，在《祕書省續編到四庫闕書目》，卷二，頁三二。

7.《老君二十四化詩》，一卷，在《祕書省續編到四庫闕書目》，卷二，頁二○。

8.《二十四化圖》，一卷，在《宋藝文》，卷四，頁五一九○。

9.《老君寶籙》，一卷，在《祕書省續編到四庫闕書目》，卷二，頁一九。

10.《老君讚》，在《全唐文》，卷九四四，頁九。

11.《毛仙翁傳》，一卷，成於九一六年，在《唐詩紀事》，卷八一。

12.《洞天福地嶽瀆名山記》，一卷，（九○一年），《道藏》洞玄部，記傳類，鞠字號。

13.《天壇王屋山聖跡記》，一卷，《道藏》洞神部，記傳類，不字號。

14.《武夷山記》，一卷，在《崇文總目》，卷四，亦見《道藏闕經目錄》。

15.〈溫湯洞記〉，一卷，在《唐文拾遺》，卷五十。（又稱《遊名山記》）

16.〈焰陽洞記〉，一卷，在《唐文拾遺》，卷五十。（又稱《遊名山記》）

17.〈魚龍洞記〉，一卷，在《唐文拾遺》，卷五十。（又稱《遊名山記》）

18.〈麻姑洞記〉，一卷，在《全唐文》，卷九四三。

19.《豆圖圖記》，一卷，在《全唐文》，卷九四三。

20.《東西女學洞記》，一卷，在《全唐文》，卷九四三。

21.《石筍記》，一卷，在《分門集註杜工部詩》，在《四部叢刊》，卷十三。

第三、齋醮科儀

1.《太上黃籙齋儀》，五十八卷，（作序於八八〇、八九一、九〇一年），《道藏》洞玄部，威儀類，賓、歸、玉、鳴字號。

2.《無上黃籙大齋後述》，在《全唐文》，卷九四四。

3.《太上黃籙齋壇真文玉訣儀》，一卷，在《崇文總目》，卷九。

4.《太上靈寶玉匱明真大齋言功儀》，一卷，《道藏》洞玄部，威儀類，化字號。

5.《太上靈寶玉匱明真大齋懺方儀》，一卷，《道藏》洞玄部，威儀類，化字號。

6.《太上靈寶玉匱明真齋懺方儀》，一卷，《道藏》洞玄部，威儀類，化字號。

7.《靈寶明真齋儀》，一卷，在《祕書省續編到四庫書目》，卷二。

8.《靈寶明真齋懺燈儀》，一卷，在《祕書省續編到四庫書目》，卷二。

9.《太上明真救護章儀》，一卷，在《祕書省續編到四庫書目》，卷二。

10.《太上洞淵三昧神咒齋清旦行道儀》，一卷，《道藏》洞玄部，威儀類，化字號。

11.《太上洞淵三昧神咒齋十方懺儀》，一卷，《道藏》洞玄部，威儀類，化字號。

12.《太上洞淵三昧神咒齋懺謝儀》，一卷，《道藏》洞玄部，威儀類，化字號。

13.《金籙齋啓壇儀》，一卷，《道藏》洞玄部，威儀類，體字號。

14.《金籙齋懺方儀》，一卷，《道藏》洞玄部，威儀類，體字號。

15.《靈寶自然行道儀》，一卷，在《祕書省續編到四庫闕書目》，卷二。
16.《靈寶天宮齋方懺儀》，一卷，在《祕書省續編到四庫闕書目》，卷二。
17.《靈寶折五穀醮儀》，一卷，在《祕書省續編到四庫闕書目》，卷二。
18.《安鎮城邑宮闕醮儀》，一卷，在《崇文總目》，卷九。
19.《靈寶安宅齋儀》，一卷，在《祕書省續編到四庫闕書目》，卷二。
20.《上元醮儀》，一卷，在《祕書省續編到四庫闕書目》，卷二。
21.《太上正一閱籙儀》，一卷，《道藏》洞神部，威儀類，忠字號。
22.《太上三五正一盟威閱籙醮儀》，一卷，《道藏》洞神部，威儀類，忠字號。
23.《太上洞神太元河圖三元仰謝儀》，一卷，《道藏》洞神部，威儀類，忠字號。
24.《太上河圖內玄經禳災九曜齋儀》，一卷，在《祕書省續編到四庫闕書目》，卷二。
25.《太上三洞傳授道德經紫虛籙拜表儀》，一卷，《道藏》洞神部，威儀類，則字號。
26.《洞神三皇七十二君齋方懺儀》，一卷，《道藏》洞神部，威儀類，忠字號。
27.《道門科範大全集》，八十七卷，《道藏》正乙部，舍、傍、啓、甲字號。
28.《廣成儀制》，四十卷，陳仲遠編，成都，青陽宮版，一九〇七年初版，一九一四年再版。

第四、碑銘

1.《青城山記》，一卷，見《崇文總目》四，《道藏闕經目錄》。
2.《修青城山諸觀功德記》，一卷，八九五年，在《全唐文》，卷九三二。

3.《杜光庭重修沖妙觀記》，一卷，見《蜀碑記》，卷一。

4.《杜光庭功德碑》，一卷，見《蜀碑記》，卷一。

5.《唐蜀仙都觀石函取經記》，一卷，見陳思、吳式芬編，《寶刻重編》（一二二九年），卷十九；亦見《蜀碑記》，卷二。

6.《唐杜光庭碑》，一卷，見《蜀碑記》，卷二。

7.《劉真人傳》，一卷，見《蜀碑記》，卷九。

8.《廣雲外尊師碑》，一卷，見《蜀碑記》，卷五。

9.《杜光庭醮壇山北帝院記》，一卷，見《蜀碑記》，卷九。

10.《題張素華塋石刻》，見鄒柏森《括蒼金石志補遺》，一八八三年序，在《聚學軒叢書》。

第五、編輯與經典

1.《太上洞淵神咒經》，二十卷，《道藏》洞神部，本文類，始、制字號。

2.《太上洞玄靈寶無量度人上品妙經序》，《全唐文》，卷九三二。

3.《太上洞玄靈寶素靈真符》，三卷，編於九〇六—九一三年，《道藏》洞玄部，神符類，衣字號。

4.《洞玄靈寶三師記》，一卷，《道藏》洞玄部，譜籙類，有字號。

5.《廣成先生玉函經》，三卷，在《關中全書》，北京國家圖書館。

6.《道德真經廣聖義》，五十卷，九〇一年，《道藏》洞神部，玉訣類，羔、景、行字號。

7.《道德真經玄德纂疏序》，九二〇年，在《全唐文》，卷九三一。亦見《道藏》洞神部，玉訣類，使字號。

8.《陰符經注》，在《祕書省續編到四庫闕書目》，卷二。

9.《太上老君說常清靜經註》，《道藏》洞神部，玉訣類，是字號。

第六、官方文書

1.《杜光庭集》(《廣成集》)，十七卷，《道藏》洞玄部，表奏類，敢、毀字號。

2.〈賀江神移堰牋〉，成於九一〇年，在《成都文類》，卷十八。

3.〈黔南李令公安宅醮詞〉，在《全唐文》，卷九四四。

4.〈真聖生辰賀詞〉，在《全唐文》，卷九四四。

5.《太上宣慈助化章》，五卷，《道藏》洞玄部，表奏類，毀字號。

6.《醮章奏儀》，十八卷，見《崇文總目》，卷九。

7.《歷代帝王崇道記》，成於八八五年，《道藏》惟字號。

8.《諫書》，八十卷，見《宋藝文》，卷六。

9.《歷代忠諫書》，五卷，見《宋藝文》，卷六。

10.《唐諫諍論》，十卷，在《宋藝文》，卷六。

此外，有關杜光庭的詩詞及其他作品從略。

六、晚唐道教經典與齋科醮儀的結集者

杜光庭的著述和編纂的道書頗豐，使他在道教史上居晚唐大量道書的結集者之地位。這些道書的內容偏重於當時各種神仙靈驗、怪異事蹟的記錄，以及講究建設道場齋醮和法術治病的實用性。至於他在道教思想上，除了加強道德經義的闡揚外，並且參考其他的道教著作，吸收前人見解，有系統地整理出一套道教的宇宙開創學說。由諸天的形成，而以地上的福地洞天與之相應，建立了道教聖地，嶽、瀆、名山等神學地理的記錄。以下區分杜光庭的著作爲：第一、神異事蹟，第二經典義理，第三聖地名山，第四齋醮科儀等類，並討論他的思想內容及對道教的貢獻。

第一、記錄神異事蹟，用來顯示神仙的靈異，昭彰天理，端正世俗人心。

杜光庭生逢喪亂，經歷殘酷殺戮、人道滅絕之事。亂世之中，刑憲典章不明，因此他徵引神異事蹟，用來昭彰天理，有聖人以「神道設教」的意味。在他的作品中，屬於記載神異事蹟的凡有：《神仙感遇傳》作於九〇四年後，主要在撰寫一些神仙感應的故事；《道教靈驗記》作於九〇五年後，主要是以當代的神仙顯靈的事蹟，宣揚天道罪福報應的理論；《錄異記》成於九二一年前後，乃採諸方册或集錄當時的奇異見聞。以下簡錄杜光庭寫書設教的初衷：

(1)在《道教靈驗記》的序中，他說明道的體、用。無言、無爲是用；有情、有信是體。無爲則任由萬物自化；有信則應用、隨順機緣。道體有情，所以聖人明瞭這個道理而慈育眾生，然而善、惡當有賞有罰，因此聖人教民捨惡從善。爲惡於明顯者，人得而誅之；爲惡於幽闇者，鬼得而誅之。道書有說：惟上帝不常。作善，降之百祥。作不善，降之百殃。此爲聖人效法天道，而勸誡人的話。由此論之，上天的降罪、賜福等報應，就像是響答影隨，不差毫末。這是道、釋與儒都有記載的。

(2)在《錄異記敘》中，他表達的概念如下：怪、力、亂、神，雖然聖人不語，但是經、誥、史册之中，往往有記載。前人所作有《述異記》、《博物志》、《異聞集》，皆屬於這類的書。至於六經、圖緯、河洛之書，特別著有陰、陽神變之事，吉、凶朕兆之符。這類事乃隨陰、陽二氣而生，應五行的變化而出。這些異象皆數至而出，不得不生；數訖而化，不得不沒。災異之有，或許會使人乍驚於聞聽。詳細驗之，即發現此乃有關於曆數。

第二、闡述經典義理，規範道德，並且由申說道祖老子的起源，建立了道教的宇宙觀。

杜光庭的作品中，表現出其哲學思想，比較具代表性的是：《道德真經廣聖義》，成於九〇一年。《道德真經廣聖義》是杜光庭根據唐玄宗所注《道德上、下》二卷與《講疏》六卷，來逐句解釋《老子》原文。因爲是以聖上唐玄宗的注解疏義爲根本，廣徵博引，故稱「廣聖義」，由序文知原書三十卷，今《道藏》本有五十卷。

杜光庭在序言中提到太上老君降跡行教的時間，自遠古至近代有四，爲：(1)老君歷劫稟形隨方演化；⑵老君自開皇至殷周之前，代代應現爲帝王師；⑶老君於武丁之年誕生於亳，周昭王癸丑之年以二經授尹喜；⑷老君將化流沙，與尹喜期會於西蜀青羊之肆，示現降生，即昭王丁巳之年，此《道德經》即自函關所授，從此累代尊行。歷代詮疏箋注《老子》者六十一家，本書引經合義，採摭眾書，而纂成《道德真經廣聖義》三十卷。

六十一家是：《節解》、《內解》、《想爾》、《河上公章句》、《嚴君平指歸》；及注者王弼、何晏、郭象、鍾會、孫登、太山羊祜、沙門羅什、沙門圖澄、沙門僧肇、陶弘景、盧裕……以及唐玄宗等。杜光庭簡短的介紹諸家著作，極具史料價值。

本書前五卷解釋製疏的理由、經題之義，並釋老子及其位號；後四十五卷始爲內容主幹，宣說《道德經》義理。前五卷中，有一篇值得注意的文章爲：〈釋老君事蹟氏族降生年代〉，給予唐代太上老君崇拜中的老子一個清楚的定位。此篇疏解老子，是太上玄元皇帝，即太上老君。太上是他的證果尊位，玄元皇帝是用來顯揚於名冊的封號。總共以三十段，解說老君的起始、本質、師承、地位、降生、演教行化等。

第一至三段，老君起於無始，是萬道之先，元氣之祖。老君之體自然，由大道元氣，所造化出來的自然，勉強形容，就是老君。祂的體現真身，是至精至靈在空洞之中，結氣凝真，所表現出來的，即爲其真身。

第四段，說老君的法號。在天，爲萬天之主；在聖，爲萬聖之君；在仙，爲萬仙之總；在真，爲萬真之先；在星，爲天皇大帝；在教，爲太上老君。

第五段，說老君的師資。老君師事太上玉晨大道君，大道君即元始天尊的弟子。太上玉晨大道君生於億劫之前，爲道氣之祖。元始天尊也生於億劫之前，爲五億天之主、億萬聖之君，是道氣的根本。

第六段，述老君之歷劫運。在老君起於無始以前，先經歷劫運。劫指的是天、地成壞之名。大劫爲八十一萬年，老君則經歷劫運，不知其數後，才起於無始。

第七段，說老君創造天地。老君是天地萬物的根本，祂開闢乾坤（天、地），高懸三光（日、月、星），蘊育羣品。因此天地分判，日月運行，五行（木、火、土、金、水）相生。

祂在億萬氣之初，運用玄元，開始三氣（始氣、元氣、玄氣），而造成天上的三清境（玉清、上清、太清）。始氣爲玉清境，元氣爲上清境，玄氣爲太清境。三清又各生三氣，成爲九天。九天又各生三氣，成爲二十七天。通九天爲三十六天（這裏，杜光庭原文的意思不清楚）。

三十六天包括：最上層大羅天，其次三清境有大赤天、禹餘天和清微天。第三層是四民（亦稱四種人天），有四天。第四層是三界（最上無色界、中間色界、最下欲界），無色界有四天、色界十八天、欲界六天，共二十八天。因此，自大羅天、三清境至四民、三界，合計爲三十六天。

天之下爲地，有三十六地。每天立一天帝，每地立一地皇，合爲七十二君。與三十六天相應，則地上有三十六洞天。

第八段，說老君的地位與統治。上有元始天尊，次有道君，三爲老君。老君上總羣聖、中理眾真、下制諸仙，祂常居太清境的太極宮，統攝天、地七十二君，一切神、靈和萬物。

第九至十七段，說老君隨機演化，傳授大乘上清法、中乘靈寶法和下乘洞神法。

第十八至二十四段，老君自黃帝始至殷商，化身帝王師傳道。

第二十五至三十段，老君寄胎於玄妙玉女八十一年後降生，時爲殷二十二王、武丁九年。降生地點在古時楚國的苦縣，唐高宗乾封元年（六六六年）改爲真源縣，僖宗中和二年（八八二年）稱爲赤縣。聖母玄妙玉女，後白日昇天，唐封爲先天太后。老君昇天以後，歷代帝王崇奉，修其舊宅爲太清宮。老君的三十一代孫是唐高祖，因此在乾封元年（六六六年）受老君三十三代孫高宗册封爲：玄元皇帝。

道教早期有三十六天的說法，見於《魏書．釋老志》記載，老君之孫李譜文，言兩儀之間有三十六天。南北朝時期，道教的百科全書《無上秘要》的卷四，三界品已記有三十二天。杜光庭的四民，《無上秘要》作種民，所論三界諸天則大同小異。只是杜光庭在三十二天上加四層天，由老君運玄、元、始三氣，加在三十二天之前，而確定老君的地位爲宇宙萬物的根本，是開闢天地的天主。

第三、記錄道教聖地，五嶽、四瀆和名山洞府，建立道教的神學地理。

杜光庭根據天上有三十六天，而地上也有洞天福地與之相應的理論，選擇記錄道教的聖地。而且在制定過程中，包含運用了道教擅長的五行、二氣、風水之學。他記錄的名山洞府凡有：《青城山記》（今闕）、《武夷山記》、《天壇王屋山聖跡記》，以及〈焰陽洞記〉、〈溫湯洞記〉等單篇，收入《遊名山記》。而他的這類書中，最具體完整的是《洞天福地嶽瀆名山記》。

道教歷來發展了一些古代神仙居住天上或海嶽、名山的傳說。《道藏》中有：託名漢代東方朔集的《十洲記》，述說十洲三島；唐，司馬承禎集《天地宮府圖》，記錄十大洞天，三十六小洞天、七十二福地；以及《無上秘要》、《三洞珠囊》收入的二十四治等。

杜光庭吸收前人的著作，一一併入他編集的《洞天福地嶽瀆名山記》裏，而建構成一個上天下地的仙跡淨境，依次爲：天上仙山，有玄都、玉京、元京、峨嵋等；天下五嶽十山，十洲三島；地上五嶽、十大洞天、五鎮海瀆、三十六靖廬、三十六洞天、七十二福地和靈化二十四（或稱二十四治）。其中不可忽視的是司馬承禎爲杜光庭的先代祖師，於天台山居桐柏觀，後馮惟良居其處，傳應夷節，再傳杜光庭。然而杜光庭所寫的七十二福地卻與司馬承禎的《天地宮府圖》有頗多出入之處，可見道教洞天福地之説尚有不同的來源。

第四、整理及刪定齋醮科儀，成爲道場儀式必備的典範，讓後代的道士有所遵循。

在杜光庭所結集大批的齋醮科儀範本當中，最爲周全的是：《道門科範大全集》八十七卷。本書完成的年代不詳，部分經過其他道士的增補，而更爲完備。題爲杜光庭署名刪定的有：第一至二十四卷、四十六至六十二、六十四、六十八、七十五、七十九，以及第八十四至八十六卷。未題刪定編修者有：第二十七、二十八、六十九、七十至七十四、七十六至七十八卷，第八十至八十三卷，以及八十七卷。其餘幾卷題爲三洞經籙弟子仲勵修或編：二十五、二十六、二十九至四十五卷、六十三、六十五、六十六、六十七卷。第六十三卷，真武靈應大醮，題下有小注説明採取杜天師光庭北帝齋儀三上香兩節參修。因此知道書中數卷，是元、明間道士仲勵重新增修的。

在《道門科範大全集》卷七九，杜光庭提出對於齋醮的看法，認爲是一種虔誠的祈禱活動。齋，有祭祀之齋與心齋之別。祭祀之齋者，所以心齋潔心神，清滌思慮，專致真精，而求交神明也。心齋則無聽之以耳，而聽之以心，無聽之以心，而聽之以氣。氣者，虛而待物，惟道集虛，虛者，心齋。至於由齋醮產生的功用，不同的儀式有不同的效果。以下摘錄上書，杜光庭删定的第一至二十四卷：

第一至三卷，生日本命儀：清旦行道、午朝行道、晚朝行道。

第四至六卷，懺禳疾病儀：清旦行道、午朝行道、晚朝行道。

第七至九卷，消災星曜儀：啓壇行道；消災道場儀設醮行道；消災星曜儀：散壇行道。

第十至十二卷，靈寶太一祈雨醮儀：靜夜行道；靈寶太一祈雨儀：設醮行道；祈求雨雪儀：啓壇行道。

第十三至十五卷，祈求雨雪道場儀：清旦行道、臨午行道、晚朝行道。

第十六至十八卷，靈寶祈求雨雪道場三朝坐懺儀拜章儀：日用朝真懺儀；靈寶祈求雨雪道場儀：設醮行道；靈寶祈求雨雪拜章儀：夕景行道。

第十九卷，文昌注祿拜章道場儀：啓壇行道。

第二十至二十二卷，文昌注祿拜章道場儀：清旦行道、臨午行道、晚朝行道。

第二十三至二十四卷，文昌注祿拜章道場儀：祝神行道、散壇行道。

前面各種齋醮舉行的目的，各有不同。而大多以懺悔、祈禱的方式，請求神明保祐消災、降福、延壽、加官進祿，或請求上蒼下降雨雪，解除旱象。齋儀舉行的時間，有清旦、臨午和晚朝之別。齋儀祈禱的對象，則隨著請求的目的而略有不同。以生日本命儀爲例，在高功發爐中，吟唱：

> 無上三天玄元始三炁，太上道君，太上老君，召出臣等身中三、五功曹，……臣今早（午或晚，因時而異）朝陛壇行道謹奏……願聞得
> 太上十方至真道炁靈寶瑞光下降，流入臣等身中，令臣所啓之誠，速達徑詣
> 太上無極大道
> 三清三境天尊
> 昊天玉皇上帝
> 星主紫微大帝御前
> ……

齋醮儀式中，因爲祈求的目的不同，而向不同的神祈禱。本命儀的星主是紫微大帝，因此向祂祈願。一般道場齋儀通常是傳達到昊天玉皇上帝（或作昊天金闕玉皇大帝）。杜光庭在另一本書《金籙齋啓壇儀》，序事中解說：「上元金籙……爲國主帝王鎮安社稷，保祐生靈，上消天災，下禳地禍，制御劫運，寧肅山川，摧毀妖魔，蕩除妖穢。」而人必須「拜天謝過，責躬引咎，思道祈靈，可以禳卻氛邪，解消災變。」也就是說，他認爲人透過反躬自省，可以感動上蒼，禳除災禍。

杜光庭是熟習各種道法科儀的道士，又擅長於文辭編纂的工作。他將唐末的科儀大量的整理刪定後，使道教祈福消災的齋醮科儀更爲完備，成爲後代的典範。南宋呂太古在《杜天師傳》中說：「嘗謂道門科教，自漢天師、陸修靜撰集以來，歲久廢墜，乃考證眞僞，條列始末，故天下羽褵，至今遵行。」這是對他極爲貼切的讚美。

參考書目

《祕書省續編到四庫闕書目》　清葉德輝編，葉氏觀古堂。
《崇文總目》　宋王堯成，在《四庫全書總目》，卷六七四。
《東觀奏記》　唐裴庭玉，在《稗海》。
《道藏闕經目錄》，《正統道藏》第六十冊，臺北，新文豐出版公司。
《歷世真仙體道通鑑》　元趙道一，《正統道藏》，洞真部，記傳類，淡字號。
《舊唐書》　臺北，鼎文書局，一九八六年。
《新唐書》　臺北，鼎文書局，一九八五年。
《舊五代史》　臺北，鼎文書局，一九八五年。
《新五代史》　臺北，鼎文書局，一九八五年。
《三洞羣仙錄》　宋陳葆光，《正統道藏》，正乙部，筵、設字號。
《十國春秋》　清吳任臣，臺北，國光書局，一九六二年。
《蜀檮杌》　宋張唐英，在《函海》。
《天台山記》　唐徐靈府，在《古逸叢書》。

《資治通鑑》 司馬光，臺北，明倫出版社，一九七五年。

《幸蜀記》 宋居白，在《古今說部叢書》。

《中國道教思想史綱》第二卷 卿希泰，四川，人民出版社，一九八五年。

《中國道教史》 任繼愈編，上海，人民出版社，一九九〇年。

《中國道教史》第二卷 卿希泰編，四川，人民出版社，一九九二年。

《中國道教史》 劉精誠，臺北，文津出版社，一九九三年。

《道教史》 卿希泰、唐大潮著，北京，中國社會出版社，一九九四年。

《寒原道論》 孫克寬，臺北，聯經出版事業公司，一九八一年。

《四川道教史話》 李遠國，四川，人民出版社，一九八五年。

丁煌〈唐及五代道教宗派之研究〉《歷史學報》第九期，一九八二年，頁二四九—二八四。

VERELLEN Franciscus, DU Guang Ting（850–933）, Taoïste de cour à la fin de la Chine médiévale, Collège de France Institut des Hautes écoles Chinoises, Paris, 1989.

王通・玄奘・慧能・法藏・韓愈・羅隱・杜光庭
/ 沈秋雄等著. --更新版. --臺北市：臺灣
商務, 1999[民88]
面； 公分. --(中國歷代思想家：8)
含參考書目
ISBN 957-05-1574-0(平裝)

1. 哲學-中國-傳記

120.99 88002830

中國歷代思想家(八)

王通 玄奘 慧能 法藏 韓愈 羅隱 杜光庭

定價新臺幣三二〇元

主編者 中華文化復興運動總會
王壽南
著作者 沈秋雄 彭楚珩 羅宗濤 藍吉富
張特生 楊樹藩 鄭素春
責任編輯 雷成敏
封面設計 張士勇
內頁繪圖 黃碧珍
校對者 許素華 呂佳真 陳寶鳳
出版者 印刷所 臺灣商務印書館股份有限公司
臺北市重慶南路一段三十七號
電話：(〇二)二三一一六一一八
傳真：(〇二)二三七一〇二七四
郵政劃撥：〇〇〇〇一六五―一號
出版事業登記證：局版北市業字第九九三號

• 一九七八年六月初版第一次印刷
• 一九九九年四月更新版第一次印刷

ISBN 957-05-1574-0(平裝) 13025000

讀者回函卡

感謝您對本館的支持，為加強對您的服務，請填妥此卡，免付郵資寄回，可隨時收到本館最新出版訊息，及享受各種優惠。

姓名：________________　性別：□男 □女

出生日期：_____年_____月_____日

職業：□學生 □公務（含軍警） □家管 □服務 □金融 □製造 □資訊 □大眾傳播 □自由業 □農漁牧 □退休 □其他

學歷：□高中以下（含高中） □大專 □研究所（含以上）

地址：□□□________________

____

電話：（H）________________（O）________________

購買書名：________________

您從何處得知本書？

□書店 □報紙廣告 □報紙專欄 □雜誌廣告 □DM廣告 □傳單 □親友介紹 □電視廣播 □其他

您對本書的意見？（A/滿意 B/尚可 C/需改進）

內容______ 編輯______ 校對______ 翻譯______

封面設計______ 價格______ 其他________________

您的建議：

____

____

____

臺灣商務印書館

台北市重慶南路一段三十七號　電話：（02）23116118・23115538

讀者服務專線：080056196　傳真：（02）23710274

郵撥：0000165-1號　E-mail：cptw@ms12.hinet.net